Tilman Allert

Latte Macchiato

Soziologie der kleinen Dinge

S. FISCHER

Erschienen bei S. FISCHER
2. Auflage September 2015

© S. Fischer Verlag GmbH, Frankfurt am Main 2015

Satz: Dörlemann Satz, Lemförde
Druck und Bindung: CPI books GmbH, Leck
Printed in Germany
ISBN 978-3-10-002254-7

Inhalt

1. Bonjour! 7
2. Vom Verschwinden des Pudels 10
3. Weihnachten feiern. Eine Typologie der Ritualität . 13
4. Turm, ich will ein Kind von dir 19
5. Das neue Deutschland 24
6. Jil Sander zum 70ten 31
7. Abgefahren 43
8. Latte Macchiato 45
9. Der überraschende Gast 48
10. Keine Ahnung 54
11. Die Raute der Angela Merkel 57
12. Gut aufgestellt 73
13. Elder Statesman 77
14. Griechenland und der Abschied vom Nein 83
15. Nora, du schaffst das 87
16. Die Zukunft des Grandhotels 90
17. It's your turn. Moden in der Wissenschaft 97
18. Bennents Stimme 104
19. Orangina 111
20. Zur Situation der Musikhochschulen in Deutschland 116
21. Sublimierter Streit 131
22. Thomas Bernhards Schreie 137
23. Vom gemeinsamen Mahl zur Tischflucht des modernen Menschen 144
24. Masken und Mummenschanz 152

25	Miss you. Hommage an die Hausmeister	158
26	Gamardschobad – Eine Soziologie Georgiens	164
27	Das Gesicht des Autos	173
28	Meerjungfrauen	183
29	Die Namen meines Vaters	187
30	Liebe zur Sache	200
31	Clouds	206
32	Fotos in unruhiger Gegenwart	211
33	Un po' di pepe	217
34	Exzellenz trägt Schwarz	220
35	Erdmännchen im Zoo	227

Bye bye, Teddie – statt eines Nachworts 233

Nachweise 238

1

Bonjour! – Nicht nur wer zahlen wird, sondern sogar wie man im Europa der Zukunft zahlen wird, das bestimmt die gegenwärtige Debatte. Unberührt davon ist der Gruß, das Erste und Elementarste, was unter den Menschen getauscht wird. Die Franzosen zeichneten sich schon immer durch eine Besonderheit aus, eine im Alltag vernehmbare Wirksamkeit des Höfischen, wie das ans »Bonjour« obligatorisch angehängte »Monsieur«, »Madame« oder im Plural »Messieurs-Dames« – in einer zivilisationsenthusiastischen Gesellschaft (Ernst Robert Curtius) wie der französischen seit Jahrzehnten eine Preziosität, virtuos gehandhabt beim Kauf der Zeitung oder der Croissants, gelegentlich zum spannenden Schauspiel gesteigert, wenn entweder nur Damen oder nur Herren im Laden anwesend waren und der auf der Zunge liegenden Routine eine knappe und qualitative Anwesenheitsprüfung vorauszuschicken war, um also gegebenenfalls auf »Mesdames« oder »Messieurs« zu korrigieren. Nirgendwo ließ sich die Popularisierung des höfischen Umgangs anschaulicher verfolgen als in der Boulangerie oder der Charcuterie, in den kleinen Geschäften auf dem Land, uneinnehmbare Bastionen popularisierter Vornehmheit. Jahrzehnte liegt zurück, dass man sich noch mit einer weiteren Editionsoption, »Mademoiselle«, in all den Fällen herumzuschlagen hatte, bei denen in Sekundenschnelle aus Alter und Habitus zwischen »Mademoiselle« und »Madame« zu entscheiden war, aber des aristokratischen Aperçus konnte man sich sicher sein.

Der französische Gruß enthält Konvention aus vorbürgerlicher Zeit, aus der Zeit der Schlösser und Könige: Er artikuliert die Reverenz vor dem Status des Angesprochenen. »Pardon, Monsieur«, entschuldigte sich Marie Antoinette, die wenige Sekunden vor ihrer Hinrichtung auf dem Weg zum Schafott ihrem Scharfrichter versehentlich auf den Fuß getreten war. Die Statusorientierung, die taktvolle Geste des Entgegenkommens verweist auf ein Strukturmerkmal der sozialen Ordnung, als Ornament des Austauschs begründet sie die Aufmerksamkeit der französischen Kultur auf die Form. Im Gruß ist eine milieu- und generationenübergreifende Tradition handlungswirksam, die schon Max Weber als Grund für das Prestige Frankreichs bewundert hatte – dieses beruhe in der ganzen Welt »auf dem Schatz, den es aus seiner aristokratischen Vergangenheit herübergerettet und in der ästhetischen Durchgeformtheit des französischen Menschentypus weitergepflegt hat«.

Das scheinen vergangene Zeiten – Frankreich verabschiedet sich vom zeremoniellen Respekt. Verschiebungen im Zivilisationsprofil einer Gesellschaft kündigen sich im Mikroformat der kleinen Formen an, und wiederum liefert die morgendliche Beobachtung in der Boulangerie klare Evidenz. »Bonjour«, »Au revoir«, so haben sich die verbindlich gewordenen Rhetoriken des Auftritts ins Lapidare routiniert, keine Wahrnehmungskontrolle mehr, das schlichte Entbieten des Grußes mit kaum noch zeitlich präzisierter Rücksicht auf die Tageszeit (Bonsoir) ist an die Stelle höfischer Umständlichkeit getreten, der sich selbst noch der Citoyen bedient hatte.

Den Freunden des europäischen Miteinanders wird diese Art des »Prozesses der Zivilisation« als untrügliches Zeichen zunehmender Elastizität sozialer Beziehungen willkommen sein, und nur der bornierte Nichteuropäer wittert einen allgemeinen Kulturverfall. Schließlich bildet der Formalismus das Substrat des oft beklagten schwerfälligen französischen Korporatismus, er ließ den »Patron«, um den sich auch heute noch alles dreht, zur herausragenden Sozialfigur werden; darüber hinaus begründete er die soziale Mobilitätshemmung des Landes, eine Mentalität, allen gegenteiligen Bekundungen zum Trotz, doch nichts ändern zu wollen. Selbst dem konvulsivischen »je-m'en-foutisme« des plötzlichen Aufruhrs liegt die hohe Statusorientierung zugrunde. Das bündige entschlackte »Bonjour« und »Au revoir« hingegen kündigt einen Wandel der Beziehungen an, ein pragmatisches Miteinander, beinahe eine Steilvorlage für das Bemühen um Mitbestimmung, mit der man sich in den Wirtschaftsbeziehungen immer noch schwertut. Wer weiß, möglicherweise müssen die Unternehmer nicht mehr fürchten, von wütenden Mitarbeitern tagelang in ihren Büros eingeschlossen zu werden, und auch der Tourist, der mit dem Langenscheidt-»Bonjour« seine Croissants einkauft, ist von dem Gefühl befreit, irgendwie fehle da noch was.

Europa lebt vom Eigensinn der Völker, und in Frankreich ist es nicht erst seit de Gaulle das Europa der Vaterländer, das man den Zumutungen der Globalisierung konzediert: Dass unsere Nachbarn, die ihrerseits staunend den grenzüberschreitenden Siegeszug der Wangenküsschen verfolgen, jedoch europabeflissen werden oder gar auf der nächsten Stufe der Zivilisierung auch noch das in Deutschland endemisch gewordene »Hallo« in ihr Grußrepertoire aufnehmen werden – da ist das »H aspiré« vor.

2

Vom Verschwinden des Pudels – Dass die Menschen den Tieren, mit denen sie sich umgeben, zuweilen ähneln, wird die Populärpsychologie uns weiszumachen nicht müde. Und wer liefert für derlei Thesen triftigere Evidenz als der Hund, unter den Haustieren nach wie vor auf Platz eins, fügsam und doch gesellig, treu und doch eigensinnig, in der Beliebtheit der Rasse abhängig von den wechselnden Trends der Zeit. Das Verschwinden des Pudels aus dem Straßenbild etwa ist ebenso auffällig wie die unübersehbare Präsenz des Mopses. Seit längerer Zeit schon läuft er dem Dackel, dem Klassiker moderaten Eigensinns, oder dessen buntem, artistischem Gegenüber, dem Jack Russel Terrier, ja sogar dem Bürgen des Familienfriedens, dem Retriever, den Rang ab.

Mit dem Rückzug des Pudels aus dem öffentlichen Raum vollzieht sich ein Wandel im Selbstverständnis des modernen Menschen. Der Pudel, seine in aufwendiger Frisur verspielt-virtuose Exzentrizität des Auftretens eignete sich für die Demonstration einer randständigen Lebensform. Ein gestyltes Geheimnis, ein Tier der gepflegten Nonkonformität, seit Goethes Faust der Geist, der stets verneint, wurde zum bevorzugten Begleiter von Menschen in zugeschriebener oder empfundener Marginalität, in deren Lebensentwurf sich die Bizarrerie des artistisch verspielten Pudels als ein stellvertretend nach außen gestelltes »Dennoch« anbot. Ein bis an den Rand der Karikatur demonstrierter trotziger oder lässig distanzierter Anspruch auf Zugehörigkeit – von Rosemarie Nitribitt bis Artur Schopenhauer.

Zum Outfit des modernen Menschen zählt es, von derart aufwendig demonstrativer Exzentrik entlastet zu sein. Einen Kumpanen, dem man den Entwurf von Einzigartigkeit überlässt, braucht es nicht mehr. Die sportiven Pirouetten der Nonkonformität sind internalisiert, »Otto Normalabweichler« (Jürgen Kaube) hat sie auf seinen Leib geschrieben, die Exzentrizität ist verstummt, im Tattoo lauert sie auf ihren Auftritt. Gibt es noch Zeitgenossen ohne das Versprechen irgendeiner geheimnisvollen Ornamentik an Armen, Beinen oder im Nacken? Selbst der ICE-Schaffner trägt einen Ohrring, hat stylish gefärbte Haare.

Der moderne Angestellte artikuliert sich diesseits seiner Uniform als ein Mensch mit einem Anspruch auf Einzigartigkeit, diskret auffällig, und zwar in dem Maße, in dem die sozialen Beziehungen in Beruf und Arbeit als statusentlastet und schnörkellos verstanden werden und sich auf einen Alltag jenseits anstrengender Zumutungen zeremonieller Kommunikation eingependelt haben. Allerdings scheint die allfällige Lässigkeit auch ihren Preis zu fordern – und das bringt den Mops ins Spiel. Ist der Anspruch darauf, besonders zu sein, internalisiert, dann verliert der öffentliche Raum als eine Bühne für die Demonstration von Exzentrik an Bedeutung. Wenn niemand mehr schaut und jeder an jedem Ort omnipräsent ist, wenn gleichgültig wird, wo man sich tatsächlich momentan befindet, dann erübrigt sich der Blick, man verschließt die Augen wie die Ohren, die an eine gewünschte Eigenwelt gestöpselt sind und gegenüber der Geräuschkulisse des aktuellen Raums verschlossen bleiben. Im leer gewordenen öffentlichen Raum, dem großen Arrangement mit der Normalität der Abweichung, markiert der Auftritt des Mopses eine ewige Sehnsucht nach Zuwendung.

Der Mops übernimmt mit seinen großen Augen die Erinnerung an die Zeit der Kinder. Er spiegelt eine Lebensform, die durch die Ethik der Sorge um den anderen bestimmt war, eine Ethik der voraussetzungslosen Güte. Seine rassischen Qualifikationen, die ihn derzeit als »lustiger Geselle« den europäischen Markt für Haustiere erobern lässt, machen ihn zu einem Begleiter, der zuwendungsbereit ist und dabei zugleich grenzenlos verzeiht. Tollpatschig und liebenswürdig, imponiert er in einer Qualifikation, die ihm schon früh das Privileg eingebracht hat, als eine Art leibhaftige Inverse des affektneutralen, zeremoniellen Umgangs auf den Schößen der europäischen Hocharistokratie Platz nehmen zu dürfen. Sein Blick ist der Blick des unbeholfenen Kindes, nach dem man sich sehnt, ein Kind, dem in einer dauerhaften Fürsorgebeziehung sich zuzuwenden kaum jemand mehr zu wagen scheint. Die Liebe zum Tier ist, nach einer berühmten Formulierung Sigmund Freuds, Liebe ohne Ambivalenz. Die Sehnsucht nach der Sorge, die einen wie aus vergangenen Zeiten anblickt, wird lebendige Idee, sie lässt sich mit dem Mops auf den Schoß nehmen. Und das umso inniger, je deutlicher sie von der mimischen Gestalt des Mops-Gesichts als unerfüllt-unerfüllbar unterstrichen wird, ein Enttäuschungs-Smiley, in die Falten der herunterhängenden Lippen verlegt. In den drolligen Augen begegnet der vielbeschäftigte Zeitgenosse einem Mythos. Er umgibt sich mit einer gefälligen Mahnung, aber einer, die zugleich bestätigt, es gebe doch in der unentrinnbaren Welt der zugemuteten Abstraktionen ein Gemüt, so wie die Melancholie statt der Trauer eine im Grunde egozentrische Geste des Verlassenseins enthält. Der Mops, der Geist, der stets bejaht, hält ganz jenseits der Karikatur, in der Loriot ihm ein Denkmal gesetzt hat, einen Spiegel vor: Er ist das lebendig gewordene Steifftier, der Hund der demographischen Krise, der Hund der kinderlosen Gesellschaft.

3

Weihnachten feiern. Eine Typologie der Ritualität – Alle Jahre wieder – so lautet die magische Formel des Festes. Weihnachten ist kollektiver Gabentaumel, Weihnachten ist Glaubensfestigkeit durch bekundete Anwesenheit im Gottesdienst, Weihnachten ist Gabenflucht und Reisezeit, und nicht zuletzt ist Weihnachten das Fest der Konsumkritik. Wenn es die Klage nicht mehr gibt, gibt es den Dank nicht mehr. Wenn sich die Hoffnung auf die Wissenschaften richtet, dann hat der Glaube es schwer. Dennoch sind die Kirchen voll, etwa wegen der Kinder? Wegen des Konformitätsdrucks, weil es sonst nichts zu tun gibt und die Heizungen im Büro gedrosselt sind? Jenseits der Frage, ob die vollen Kirchen an Weihnachten die Malaise des christlichen Glaubens unter Beweis stellen oder ob in ihnen nicht gerade eine beeindruckende Evidenz für die Rückkehr zum Glauben zum Ausdruck kommt, bietet die Idee der Ritualität einen möglichen Zugang zum Verständnis. Weihnachten erscheint als dasjenige Fest im christlichen Kalender, das auf einzigartige Weise Ritualzumutung mit Ritualgenuss kombiniert.

Ob Festgegner, Festbefürworter oder Indifferente – im Austausch der Generationen erfahren die Menschen alle Jahre wieder im eigenen Lebensvollzug praktisch gewordene Soziologie: Weihnachten als ein Lehrstück für den Umgang mit elementaren Formen sozialen Lebens, für Ritualität als einer sozialen Tatsache. Georg Simmel hat die Geselligkeit – in ihren Ausdrucksgestalten vom Salon bis zur Party – als das Kunstwerk gedeutet, in dem die moderne Gesellschaft ihre eigene Funktionsweise spiegelt. Ähnlich erscheint das Weihnachtsfest als ein weiteres selbstgestaltetes Kunstwerk, an dem sich pure Sozialität bestaunen lässt.

So wie die Menschen über die Geselligkeit als Symbol der »Oberflächlichkeit des gesellschaftlichen Verkehrs«, wie Simmel schreibt, zu Recht und zu Unrecht klagen, so verhält es sich mit dem Weihnachtsfest und der ihm eingebauten Ritualität. Weihnachten ist Zumutung und Entlastung zugleich, darin liegt das Geheimnis seiner Anziehungskraft, seiner Unausweichlichkeit auch und gerade für diejenigen, die sich mit Ekelgefühlen vom Geschenkerausch abwenden und erhaben, dekoriert in Askese, in die letzten Winkel ihrer Einsamkeit oder Zweisamkeit zurückziehen.

Weihnachten als eine soziale Tatsache provoziert drei Handlungsmuster, die den normativen Ansturm von Außer-Alltäglichkeit aufgreifen: Naiv praktizierte, unbewusste Ritualität wäre die erste Variante. Wieso überhaupt Weihnachten gefeiert wird, eine solche Frage verbittet man sich. Traditional orientiert, in Konformität gegenüber dem Althergebrachten, »weil das einfach zum Leben dazugehört«, weil es Brauch und Sitte ist, so fügt sich der naive Weihnachtler den Zeitvorgaben des Adventskalenders, rückt ein in die Choreographie der ewig gleichen Verrichtungen am Vormittag des Heiligen Abends, dem Baumschmuck etwa – »Hing dieser Stern am Fenster, oder war der am Baum?« Töricht wäre es, die naive Praxis der Fügsamkeit als ein Zerrbild des Feierns oder gar als dessen Karikatur abzutun: Man fühlt sich wohl im Horizont eines Arrangements, das einem wie von Zauberhand die nächsten Schritte zu tun erlaubt, reflexionsentzogen, aber im Ergebnis so, dass eine gestaltete Ritualität entsteht.

Von diesem Typus, der empirisch vermutlich am häufigsten vorkommt, der sich dabei der Veranschaulichung des christlichen Festkanons – Gebet und Gesang und Lesung – bedienen, aber ebenso auf sie verzichten kann, unterscheiden wir die Weihnachtsflucht als die Flucht vor der Ritualität. Der Weihnachtsflüchtling folgt dem Muster einer entschlossenen Distanz; deren einfachste Form ist die Reise. Man schüttelt die Last der Regeln am besten auf den Malediven ab, kein Schnee, die Wahrnehmung bleibt frei von Autos mit aufs Dach gebundenen Bäumen. Die Not der Ritualzumutung macht erfinderisch und setzt die menschliche Phantasie für die Ausgestaltung freier sozialer Räume frei, am Heiligen Abend geht es zum Schnorcheln.

Diejenigen, die im Land bleiben, können sich austoben in all dem, was die Sozialität an Vermeidungsszenarien, an pointierter Regelverletzung und Mikro-Rebellion anbietet: Das kann die Party an Heiligabend sein, das besonnene Anschauen eines Tierfilms, sogar das ununterbrochene Quasseln während des Gottesdienstes – eine Nonkonformitätssteigerung; auf jeden Fall gilt: keine Geschenke, keine Gans, Baumverzicht und kein einziges Lied auf den Lippen.

Und schließlich der dritte Typus, die verstandene Ritualität. Handelnde nach diesem Muster folgen ohne Aversion den Gepflogenheiten der christlichen Tradition hierzulande, die in ihrer Eigenrationalität ausgelegt, anerkannt und auf diese Weise neu angeeignet werden können – Weihnachten erscheint hierbei als »heilige Zeit«: entweder dem christlichen Verständnis folgend oder auch im Lebensentwurf der säkularisierten Moderne, als sakralisierte Zeitlichkeit, als deren entweder gewünschte oder dankbar aufgenommene Ausdrucksgestalt sich die Möglichkeit zur Muße einstellt.

In der Feineinstellung der drei Muster des Handelns wäre noch nach Graden der Vehemenz zu unterscheiden: Lieder mit Inbrunst singen oder grimmig entschlossen tauchen, im Dämmerzustand das Vertraute zelebrieren oder in genau einem solchen Zustand auf nie Entdecktes stoßen, dies wären Beispiele. Nicht selten sind die Handlungsmuster unter den Generationen dynamisch konfliktgeladen oder in milder Toleranz verteilt. Was hingegen jenseits des knisternden Geschenkpapiers oder noch auf den fernen Malediven als irritierende Wirkung des Rituellen eintritt, ist der magische Raum des Zyklischen, der Wiederholung, des »Alle Jahre wieder«. Nicht die Progression, das Voranschreiten, das »Weiter so«, vielmehr die Zäsur liegt der normativen Kraft des Rituals zugrunde. Davon ist die salopp ausgesprochene »Auszeit«, die die Leute sich wünschen, die Zeit zwischen den Jahren, Anlass für Liegengebliebenes oder die Steuererklärung, nur ein Abklatsch.

Was den drei so unterschiedlichen Typen der Weihnachtsresonanz als Gemeinsames unterliegt, erschließt sich über die Konfrontation mit der Zäsur – darin liegt die Leistung des Rituals; es inszeniert das Zeitvergessen, genauer: Es tilgt Historizität und zelebriert den Traum ewiger Dauer. Das, was am Ritual die einen mit Genugtuung vollziehen, was andere in Panik versetzt, mit der Leere konfrontiert und wieder andere zur Reflexion veranlasst, ist das voraussetzungslose Gegebensein der Sozialität, der Zauber purer Präsenz, das Aufgetretensein des Gegenübers in der Welt, als deren Teil man sich wahrnimmt.

Im Sinnhorizont der Ritualität öffnet sich nun, mit der Gabe und dem Kind als dem Neuen, der Blick auf zwei Besonderheiten des Weihnachtsfestes, die noch im Rausch des Schenkens erkennbar sind. Dem Leben als etwas Gegebenem begegnen, »ich komme, bringe und schenke dir, was du mir hast gegeben«, darin liegt das magische Potential dieser Tage. Aber nicht nur das. In der Erfahrung des Zyklischen, in der Ritualität der Wiederholung lässt sich die kontrastierende Version menschlicher Eigenzeit nicht gänzlich ausblenden, die Sequentialität, das Eigenrecht der Entwicklung und der in die Zukunft gerichteten unerschöpflichen Möglichkeiten.

Seit den Arbeiten des Anthropologen Claude Lévi-Strauss wissen wir, wie das Zeitbewusstsein das Handeln bestimmt. Gesellschaften, die der Sequentialität gegenüber der Zyklizität den ethischen Vortritt lassen, müssen mit Folgeproblemen rechnen. Denn beide gehören zusammen, gerade in ihrer Kontrastivität verweisen sie aufeinander. Geraten sie aus dem dynamischen Gleichgewicht, entsteht das Risiko einer Zeitvergessenheit im mentalen Haushalt der Generationen. Neben der Gabe als dem zentralen mythischen Band, das sich um die oben unterschiedenen Typen der Festgestaltung legt, steht der symbolische Raum des Kindes, dessen Ankunft die christliche Tradition mit einem grandiosen mythischen Zauber versehen hat: »Ich steh an deiner Krippen hier, o Jesu, du mein Leben«, das Kind als Symbol der Ankunft und des Anspruchs darauf, die Zyklizität der Zeit zu durchbrechen, Entwicklung zu ermöglichen. Als die leibliche Veranschaulichung der Gebürtlichkeit, als die Hannah Arendt eindrucksvoll die menschliche Existenz definiert, steht das Kind als das Neue vor der Tür der angehaltenen Zeit, »Ich steh an deiner Krippen hier«. Ist es abwegig, an den Rückgang der Geburten zu denken? Konfrontiert mit der Ritualität und der angehaltenen Zeit, schreibt sich im kollektiven Unbewussten moderner Gesellschaften der Verzicht auf Kinder als ein Schatten gewonnener Optionen ein. Er erscheint als ein Verzicht auf Zeitlichkeit. Der Geburtenschwund, so jedenfalls die drückende Evidenz aus den Familienministerien, scheint durch unzureichende Transferzahlungen nicht erklärt – näher liegt die Deutung, dass ihm ein geheimer Neid auf die Zukunft zugrunde liegt. Statt sie den Kindern zu öffnen, scheint die Multioptionsgesellschaft der Moderne in der anhaltenden Selbstsuggestion, alles und jedes sei vereinbar und ohne Verzicht, auch die Zukunft noch für den eigenen Lebensentwurf reservieren zu wollen. Im Blick auf die europäischen Nachbarn beruhigt man sich dann damit, dass es andernorts nicht anders geht. In Kindern jedoch, als den Trägern des Neuen, kündigt sich Abschied an, ihre Geburt symbolisiert in der Ankunft den Wechsel der Generationen, für die Eltern wird der Schmerz des Vergehens, der eigenen Endlichkeit spürbar. Das Rituelle der heiligen Zeit konfrontiert mit dem Vorgängigen der Sozialität, die Gabe erscheint als Antwort auf ein Gegebensein und zugleich als Vorgriff auf die Gegengabe, auf die Ankunft des Neuen. Darin liegt ein Geschenk der Ritualität, dessen Annahme niemand verweigern kann und über das nachzudenken Anlass genug wäre.

4

Turm*, ich will ein Kind von dir – Ähnlich den Graffiti imponieren die Turmsprüche mit suggestiver Aufdringlichkeit. Sie springen ins Auge, weil sie in der Fülle alltäglich wahrnehmbarer Texte und Zeichen ihren Leser herausfordern, kantig, drastisch, verspielt und unbekümmert vulgär: »Scheiß Uni, scheiß Mensa, scheiß Staat, nur ich bin cool.« Selten gelingt ihnen der Weg zur breiten Resonanz oder gar Zitierfähigkeit. Nur wenige der knappen Texte, und dann wohl eher solche, deren Originalität derart verblüfft, dass sie als Botschaften weitertransportiert werden und auf diesem Weg ihren Entstehungsort, die Entstehungssituation vergessen lassen, wirken als Zeitgeistmarker, als Signatur einer Generation oder Lebensform. Beim ersten Eindruck entsteht Faszination, der Leser erschauert, ist angewidert, gelegentlich erheitert und beginnt allenfalls eine spontane, flüchtige gedankliche Auseinandersetzung, ein stummes Gespräch. Schnell bietet sich eine lakonische Reaktion an, die kopfschüttelnde und zivilisationsgewisse Resonanz.

Die Turmsprüche, chaotisch gestapelte Zwischenrufe aus dem Alltag einer Bildungsinstitution, haben Erzeuger. Autoren fol-

---

* Im Westen der Stadt Frankfurt, nicht weit vom Messegelände, einem ihrer heiligen Böden, auf einem Areal, das derzeit flach und leergeräumt auf den Ansturm der Bagger wartet, stand einmal ein Turm, in dem gelehrt und geforscht wurde. Der Turm, Unterstand des Autors, war aus Elfenbein, im Jahr 2014 wurde er gesprengt und zu Staub.

gen Motiven und Ideen, und mit ihrer Publikation auf den kahlen Flächen von Wänden und Fluren eröffnen sie kommunikative Konstellationen. Inhaltlich betrachtet, zeichnet die Turmsprüche zumeist eine scharfe Polarität aus. Sie suchen die Zuspitzung; artikulieren, insbesondere bei Botschaften, die politische Stellungnahmen zum Gegenstand haben, Perspektiven jenseits der öffentlich gepflegten Kultur des Respekts, von Kompromiss und Kooperation. In den Turmsprüchen herrscht die Sprache der radikalen Sozialromantik vor. Jenseits von Diplomatie, Takt und Besonnenheit werden die Tabuzonen durchbrochen: »Nie wieder Deutschland!« Der Schrei, die Klage, Hass, unverhohlene Rache und Aktionsbereitschaft liefern die Vorlagen für die Selbstermutigung.

Nicht nur politisch bedenkenlos, sondern auch indifferent gegenüber der Würde der Person entstehen im Schutze der Anonymität des Hingekritzelten Bekenntnisse sexueller Radikalität, kommunizierte Perversionen, die dank der Sanktionsfreiheit, unter der die Texte entstehen, Äußerstes wagen. Dabei gilt: Turmsprüche erzeugen Turmsprüche, eine Vielstimmigkeit angeblich authentischen Durchblicks, die sich eines Echos, der scharfen Gegenwehr, gelegentlich sogar einer Spannungsabfuhr gewiss sein kann: »Kein Turm ist auch keine Lösung« oder »Weg mit dem Turm« – »Wohin denn?«.

Nicht durch Respekt gemäßigt, sind die Sprüche aufeinander bezogen. Nicht nur findet die rhetorische Radikalität des Fanatismus eine gleichsam garantierte Community, sie provoziert gerade Bekundungen des Abscheus oder des Widerstands, nicht selten in Gestalt absurder Übersteigerungen oder demonstrativer Ironie. Mäßigende oder humorvolle Brechungen zählen zu den seltenen bunten Blumen, die sich über die Drastik der Texte legen und zu Milde, Besinnung und Reflexion auf die zivilisatorischen Werte mahnen: »Treppensteigen macht einen schönen Po«.

Neben politischen Konflikten wie der Spannung zwischen Israel und der arabischen Welt, neben den Initialerinnerungen des Kollektivgedächtnisses wie etwa der moralisch verpflichtenden Erfahrung der beiden deutschen Diktaturen, neben den Versatzstücken der Lebensphilosophie, neben dem spielerischen Zitat kultureller Selbstverständnisse der Elterngeneration bilden Bezugnahmen auf laufende Universitätsereignisse die dritte Kategorie – »Subjekt sein, nicht forschen«. Diese sind meist Ausdruck von Unzufriedenheit, die in den universitären Gremien nicht – oder aus Sicht der Spruch-Autoren – nicht hinreichend artikuliert werden konnte.

Alles Geschriebene, so der Soziologe Georg Simmel, besitzt eine »objektive Existenz, die auf die Garantie des Geheimbleibens verzichtet«. Insofern sind gerade Turmsprüche verbreitungsoffen, in vielen Fällen sind sie sogar ausdrücklich mit einer Verbreitungsabsicht aufgeschrieben. Typisch ist allerdings die klandestine Verpackung, wodurch sie sich paradoxerweise als geheime Texte in eine Öffentlichkeit begeben.

Öffentlich und doch vermummt, strategisch indiskret und dabei in der Rahmung diskret, diffus von der Erzeugerseite und adressiert an ein diffuses Publikum. Dem entspricht, dass sie, typographisch betrachtet, formatfrei sind, in Groß- oder Kleinbuchstaben, akribisch gekritzelt oder in schwungvoller Ästhetik aufgetragen.

Somit enthält die Kommunikation hier eine Sammlung von Anfängen. Sie wird auch typographisch bestimmt durch die Gleichzeitigkeit von Geheimnis und Proklamation, von risikobereiter Schamlosigkeit des Ausdrucks sowie der in Anspruch genommenen Werte, getarnt durch das Versteck, aus dem heraus man sich risikolos zu Wort melden kann. Die psychische Entsprechung einer derartigen Kommunikation, die es mit dem Appell, dem Aufschrei oder dem gelegentlich witzigen Einfall genug sein lässt, wäre eine Form der Verklemmung, der kommunikativen Verarmung, die im Schutz der Anonymität der Kabine oder an der stummen Wandtafel die Chance wahrnimmt, sich Gehör zu verschaffen, eine Art abschließender Kommentar, ein usurpiertes »ceterum censeo«.

Wer der Funktion der Sprüche nachspürt, stößt nicht zufällig, ganz unabhängig von der jeweiligen Absicht, auf das Ensemble von Beteiligungsformen, die Georg Simmel dem »Dritten« zuweist, einer sozialen Figur, in der sich Einschluss wie Ausschluss aus einer gegebenen Austauschbeziehung bündeln: Der Streitstifter, der Streitschlichter und der »lachende Dritte« sind auch bei Turmsprüchen die Kostüme, in denen sich die Texte zu Wort melden. Die Sprüche reagieren auf eine laufende Kommunikation, die andernorts stattfindet oder stattgefunden hat, selten raffiniert selbstironisch wie in der Überschrift vom »Institut für vergleichende Irrelevanz«. Oder auch »Turm, ich will ein Kind von dir«.

In Debatten will der Turmspruch eingreifen, gleichzeitig verweigert er sich deren Regeln. Die Weisheit der Botschaften liegt in der Wahl ihres Kontextes; sie melden sich von außen zu Wort, woraus ihre konversationelle Illegitimität folgt, die allerdings in Kauf genommen wird. Ihre Dummheit oder Beschränktheit liegt darin, dass sie der direkten Ansprache entsagen und auf das Paradox einer anonymen Resonanz setzen, dem Kassiber vergleichbar, also im Vertrauen darauf, dass es unter den flüchtigen Lesern eine Vermittlung schon geben werde.

Vermessen und zugleich gehemmt, indiskret und geheimnistuerisch, lässt das Ensemble der Turmsprüche einen Raum latenter Wahrnehmungen, latenter Spannungen, Wünsche und Weltsichten des Dritten entstehen, eine Gegenfigur der vernünftigen Verständigung. Schon wenige Beispiele der Turmsprüche, Zwischenrufe aus dem Alltag eines Bildungsprozesses, gestatten einen Einblick in den Entwurf einer akademischen Lebensform, deren Teilnehmer sich im universitären Alltag auf Rationalität, Verständigung und methodisch raffinierten Streit verpflichtet haben. Und wie so oft im unerschöpflichen Raum der unbewussten Phantasien, liegen Innovation und Destruktion, Erkenntnis und Verkennung dicht beieinander: »Theorie ist keine Leidenschaft des Kopfes, sie ist der Kopf der Leidenschaft.« Als bizarre, skurrile Dokumente der Jungklugheit werden sie einst einer staunenden archäologischen Neugier vor Augen stehen, gestückelte Tagesreste einer dynamischen Diskurswelt und Lebensform, einem Rätselbild gleich: »Kein Pfennig für das Thieu-Regime«.

5

Das neue Deutschland – Als der Soziologe Ralf Dahrendorf vor langer Zeit das sozialdemokratische Zeitalter vorausgesagt hat, muss er an die CDU gedacht haben. Mittlerweile braucht es keinen soziologischen Scharfsinn, die Spatzen pfeifen es von den Dächern. Die Partei sozialdemokratisiert sich in einem Tempo, dass es ihren mittelständischen Wählerschichten die Sprache verschlägt, während ihre große Konkurrenz sich beeilt, in die Mikrophone zu rufen:»Wir sind das Original.« Der rasante Umbau der politischen Programmatik, der jeden konservativen Protest wie einen Anachronismus erscheinen lässt, ist als Werteverlust ungenau umschrieben. Vielmehr greift er den Strukturwandel der Institutionen, Vereine und politischen Gemeinschaften auf, der nach zwanzig Jahren, in denen im Osten die erste Generation ohne eigene Erfahrungen der Diktatur aufgewachsen ist, erkennbar wird. »Es wächst zusammen, was zusammengehört«, kaum erinnert man sich noch an die pathetische Formel Willy Brandts. In den Institutionen zeigen sich Konturen des neuen Deutschlands, sie bestimmen Lebensform, Wertverständnis und Selbstgefühl, sie enthalten Antworten auf die Frage,»wie« zusammengewachsen ist, was zusammengehört. In der europabeflissenen Nation wird sie ungern gestellt, obwohl sie so nach vorn drängt wie in den sechziger Jahren der alten Bundesrepublik, als das spröde Lebensarrangement des »Wir sind wieder wer« von der Jugend auf seine Vorgeschichte abgeklopft wurde – auch damals schon verbunden mit der Suche nach einem »Narrativ«, das die Vergangenheit der Eltern nicht übersprungt, sondern zu verstehen ermöglicht.

Tarnen und Täuschen sind die Überlebensmuster, die Menschen während der Diktatur einzuüben und zu kultivieren gezwungen waren. Wie in allen Diktaturen dieser Welt ließ sich nur so der Konformitätsdruck des Regimes ertragen, und allein im Tarnen und Täuschen war es möglich, im trostlosen Alltag einer demotivierenden Mangelwirtschaft über die Runden zu kommen. Der strategischen Unaufrichtigkeit lag zugrunde die kontinuierliche Bedrohung, schikaniert oder verhaftet zu werden, und erzwang im Sich-Verstellen ein gespenstisches Echo. Dass das eigene Leben erzwungenermaßen zwischen innerer Phantasiewelt und der Fügsamkeit im öffentlichen Leben gespalten wird, davon konnte man sich nach den jüngsten erfolgreichen DDR-Romanen von Tellkamp, Ruge und Schalansky ein Bild machen. Innere seelische Aushöhlung, die lakonisch-mechanische Teilhabe am öffentlichen Leben oder auch das Sich-Einkapseln in das schüttere Selbstbild aufgeschobenen Gutmenschentums, dergleichen zählte zu den Schritten der Realitätsanpassung, die schon die vorausgehende Diktatur des Nationalsozialismus abverlangt hatte.

Zu Zeiten der DDR, die nicht als Ausnahmediktatur, sondern als Alltagsdiktatur in einem Zeitraum von zwei Generationen einstellungsprägend war, war Diskretion nicht etwa Schutz, sondern galt als gefährlich, Bestandteil des opportunistischen Lebens im »rundum verschlossenen neurotischen Land«, in der »Grauzone morgens« (Durs Grünbein). Entsprechend entfaltete sich das Enttarnen, der Verdacht, die Spionage bis zur Denunziation als eine Praxis, auf die man sich einzustellen hatte. In der täglich rituell inszenierten Gemeinschaft, sei es die des Volkes oder der Klasse, wird die Misanthropie eine ethische

Maxime im Alltagsleben, Desinteresse und Solidarverzicht stellen sich als die langfristigen politischen Folgen ein. Sich zu besuchen war riskant, der »Feind« – so hieß es übrigens in beiden Diktaturen – hörte überall mit. Als Ausdruck und Folge der Konformitätserwartung entstand das Misstrauen als ein Kultur gewordener Habitus des Verdachts. Dessen Wirkungen wurden eine Zeitlang, mal heftig im Feuilleton, mal harmlos beschränkt auf die Kracher des Kabaretts, in der verniedlichenden Ossi-Wessi-Hakelei zum Gesprächsthema.

Zurechnungen dieser Art vereinfachen das Drama einer grandiosen Selbsttäuschung, in der das eigene Leben verlief. Nicht die Einführung der Marktgesellschaft, die Treuhand oder die westliche Lebensform löste in den neuen Bundesländern den Schmerz aus, der nach dem Taumel über die Wiedervereinigung übermächtig wurde. Vielmehr war es die Einsicht in die existentielle Bodenlosigkeit der Orientierung, die Einsicht in die Jahrzehnte der Verstellung. An ein Leben im Verdacht hatte man sich gewöhnt, in der Diktatur war es zur zweiten Natur geworden. Das Gefühl, ständig auf der Hut sein zu müssen, begleitete die berufliche Existenz, das Engagement für die öffentliche Ordnung, aber es drang als übergroße Skepsis selbst in die Privatsphäre, in Ehe und Familie ein. Gewohnheiten lassen sich jedoch nicht von heute auf morgen abschütteln; es ist der Verdacht, der jedes commitment in Zweifel zieht und derzeit den Institutionenraum der alten Bundesrepublik um seine Geltung bringt.

Keine Frage, mit wachsendem zeitlichen Abstand zeigt die Solidarität unter den alten und neuen Bundesländern ihre Wirkung. Auf dem Stuttgarter Hauptbahnhof etwa hört man auf Sächsisch – und nicht nur auf Schwäbisch –, wann der nächste Zug nach Tübingen geht. Die bedrückenden Jahre ungleicher Wohlstandsteilhabe geraten in Vergessenheit. Aber es scheint, als gerieten darüber die zivilisatorischen Minima eines wiedererwachten bürgerlichen Lebens ins Schlingern, die im mühsamen Aufstieg aus den Ruinen des Kriegs auch in den sogenannten »alten« Bundesländern keineswegs leicht zu erringen waren. Überflüssig erscheinen Takt und Diplomatie, überflüssig erscheint das, was Niklas Luhmann einmal den Latenzschutz der Institutionen genannt hat, die Regeln, die für ein erträgliches Miteinander so wichtig sind. Dass Vertrauen gut, aber Kontrolle besser sei, wird zum Mantra derjenigen, die im alten Westen, in der Kindergartenleitung, in den Kollegien der Gymnasien oder den mittleren Etagen der Unternehmen angekommen sind.

Zur Diskretion, so schrieb der Philosoph Helmuth Plessner, einer der wenigen Denker des bürgerlichen Deutschland, in seiner Schrift gegen den sozialen Radikalismus der zwanziger Jahre, gehöre die »Weisheit des Taktes: Schonung des anderen um meiner selbst willen, Schonung meiner selbst um des anderen willen ist der Rechtsgrund – so paradox es klingt – für die grundlosen Zwischenspiele unseres gesellschaftlichen Lebens, für das absolut Überflüssige, mit dem wir das bloß Erträgliche angenehm, spannend und reich gestalten.« Takt und Diskretion, die den sozialen Austausch elastisch halten, sind Errungenschaften eines zivilen Miteinanders und nicht etwa bürgerliches Dekor oder verzichtbarer Schnörkel.

Von der bürgerlichen Lebensform waren die Menschen unter der DDR-Diktatur weit entfernt, aber es scheint, als ermöglichte eine heruntergekommene Wirtschaft es, auf groteske Weise modern zu sein. Wer eine größere Wohnung wünschte, entschloss sich zur Heirat. Kinderkrippen? Unverständlich, warum man sich im Westen so schwer damit tut, die große Errungenschaft der DDR flächendeckend und mit Rechtsanspruch versehen einzuführen. Widerstände gegen das achtjährige Gymnasium? Im Osten war der Soupçon gegen Bildungsmoratorien institutionalisiert, Beschleunigung auf dem Weg zum neuen Menschen eine Selbstverständlichkeit, der Kirchenbesuch eine Sache für ein staatsresistentes, merkwürdig störrisches Milieu. Im Schatten dieser Erfahrungen, in dem die Rede, es sei doch nicht alles schlecht gewesen, schon längst nicht mehr geflüstert wird, erscheint plötzlich die alte Republik als schwerfällig, vormodern und romantisch. Sind verdorrte Mentalitäten der Preis, den das Land für die blühenden Landschaften zu zahlen hat? Dass der müde Lebenspragmatismus aus den Zeiten der Zwangsgemeinschaft, dass die nomadenhafte Flexibilität, die collagierten privaten Lebensformen der neuen sozialistischen Menschen sowie das verdachtsgetränkte Quivive nun gerade den Institutionenwandel beschleunigt und die vereinte Nation in einem avantgardistischen Selbstgefühl erstrahlen lässt, das wird möglicherweise die große gemeinsame Geschichte der Deutschen im 21. Jahrhundert, die es erst noch zu erzählen gilt.

Unter dem Nationalsozialismus wurde sie als historisch obsolet denunziert und während der DDR offen ideologisch bekämpft, nun wird das Schrumpfen der bürgerlichen Lebensform im neuen Deutschland gleichsam vollzogen – keine Wertkritik mehr, entsprechend auch keine programmatische Artikulation mehr, vielmehr ein Verkümmern qua Konstellation der Lebensbedingungen, erste Konturen des neuen Deutschlands. Allenfalls schaut man kopfschüttelnd auf das eigentümliche Treiben der französischen Nachbarn, die sich zu Hunderttausenden dagegen wehren, dass ihr Staat soeben dabei ist, die vertraute Semantik der Familie auf die Unterscheidung von Elter 1 und Elter 2 umzuschreiben. Allerdings ist das Zerbröseln der Diskretionskultur, das wie eine späte Rache der Abgewickelten daherkommt, nicht das Ende aller Zeiten. Als ethische Maxime im neuen Deutschland erfreut sich die sogenannte schonungslose Offenheit steigender Zustimmung. Mit ihr lassen sich Institutionen der Sittlichkeit, zu denen die Familie, die Schule, politische Gemeinschaften, aber auch der Staat zählen, als irgendwie abgestanden beargwöhnen. Hier kann man auf Beutezug gehen und darf sich gewiss sein, tagtäglich Beute machen zu können. Die Emphase, mit der allerorten der Beseitigung von Hierarchien und Differenzen das Wort geredet wird, artikuliert sich als spätes Echo auf die organisierte Rigidität einer kontrollierten sozialen Ordnung. Ihre suggestive Modernität liegt darin begründet, dass sie auf Vorurteile, Rassismus etwa, verzichtet. In ihrem juvenilen Habit, in der achselzuckenden Unbekümmertheit können die Transparenzmissionare auf Zustimmung all derer rechnen, die Komplexität für unaushaltbar ansehen und die die Lebensformen, in denen sich Vertrauen heranbildet, für einen Luxus der Reichen halten. Der ressentimentgeladene Verdacht unterliegt dem Glauben an die geradezu heilbringende Kraft des Durchblicks. Darin liegt nicht etwa ein Gegensatz, sondern die verschwiegene Gemeinsamkeit mit dem magischen Denken, das das Fremde als eine Bedrohung wahrnimmt und das sich gespenstisch leicht zu gemeinschaftlichen Übergriffen aggregieren kann, wie es die Mordkommandos des NSU gezeigt haben.

Gewiss, das neue Deutschland erscheint den meisten Europäern als ein Frühlingsbote, als ein Land der blühenden Landschaften. Eliten wie Nichteliten haben sich darauf eingestellt, dass mit einer stummen Kanzlerin und mit einem redenden Pfarrer aus dem Osten die Sache mit der Zwangsherrschaft erledigt sei. Gegen den Krieg sind schließlich alle, wirtschaftlich geht es den meisten gut, der politische Gestaltungsdruck, der übernationale Verhandlungsregime zu berücksichtigen hat, tut ein Übriges, den Gedanken an die Geschichte flach zu halten. Wer sich auf europäischer Ebene als Leit- und Referenznation für die Sanktionierung von Schlampereien zuständig glaubt, der übersieht gern, dass dergleichen Schlamassel nicht diktaturbedingt sind, sondern als Folge einer über Generationen, um nicht zu sagen über Jahrhunderte hinweg gewachsenen demotivierenden Preisgabe bürgerlicher Askese in die Gegenwart drängen. Von innen betrachtet, fehlt es an Landschaftspflege.

6

Jil Sander zum 70ten – Der soziographische Raum, in dem die Geschichte von Jil Sander beginnt, ist die Heide, Dithmarschen in Schleswig-Holstein, die Landschaft unendlicher Weite und tiefer Schwermut, eine bäuerlich bestimmte deutsche Region mit einer ausgeprägten Distanz zur Industriegesellschaft und einem Regionalstolz, der an dörflichen Partikularismus grenzt. Als eine vergleichbare ästhetische Adresse darf man sich den heiligen Ernst der klobigen Gesichter auf den Porträts der Paula Modersohn-Becker vorstellen, der berühmten Protagonistin einer ästhetischen Würdigung des flachen Landes, der Heide- und Moorlandschaft Norddeutschlands, einer Region, die, historisch betrachtet, überlokal zu engagieren sich stets schwergetan hat. Die sich als bodenständig verstehende Bevölkerung erlangte eine bedrückende historische Prominenz dadurch, dass Dithmarschen gegen Ende der Weimarer Republik mit 60 Prozent der Stimmen zu den Landkreisen mit der höchsten Zustimmung zum Nationalsozialismus im Reich zählte – als Folge der damaligen Anpassungskrise des norddeutschen Bauerntums, die dem antizivilisatorischen und modernitätskritischen Pathos der Nationalsozialisten zu einer gespenstisch breiten Zustimmung verhalf.

In Dithmarschen, für die Mutter ein Zufluchtsort, wurde Heidemarie Jiline Sander als ältestes von drei Geschwistern am 27. November 1943 geboren, zur Welt gebracht in einem großen Lazarett, das natürlich nicht über eine geburtshilfliche Abteilung verfügte. Eine Geburt in der Not, im Schatten der Evakuierung Hamburgs. Die Mutter gehörte zu den Tausenden, die den »Feuersturm« im Juli 1943 und seine Folgen in geschützter Umgebung auf dem Land zu überstehen hofften. Biographische Spuren aus der Frühzeit sind verwischt. Was bleibt, ist das geheimnisvoll kontrastreiche Versprechen der beiden Vornamen. Heidemarie konnotiert die Herkunft eines Mädchens von der Heide, vom flachen Land. Jiline, ein damals höchst ungewöhnlicher Vorname, konnotiert das Versprechen einer Schönheit, die alles zum Vergessen bringt, was vorher war – eine Qualität, die auch das Geheimnis dessen ausmacht, was wir Eleganz nennen.

Das Rätselhafte, das die frühe Lebensgeschichte umgibt, gehört zur Sache selbst. Noch in der bescheidenen Aura, mit der sich Jil Sander umgibt, findet es ein Echo, in ihrer legendären Interviewscheu, den sparsam gestreuten Informationen zur Biographie. Scheu und Glamour widersprechen sich nicht etwa, vielmehr verweisen sie aufeinander, besonders im Licht der Biographie von Jil Sander. So wie die wichtigste deutsche Modemacherin überhaupt durch Paradoxien verblüfft: In all ihren Kollektionen begegnet uns ein Gebilde von Proportionen, Texturen und Farben, die in der kühl kalkulierten Anarchie des Modischen durch eine fast mönchische Klassizität immer wieder Überraschungen hervorrufen.

Um den beispiellosen Erfolg und das zugleich sozialgeschichtlich Exemplarische dieser deutschen Biographie zu verstehen, gilt es weiter auszugreifen. Ihre Arbeit im Kosmos der Zufälligkeit und als bunte Welt wechselnder Erscheinungen zu sehen, würde die Perspektive verengen. Wer analytisch nur auf das fluide Tempo des Modischen abhebt, übersieht, dass gerade darin eine elementare anthropologische Disposition zu erkennen ist. Es geht bei der Kleidung zuallererst um ein ästhetisch arrangiertes Material, das wir auf der Haut tragen, um unser Verhältnis zum eigenen Körper und insofern grundlegend darum, wie wir in der Kommunikation mit anderen Menschen erscheinen.

Geschmückte Präsenz, darin liegt das Geheimnis jeder Mode. Aus der Vergangenheit wird die Zukunft entworfen; in der Gegenwart verorten sich die Menschen in ihrem Selbstgefühl – die Mode durchbricht gegenwartsbesessen die drei Dimensionen zeitlicher Daseinsverortung. Das macht vieles von dem verständlich, was die meisten ihren typischen Erscheinungsformen als »exzentrisch« zuschreiben: ein überdrehter und hektischer Selbstdarstellungs-Zirkus, lärmende Modenschauen, bizarre Lebensformen im überbordenden Luxus.

Ganz anders im Falle Jil Sanders, wenn man – ein oft bemühtes Etikett – die Zeitlosigkeit ihres Stils bedenkt. »Vor fünf Jahren habe ich ein Jil-Sander-Modell gekauft, das kann ich immer noch tragen«, so lautet das Urteil der zufriedenen Kundin, die aus dem Laden heraustritt wie aus einem Tempel, in dem man der Idee ewiger Präsenz huldigt und dabei doch etwas ausstrahlt, was die gegenwärtige Erscheinung besonders markiert. Strenge Professionalitätskriterien, die sie an die Herstellung ihrer Modelle anlegt und die solche Empfindungen überhaupt erst ermöglichen, machen die handwerkliche Kunst der Jil Sander aus. Viele vergleichen ihre Arbeit mit der Innovationsleistung einer Coco Chanel. Der Vergleich spielt auf den paradoxen Wunsch an, die Zeitgebundenheit des Modischen durchbrechen zu wollen. »Wer Jil Sander trägt«, so sagte sie einst selbst, »ist nicht modisch, sondern modern.«

Das minimalistische Design steht in einer komplexen Wechselwirkung mit ihrer Biographie. Beides erzählt eine aufregende

Geschichte des Nachkriegsdeutschland, die Geschichte einer Kultur der Selbstdarstellung, die wie kaum jemals zuvor das ästhetische Exposé der Person unterstreicht. Bei aller Internationalität, in der Jil Sander den Umkreis eines nationalen Geschmacks längst hinter sich gelassen hat, erscheinen sozialgeschichtliche Verflechtungen in ihrer Biographie gebündelt – in der Beziehung von Familiengeschichte und Herkunftsmilieu, professioneller Ausbildung und ästhetischen Gestaltungsprinzipien.

Der Stil dieser legendären Designerin antwortet seismographisch sensibel auf ästhetische Erwartungen, die von ihrer Kundschaft eher empfunden werden, als dass sie ausdrücklich formulierbar wären. Erst so lässt sich der einzigartige Erfolg eines der äußeren Erscheinung verpflichteten Konzepts nachvollziehen. In der protestantisch geprägten ästhetischen Kultur Deutschlands, mit der ein asketischer Habit einhergeht, die also die Schmucklosigkeit dem Schmuck vorzieht, war das nur mit einer beispiellosen unternehmerischen Anstrengung möglich. Wie lässt sich ihr einzigartiges Gespür für die Motive würdigen, die sich im Verhältnis des Menschen zu seiner Kleidung bündeln?

In der Mode begegnen wir – auf vergleichsweise harmlosem Terrain – einer der Zentralerscheinungen des sozialen Lebens überhaupt, dem Verhältnis des Handelnden zur sozialen Welt. Es geht hier um elementare Formen der ästhetisch kontrollierten Selbstdarstellung. Die soziale Welt begegnet dem Einzelnen in Regeln, die über Wertbezüge begründet werden; Regeln werden zugemutet, Regeln entlasten das Handeln. Wie stark Menschen, Generationen und Milieus den Regeln folgen oder sich ihrer Geltungskraft entziehen, das entscheidet über die Rigidität oder eben umgekehrt über den Spielraum der Veränderungen.

Ein solches Bauprinzip des sozialen Lebens lässt sich gerade an unserem Verhältnis zur Mode studieren. Ähnlich wie beim Tanz haben die Normen, die den Auftritt gegenüber anderen bestimmen, mit Regeln im vorsprachlichen Raum zu tun – das ist der magische Raum des ersten Eindrucks. In solchen Situationen begeben sich Menschen tagtäglich in ein Verhältnis zu ihrem eigenen Identitätsentwurf.

Die Einzigartigkeit der Person zu unterstreichen im Horizont von Erwartungen, denen gegenüber wir uns konform zu verhalten haben, und dabei die eigene Attraktion zu erhöhen: Das wird uns erst recht in der modernen Gesellschaft abverlangt. Ohne auf ständische Vorgaben zurückgreifen zu können, stehen die Menschen in dem Handlungsdilemma, sich zwischen den Optionen Abstraktion von der Besonderheit und Dekoration der Besonderheit zu entscheiden. Niemand kann sich dem entziehen, zugespitzt veranschaulicht sei es in der berühmten Kleiderschrank-Krise – die klassische Situation, etwas klischeehaft überzeichnet: die Abend-Einladung. Er steht im Anzug, den Autoschlüssel in der Hand, an der Haustür, während sie mit dem Aufschrei »Ich habe nichts anzuziehen« noch nicht einmal mit den kosmetischen Minimalia hat beginnen können.

Die Mode ist durch Zyklizität bestimmt, nicht durch Sequentialität, zwei unterschiedliche Formen der menschlichen Zeitwahrnehmung. In der Sequentialität vollzieht sich ein Prozess – etwa eine menschliche Biographie – in aufeinander aufbauenden und sich kumulativ aufschichtenden Erfahrungen. Im historischen Prozess der Zyklizität ist die Möglichkeit der Wiederkehr, der Wiederholung und Reproduktion vorgesehen. Zyklisch kann die Wiederkehr des ewig Gleichen bedeuten, sequentiell die unendliche Erschließung des Neuen. Zyklisch wäre etwa der Jahreszeiten-Wechsel, für die Mode eine der grundlegenden

Zäsuren. Sequentiell wären das Altern der Person und die zunehmende Reflexion auf die Vergänglichkeit. Im Horizont dieser Opposition kommen wir schon einem der aufregenden Phänomene des Modischen und des Auftritts von Jil Sander näher, nämlich dem dynamischen Verhältnis dieser beiden sich wechselseitig produktiv brechenden Zeitdimensionen.

Auch die Semantik des »Tragens«, die für die Kleidung grundlegend ist, muss zunächst geklärt werden. Man trägt, stehend oder gehend, eine zweite Haut vor den Blick der anderen. Handlungswirksam sind dabei elementare seelische Vorgänge zwischen Anmut und Tölpelhaftigkeit. Entziehen kann sich dem niemand. In der Anmut entsteht ein geistiges Verhältnis zum eigenen Körper. Wir haben einen Körper und sind zugleich ein Leib, so formulierte es Helmuth Plessner. Anmutig sind Menschen, wenn die Körperlichkeit in das Selbstbild integriert ist. Dann wird es nicht abgewiesen oder gar bekämpft wie in der Steifheit, sondern als natürliche Grenze angenommen. Der Tölpel – in der herrlich lakonischen Choreographie Jacques Tatis filmisch verewigt – kommuniziert dagegen in seinem Auftritt die Abwesenheit jeglicher geistiger Bewusstheit des Körperlichen.

Die Mode ist die klassische Assistentin der Anmut. In Proportion, Textur und Farbe des Materials gelingt es ihr, die Präsenz der Person in der Kommunikation hervorzuheben. Das Model als die Veranschaulichung projizierter Selbstentwürfe hat nach anstrengendem Training die Anmut professionalisiert.

In der Kleidung begegnen Menschen sich selbst, mit der Kleidung markieren Menschen ihr Verhältnis zum Gegenüber. Eine dritte Dimension gewinnt besonders im Blick auf die Biographie Jil Sanders Bedeutung: die protektive Funktion. Kleidung schirmt die Person gegen die Wirkungen des Klimas ab, macht den Aufenthalt in der Natur erträglich und gibt dem Träger über

Passform und Geschmeidigkeit zugleich ein Gefühl der Leichtigkeit; das Steife ist zu vermeiden. Natürliche Bewegungsabläufe wie Schreiten oder Stehen dürfen dem Bemühen um Attraktionserhöhung nicht geopfert werden. Es muss sitzen, der Kragen darf nicht platzen, die Hand muss aus dem Ärmel herausragen. Das Ganze darf dem Körper nicht zur Tortur werden. In einem umfassenden Sinn verspricht die Kleidung somit einen Schutz der Person.

Die formative Phase des Lebens von Jil Sander ist ungeachtet der entmutigenden äußeren Lebensbedingungen bestimmt durch familienstrukturelle Merkmale, wie sie für das Deutschland der Kriegs- und Nachkriegsnot nicht untypisch sind. Kurz nach der Geburt des zwei Jahre jüngeren Bruders zieht die Mutter, die sich mittlerweile hat scheiden lassen, nach Hamburg zurück. Der Mann, ein Autohändler, mit dem sie ein neues Leben versucht, wird von Jil Sander verehrt. Der Stiefvater verfügt mit seinem Beruf in der Zeit des Aufbaus und der erst allmählich wieder erwachenden Mobilität über ein begehrtes Privileg.

Die verschiedenen Anläufe, ihren Kindern ein Zuhause zu verschaffen, sprechen für den entschlossenen Wunsch der Mutter, sich in den Wirren zu verorten. Man darf sich wie bei vielen Frauen dieser Generation eine Mutter Courage vorstellen, zäh und verantwortungsvoll auf eine bessere Zukunft eingestellt. Auch dass sie ihre Umgebung verlässt und mit den Kindern in die Stadt Hamburg zieht, die in Schutt und Asche liegt, lässt darauf schließen.

Die seelisch herausfordernde Familiensituation lässt nun in der frühen Kindheit Jil Sanders ein komplexes Motiv entstehen: Sensibel geworden für das Brüchige menschlicher Beziehungen, entsteht der Wunsch, der Erfahrung der Vergänglichkeit etwas entgegenzustellen. Die Unbehaustheit eines jungen Lebens in der Trümmerlandschaft Hamburgs gilt es zu korrigieren.

Einem Zauber gleich, kommt ihr in dieser formativen Phase ihres Lebens eine Mitgift zugute, über die sie ohne Leistung verfügt. Ihre Schönheit überstrahlt die Unbill des kargen Neuanfangs. Schönheit ist ein soziales Kapital, das leistungsunabhängige Anerkennung verspricht. Jedes Kompliment wie »Du siehst gut aus« oder »Das steht dir gut« macht das deutlich. Schönheit stellt die Person heraus und beschämt sie paradoxerweise zugleich in diesem Herausgehobensein. Gewinnt eine Person durch Schönheit unverdient hinzu, kann sie das Herausgehobensein nur bewältigen durch Scham oder Demonstrativität.

Nach der mittleren Reife begann sie ein Textilingenieur-Studium an der Staatlichen Ingenieurschule für Textilwesen in Krefeld, dem Lyon der deutschen Textilindustrie. Unterrichtet wurde sie von engagierten Lehrern – einige von ihnen konnten in ihrem Unterricht an den im Nationalsozialismus diskriminierten Bauhaus-Stil anschließen. Nach dem Studium ging Jil Sander als Austauschstudentin nach Los Angeles. Mitte der sechziger Jahre kehrte sie nach Hamburg zurück und arbeitete dort als Moderedakteurin für Frauenzeitschriften.

Es ist bezeichnend, dass bei Jil Sander die geradezu amodische Distanz zum Schmuck mit einer Aufmerksamkeit fürs Material korrespondiert. Die Qualität der Stoffe kompensiert den Demonstrationsverzicht. Wir haben es eben nicht mit einer gelernten Modedesignerin zu tun. Die berufliche Formung wird bestimmt über die Textilingenieurin. Immer wieder betont sie, dass das Design ihr eigentlich fremd sei. Das Geheimnis ihrer Entwürfe liegt auch in der Kunst, Einzelteile raffiniert zu kombinieren.

Der Minimalismus, den die meisten in der Mode Jil Sanders wahrnehmen, lässt sich in der Unterscheidung zwischen Abstraktion und Dekoration im Optionenraum möglicher »Verkleidungen« leicht zuordnen. Ihn bestimmt der Verzicht auf das Ornament. »Ich suchte nach etwas, das neu und frisch sein sollte und besser auf das moderne Leben abgestimmt ist«, sagte Jil Sander einst im Rückblick. »Meine Kundin war eine intelligente, in sich ruhende Frau mit einer ganz eigenen Ausstrahlung. Ich wollte ihr die Möglichkeit geben, sich vom fetischistischen Mode-Angebot zu befreien, das den Körper dem Dekorativen unterwirft. Für berufstätige Frauen war nur wenig Annehmbares auf dem Markt.«

In der stadttypischen Stilorientierung an den Eliten der Seemacht England kultiviert die Hamburger Oberschicht ihre Selbstdarstellung im Understatement, im demonstrativen Verzicht auf Statusprätention. Für den Beginn der Karriere Jil Sanders war das ein stimmiger ästhetischer Resonanzraum. Sie will eine Berufskleidung für die zunehmend akademisch gebildeten Frauen liefern, die dem in den siebziger Jahren beginnenden Trend folgen, den weiblichen Lebensentwurf sich nicht in der Mutterschaft erschöpfen zu lassen. Jil Sander greift somit den Binnenwandel des Oberschicht-Milieus auf, dessen Töchter im Zuge ihrer Karriere-Bestrebungen auf statusangemessene Kleidung zurückgreifen wollen. Schließlich folgen ihre Entwürfe dem Ziel, der weiblichen Körperform gerecht zu werden. Der Kleidung verlieh sie eine Ausstrahlungskraft, die jenseits der Kopie männlicher Formen liegt und der Anatomie des weiblichen Körpers deutlicher gerecht werden sollte. Ein Schlüsselphänomen dabei ist der Umgang mit der Schulter, die sie nicht aufpolstert und dadurch versteift, sondern bei sorgfältiger Stoffwahl in ihrer Kontur belässt. Ihre Entwürfe lassen dabei eine große Detailbesessenheit erkennen. Ganz zu Beginn ihrer Karriere, als sie sich für Trevira begeistert, geht sie geradezu unbekümmert passioniert mit synthetischen Stoffen um. Die Strapazierfähigkeit sollte nicht zu Lasten der ästhetischen Stimmigkeit gehen. Stets ist es das Material, dem ihre ganze Aufmerksamkeit gilt.

Die moderne Gesellschaft zeichnet sich durch eine Tendenz zur Normkonfusion aus. Die daraus erwachsende Vielfalt mitsamt dem grassierenden Kasual-Stil hat auch den ästhetischen Avantgardismus in Mitleidenschaft gezogen und zwingt auch den kleinen Kosmos einer gehobenen Luxuskultur zu Anpassungsleistungen. Die forcierte Zitierfreude heute, die Internationalisierung der Gesellschaften, die Unterschichtung nationaler Stilgepflogenheiten mit denen aus fernen Ländern, deren Menschen eben zunehmend nicht mehr in Distanz zu eigenen Gewohnheiten stehen, lässt auch ästhetische Vorgaben nicht unberührt.

Jil Sander ist uns näher, als wir es im Abstand der Zeiten vielleicht wahrhaben wollen. Das Nationaltypische fällt besonders dem auf, der ihre Arbeiten im Licht der quirlig anarchistischen Kombinatorik der Prada-Entwürfe sieht, einer Mode, die mit dem Wagnis des Neuen spielt.

Der Krieg, der zu den Einschnitten des deutschen Kollektivgedächtnisses zählt, hinterlässt dagegen im Fall der Jil Sander die Erfahrung von der Unbehaustheit des menschlichen Lebens, biographisch akzentuiert durch die Konfrontation mit einer fragmentierten Familiensituation, die eine Suche nach der protektiven Figur mütterlicher Weichheit freisetzt. Kinder, die während des Kriegs geboren werden, sind – die Väter wurden in den Krieg geschickt und mit Tod und Elend konfrontiert – von Müttern umgeben, die Schutz bieten sollen und dabei doch ihrerseits schutzbedürftig sind. Im Bild der Trümmerfrauen, die sich benommen und doch entschlossen zur Zukunftsgestaltung entschließen, beschreiten die Mütter mutig die Wege aus der beispiellosen Not des Landes.

Die Sinnstruktur der Entwürfe von Jil Sander, der mit ihrem Namen verbundene legendäre Klassizismus und Minimalismus, über den sie in der Modebranche zur »Queen of Less« wurde, lässt sich vor diesem Hintergrund als eine elementare Geste umschreiben, die man bei der Luxus-Konnotation nicht für möglich gehalten hätte. Der Umhang ist ein Tuch, das einen umhegt. Der Verzicht auf eine verspielte Ornamentik steht dazu nicht in Widerspruch: Es ist die Geste der ernsten Sorge, des Umhegens. Mit der Opulenz des Materials ist noch der hypermoderne und klassisch reduzierte Entwurf unterlegt. Nichts ist einem zu teuer für den Schutz des Ungeschützten. Das weiche Unterhaar der Kaschmirziege avanciert zum Sinnbild einer Suche nach Schutz und tröstender Form. Jil Sander ist eine Designerin contre-cœur. Eigentlich, hat sie öfter gesagt, sei sie gar kein Modemensch. Entschlossen, durchsetzungsstark, kompromisslos: Diese Eigenschaften stehen in einem dynamischen Verhältnis zu ihrer Scheu und rhetorischen Zurückhaltung. »Auf der Suche nach der verlorenen Haut«, so mag man den berühmten Titel des Romans von Marcel Proust in den soziokulturellen Raum der Modeschöpferin übertragen.

Jil Sander hat ein wechselhaftes Verhältnis zum 1968 gegründeten Unternehmen, das ihren Namen trägt. 2001 und 2004 hat sie es schon verlassen. Seit Februar 2012 stand sie als Kreativdirektorin wieder an der Spitze des Unternehmens, und nun verlässt sie es abermals. Die Gründe sind, so verlautet es, privater Natur.

Jil Sander ist im Horizont der deutschen Variante des Minimalismus eine Missionarin der Eleganz, die im Glanz der Kostüme dem Ornamentverbot und der Distanz zu allem Dekorativen eine Sprache gibt. Sie zählt zu denjenigen, die den ersten Nachkriegsversuchen einer weiblichen Emanzipation, eines Aufstiegs der Frauen in die beruflichen Domänen der Männer eine Sprache verleiht. Ihre Mode mildert die Stil-Unsicherheiten, die das anstrengende Leben im Dreieck von Kindern, Küche und Karriere heraufbeschwört.

Das hat sie geschafft aus einer spannungsreichen Konstellation heraus, die uns in der Strahlkraft ihrer Vornamen begegnet: Heidemarie und Jiline als die zwei Seiten eines biographischen Versprechens. Auf dem Catwalk in Mailand, umgeben vom rauschenden Beifall der Experten, sieht man sie für wenige Augenblicke hinter dem Vorhang hervortreten, in ihrem Lächeln mit einem Dank für die Zustimmung zu ihrer Arbeit. Das Scheue und das Schamvolle, das der Herkunft geschuldet ist, verschwindet unter der magischen Kraft eines Versprechens, das in Jil verborgen liegt, der Schönen.

7

Abgefahren – Das Zeitgefühl der Gegenwart prämiert Lässigkeit als Haltung. Sich zu empören ist eine Angelegenheit für Ewiggestrige, verbunden mit anstrengenden Begründungen, und mehr noch, mit polarisierenden Ächtungen. Noch im Aufschrei von Obamas Freundin, Kanzlerin Angela Merkels »Das geht gar nicht«, hallt die allgemein gewordene Verpflichtung nach, Sanktionen oder gar Ächtungen zu moderieren. Das für unmöglich Gehaltene, der Widersinn oder Irrsinn von Worten und Taten, erfährt im diplomatischen Alltag seine Temperierung. Unabhängig von derartigen Gepflogenheiten stoßen Abweichungen im achselzuckenden Kommentar auf nicht mehr als lakonisch gewordene Resonanz, allenfalls die Überbietung kann mit kurzfristiger Aufmerksamkeit rechnen – die Blasiertheit, deren Anfänge der Soziologie Georg Simmel auf die Lebensführung des modernen Großstadtmenschen zurückführt, ist hingegen alles andere als skandalös, vielmehr Selbstschutz, ja Schutz der moralischen Urteilsfähigkeit. Erst im Lichte dieser Haltung zeigt sich der zeitliche Abstand zur Philosophie des Absurden, der zur Zeit in Werk und Person Albert Camus' gedacht wird, Vorreiter eines Generationenbewusstseins.

Und wieder einmal ist es die junge Generation, der die Ehre zukommt, ihr Lebensgefühl im »Fremden«, in der juvenilen Philosophie des französischen Existialisten, verstanden zu sehen, die in ihrer Sprache eine eigene Antwort versucht, verdichtete Resonanz auf die Konfrontation mit Kontingenz. Absurd: Darin bündelte sich die Generationserfahrung einer Jugend, die den Krieg erlebt hatte, den Einsturz der Ideologien, die sich, schwarz gekleidet, dem Undsoweiter der Elterngeneration verweigerte, erfasst von einem Gefühl der Sinnlosigkeit, das jedoch einen Raum ließ für die Idee eines pathetischen Heldentums der Person.

Diesem Partisanentum einer radikalen Selbstbezogenheit und trotziger Vereinzelung hat Camus ein literarisches Echo geschrieben. Die Absurditätserfahrung ist generationsspezifisch und insofern universal, sie begleitet die schwierige Ablösung von der Weltsicht der Eltern und den Wunsch nach eigengestalteter Zukunft. Ihre gegenwärtige Gestalt, in der für Jugendliche typischen Kurzformel verdichtet, ist allemal ausdrucksstark. »Abgefahren«, so lautet der Kommentar auf dem Pausenhof, wenn es gilt, Irrsinn und Widersinn, erfahrene oder empfundene Exzentrizität an sich heranzulassen. »Abgefahren« formuliert die eigenartige Gewissheit derjenigen, die das Überraschende, Merkwürdige schon wieder hinter sich haben.

Nicht Revolte gegen die Kontingenz, auch keine heroische Akzeptanz, vielmehr blickt man der Abweichung, dem Anlass zum kopfschüttelnden Urteil hinterher, mit staunender Anerkennung, einer Bewunderung gar, die kurz in der Registratur des ganz anders Möglichen aufhuscht und dem Veranlasser Mut attestiert. »Abgefahren«, das Ereignis, der Anlass, die Provokation, sie liegen hinter einem, Blitzlichter des Möglichen. Nicht einmal mehr »krass«, die im Urteil noch angedeutete Spur von Skandal, sondern selbstsuggestiv erwachsen schaut man auf Optionen zurück, die nicht weiterverfolgt zu haben man sich glücklich wähnt, ein Mikroformat der Existenzreflexion, das pointierte Erwachsensein heutiger Jugendlicher.

8

Latte Macchiato – Nichts fällt so schwer wie der Übergang in den Erwachsenenstatus. »Cool«, die Chiffre für das Urteil über ein gutes Gelingen, in der Jugendsprache seit Jahren verbreitet und geradezu ein Klassiker, ist untrüglicher Hinweis auf die Sehnsucht nach distanzierter Performanz, nach dem anstrengungslosen Auftritt. Von einer magischen Aura umgeben, wird in den Status des Erwachsenen umso mehr hineinprojiziert, je unerreichbarer er erscheint. Bis auf wenige Ausnahmen authentischer Bewunderung erproben sich die Jugendlichen während der Schulzeit in dem Spiel, die Autorität von Eltern und Lehrern – derer, die die Regeln setzen – in Frage zu stellen, aber alles Abgrenzen im jugendlichen Eigensinn ändert nichts daran, sich die Erwachsenen als Träger eines gelingenden Lebens vorzustellen. Die immer aufwendiger werdenden Abiturfeiern lassen ahnen, worum es geht. Die glanzvolle Chorcographie zur suggerierten Statusantizipation, einer Ankunft im Erfolg, umspielt das Geheimnis opulenter Selbstdarstellung in Smoking und Abendkleid.

Erwachsen zu sein heißt, sich entschieden zu haben, meilenweit von der eigenen seelischen Verfassung entfernt. Der Weg von der fohlenhaften Unbekümmertheit zur Welt des Entscheidens ist steinig, gepflastert mit der irritierenden Erfahrung tölpelhafter Auftritte, beschämender Unbeholfenheit, kognitiv diffus in den Gedanken an die Zukunft. Wer jung ist, wer über WhatsApp, über den technologisch suggerierten Dauerkontakt mit allen verfügt und sich von daher an jedem Ort wähnt, erfährt das eigene Leben als eine anstrengende Aggregation von Optionen, die vorgeschlagen und verworfen werden, allabendlich zugespitzt in der Last, sich zu verabreden. Die Frage, wo man hingeht, wer mitkommt, spiegelt den Status in der Gruppe wider. Zu wissen, wie beliebt man ist, die Frage nach dem, was sich schickt, nach Mut und Initiative, nach dem Verhältnis von Selbsturteil und Fremdurteil, dergleichen kulminiert unbewusst in der Turbulenz der Verabredungen – »approximeeting«, so lautet treffsicher der achselzuckende Kommentar, den Eltern in England für den Schlamassel gefunden haben.

Es ist nun gerade der seelische Raum jugendlicher Sehnsucht nach Omnipräsenz, der eine besondere kulinarische Vorliebe begreifbar macht, die Lust auf Latte Macchiato. In den Mensen der Universitäten steht er als Nummer 1 an der Spitze der Getränke, schon vor Jahren hat er seinen Siegeszug angetreten. Von den Zutaten über die Zubereitung bis zum Verzehr enthält der Latte Macchiato, wörtlich übersetzt die befleckte Milch, den Zaubertrank für den Abschied von der Adoleszenz. Wer ihn trinkt, wer dabei noch das Fauchen und Zischen der Zubereitung im Ohr hat, lässt das Versprechen einer Verwandlung auf der Zunge zergehen, den flüssigen Traum vom anstrengungslosen Übergang. Der Espresso, kaum mehr als ein Schluck und medikamentengleich den Erwachsenen vorbehalten, sowie reichlich Milch, wie aus der frühen, der verlorenen Zeit, aus der Zeit des Frühstücks im Elternhaus. Für die Dauer eines Augenblicks hält man beide geschichtet vor sich, zwei Phasen im Zyklus des eigenen Lebens, verführerisch leicht zugänglich über die wattegleich schonende Konsistenz des Schaums, der prickelnden Krönung auf dem Weg zur Überraschung. So markant sich die zwei Geschmackswelten im Glas noch die Schwebe halten und sogar der tastende Strohhalm die sinnliche Hierarchie aufspüren kann, so unsichtbar die Herkunft der Ingredienzen in der harmonischen Melange und so suggestiv die Botschaft, die die Rezeptoren von Zunge und Gaumen verbreiten: angekommen zu sein im Zustand gebrochener Unschuld und zugleich gemilderter Schuld. Ein Wunder, ein Traum vom Überbrücken der Generationendifferenz.

Wer Latte Macchiato trinkt, trinkt schon den Kaffee, der die Milch hinter sich gelassen hat, aber bleibt der Milch treu, die doch keine mehr ist – und noch im Schlucken bleibt verborgen, wer da welche Phase des Lebens genießt. In diesem Sinne liefert die kulinarische Sensation des Getränks weitaus mehr als den Hinweis auf ein bemerkenswertes Detail der Jugendkultur. Seine Beliebtheit, die – wen wundert das – längst auf die Erwachsenen ausstrahlt, erzählt vom Prozess der Zivilisation und den sinnlichen Präferenzen der Moderne, einer Zeit wohltemperierter Selbstdarstellung jenseits der scharfen Distinktionen.

9

Der überraschende Gast – Blickt man einmal aus einer historischen Perspektive auf die Wellen der geschmacklichen Verfeinerung, die das kulinarisch »unmusikalische« Deutschland in den vergangenen dreißig Jahren erlebt hat, so zeichnen sich drei Entwicklungen ab: Die Internationalisierung der Rezepte, mit denen sich der sublimierte Geschmack Erinnerungen an oder die Neugier auf ferne Kulturen im Gaumen zaubert. Dem entspricht zweitens eine Tendenz zur Differenzierung und Kombinationslust bei Auswahl und Zubereitung. Nur noch wenige Gemüse, beispielsweise der Spargel, erscheinen zu festgelegten Zeiträumen auf dem Teller. Die »Erdbeerzeit« oder die »Kirschenzeit«, periodische Highlights für den Gaumen, das kennt man noch, aber der Trend geht dahin, jahreszeitenunabhängig und somit unabhängig von verinnerlichten kulinarischen Erwartungen den Gabenreichtum der Natur zu präsentieren. Als dritten Trend beobachten wir Anschlüsse an vormoderne Gewohnheiten, denen zufolge nur das auf dem Teller landete, was in der kleinräumigen Umgebung des eigenen Lebenszuschnitts verfügbar war. Im Schatten des Internationalismus tritt die Regionalküche auf den Plan, die guten Adressen sind längst nicht mehr auf die Hauptstädte beschränkt, vielmehr weiß der gute Geschmack, wo es das Gute gibt, und fährt – wie andere Leute ins Museum – ein paar Kilometer zum erlesenen Menu aufs Land oder in die Provinz. Zweifellos findet die Entwicklung zu kulinarischer Experimentierfreude ihre Resonanz in den Massenmedien und hat zu einem enormen Reputationsgewinn des

Kochberufs geführt, den mittlerweile das Fernsehen bis zur Übersättigung ausreizt. Gerade die in den vergangenen Jahren aufgestiegenen und prominent gewordenen Köche beziehen ihren Ruhm daraus, dass sie dem Regionalen zum Durchbruch verholfen haben.

Zwei Urteile sollte vermeiden, wer die Entwicklung der kulinarischen Gewohnheiten in unserem Land einzuschätzen versucht. Zu behaupten, dass die Deutschen, die im europäischen Vergleich nicht gerade als die Vorreiter feiner Kochkunst gelten, plötzlich ihre feinen Geschmacksnerven entdeckt hätten, einer Mode oder dem Diktat kulinarischer Trendsetter folgten, wäre ebenso kurzsichtig wie das hämische Urteil, die pure Distinktionslust, also der Wunsch nach Abgrenzung treibe dergleichen hervor. Auch wäre es verkürzt anzunehmen, die Geschmacksverfeinerung ergebe sich von selbst – nein, auch in dem subjektiven Urteilsraum des Essens und Trinkens geschieht nichts von selbst, wir haben es immer auch mit einer erhöhten Anforderung an die Kommunikation der Geschmacksurteile zu tun, also im Kern mit einer elementaren menschlichen Kulturleistung, die aus der Gier einen Genuss macht und aus dem Hunger einen Appetit. Die Verfeinerung, das Aha-Erlebnis und dessen sekundenschnelle gedankliche Verarbeitung treten stets wieder auf und machen jenseits der Minimalversorgung des Organismus mit überlebenssichernden Stoffen den kulturellen Reiz des Essens aus.

Wer kennt diese Erfahrung nicht? Das, was vordergründig geschmacklich kontrastiert, empfindet man plötzlich als Verlängerung oder Ergänzung, und es entsteht eine neue, bereichernde Textur, die man wahrnimmt, als betrete man fremdes Land zum ersten Mal. Man erfährt dadurch beispielsweise, dass die Süße der Erdbeere mit der Schärfe der Chili nicht etwa kontrastiert, sondern beide in ihrer Kontrastivität untereinander verwandt sind. Von wegen, über Geschmack ließe sich nicht streiten; diese viel zu schnell zitierte Binsenweisheit, die daran erinnert, dass es besonders beim Essen und Trinken keine verlässlichen Merkmale für die Urteilsbildung gibt, lässt leicht übersehen, dass es dennoch so etwas wie Schulung und Kultivierung gibt. So spontan man dem zustimmen kann, so bequem ist doch dieser Verweis. Er verdeckt eine soziale Qualität, die beim Essen und Trinken stets mitschwingt und auf die niemand verzichten will: Das gute Essen will als gutes Essen auch mitgeteilt werden, erinnerungsfähig sein. Kurzum, es wird durchaus Gegenstand einer Strittigkeit, die in geselliger Runde entsteht, Lust und Last für die Beteiligten bedeutet, eine Strittigkeit, die sich verberuflichen lässt, Expertisen auf sich zieht, die nicht zuletzt als Sterne und Michelin-Eintragungen Eingang finden, also unerbittlich Meinungsführerschaften erzeugt.

Mit den kommunikativen Erscheinungen der kulinarischen Verfeinerung wollen wir uns hier beschäftigen. Das eröffnet den Blick auf ein weites Berufsfeld. Spezialisierungen im Bereich der Kochkunst sind an der Tagesordnung. Ihre beruflichen Repräsentanten, die – wie oben aufgezeigt – mittlerweile zu den Gästen einer gehobenen Tafelkultur zählen, sind der Sommelier und der Koch. Um nun nicht missverstanden zu werden, so als rede hier jemand einer Statushierarchie das Wort, sei zunächst daran erinnert, dass die Zuständigkeit des Kellners für Empfehlung, Kommentar, Rat und Urteile über kulinarische Stimmigkeit mitnichten aufgehoben ist. Im Gegenteil, wir tun gut daran, nach wie vor den Service des Kellners als die umfassende Tätigkeit zu betrachten, die dem Gast in den verschiedenen Phasen seiner Anwesenheit zu Diensten steht.

Dass der Sommelier und der Koch am Tisch erscheinen, hat

unterschiedliche Gründe und erfüllt unterschiedliche Funktionen: Der Sommelier erteilt einen Rat, der sich auf die geschmackliche Stimmigkeit von Speise und Getränk und im Horizont individueller Vorlieben des Gastes Vorschläge macht. Gibt der Koch einem die Ehre eines Besuchs, geht es um eine Wertschätzung, die das Kochen aus der Anonymität herauszieht und zum Gegenstand einer nachträglichen Leistungsbeurteilung macht – so wie Galeristen sich bei einer Vernissage von der Anwesenheit des Künstlers einen besonderen Reiz versprechen. Auch hierbei sind Bewunderung, Nachfragelust und Urteilsstreit spannungsreich gebündelt.

Was uns interessiert, ist der Kommunikationsraum, in dem Gast und Experten in einen Austausch treten. Schauen wir auf das Gespräch, zu dem die Anwesenheit des Koches Anlass gibt (Ähnliches gilt für den Sommelier). In der Trivialversion der Nachfrage: »Hat es geschmeckt?« – »Danke, gut« ist kaum noch erkennbar, dass es um eine komplizierte Wechselwirkung geht, in der von Angesicht zu Angesicht ein Urteil kommuniziert wird, das sich auf dünnstem Eis bewegt. Es ist von der Möglichkeit der wechselseitigen Beschämung, Blamage und Angeberei umgeben. Hauptgrund für diese nur an der Oberfläche harmlose Plauderei, bei der beide Seiten sich häufig genug einer Reihe von Standardformeln und rhetorischer Routinen bedienen, liegt in der Konfrontation von Expertise und Dilettantismus, mit der wir es zu tun haben. Kompliziert wird das Gespräch dadurch, dass zum einen die Frage nach der tatsächlichen Urteilsfähigkeit nicht gestellt und zum anderen der Unterschied zwischen dem kulinarischen Experten und dem Laien nicht offen ausgesprochen werden darf. Die Höflichkeit schreibt vor, das Gesicht zu wahren, das Gegenüber nicht zu beschämen, aber auch sich selbst keine Blöße zu geben. Daraus leiten sich Maximen ab, die einzuhalten zur Kunst der Unterhaltung bei Tisch gehören. Gehen wir auf zwei Entgleisungen ein, die dabei leicht entstehen können:

a) Die Expertise des Kochs wird überspannt: was immer der Koch zusätzlich erläutert, ein Vortrag etwa über die Aufzucht, Ernährung, Stallhaltung der Tiere, von denen das Fleisch stammt, über die Geheimnisse der Garzeiten, über die Lagerung des Käses, darf den Gast nicht zum Deppen machen, dem im Gespräch nun das Privileg zuteilwird, dem Koch in die Karten zu schauen, der dabei aber mit seinen eigenen mehr oder weniger naiven Urteilskategorien und Kenntnissen außen vor bleibt.

b) Umgekehrt würde es gleichermaßen schwierig, wollte sich der Gast gegenüber dem Koch als der kulinarische Ignorant darstellen und das Gespräch mit einem »Hauptsache, es schmeckt« um die Würde und Raffinesse des beruflichen Könnens bringen. Ein derart karger Empfang bei Tisch würde schlicht die Chance unterlaufen, die eigenen kulinarischen Kenntnisse durch Inanspruchnahme einer Expertise zu erweitern.

Somit darf weder die Expertise durch demonstrative Unkenntnis oder Gleichgültigkeit gekränkt werden, noch darf die Laienkenntnis gekränkt werden durch demonstrative Wichtigtuerei und Expertentum.

Was wäre das Dritte, das Gelingen im Gespräch am Tisch? Wie immer im Einzelnen durchgeführt, beide Seiten würden voneinander gewinnen, wenn der Unterschied im Urteil und Vermögen als Differenz anerkannt würde. Das Gespräch bei Tisch enthält die Chance zu einer Kultivierung und Bereicherung, und das durchaus wechselseitig. Keineswegs darf man sich den Auftritt des Kochs so vorstellen, als werde hier von oben herab kulinarisches Wissen weitergegeben. Die Schulung im Sinne einer Kulturleistung setzt geradezu die naive Wahrnehmung und Geschmacksempfindung wie auch den überraschenden, gelegentlich zur Marotte gesteigerten Eigensinn des Gastes ebenso voraus wie die innovative und insofern stets avantgardistische Experimentierfreude des kulinarischen Experten. Beide sind aufeinander angewiesen, und insofern profitieren beide vom Verzicht auf Angeberei und Statusgehabe, einer Erscheinung, die leicht entstehen kann, wenn der Deckel des »Über Geschmack lässt sich nicht streiten« einmal gehoben wird. Über Geschmack lässt sich sehr wohl streiten, und zwar vortrefflich, doch das setzt die Bereitschaft zu Neugier und Geschmacksschulung voraus.

10

Keine Ahnung – Man muss nicht auf dem Schulhof stehen, um eine rhetorische Figur aufzufangen, die sich seit längerer Zeit in die Gesprächskultur Jugendlicher eingeschlichen hat. In der Bahn oder im Bus, im munter vor sich hin plappernden Austausch ist sie unüberhörbar geworden: »Keine Ahnung« – eine Formel, kurz wie ein Atemzug – ist zum derzeit prominentesten linguistischen Gast im Stegreifgespräch avanciert, auch Gespräche unter Studenten in der Mensaschlange oder im Fahrstuhl sind von diesem passageren Bekenntnis durchzogen. Ein Widerspruch in einer Gesellschaft, die nichts so nachhaltig anstrebt wie das selbstbewusste Auftreten, die die Performanz über alles stellt?

Aus der Gesprächsforschung ist bekannt: derartige Editionshilfen sind nicht ungewöhnlich. Sie überbrücken kleine Krisen des Beitrags, kommunizieren ein Kontinuitätsversprechen und legen den Hörer auf geduldige Aufmerksamkeit fest. Schließlich verstummt man nicht, es gibt den gähnenden Abgrund nicht, in den die Sprecher mit einem Schweigen fallen könnten. Wer spricht, bleibt selbst ansprechbar. Als Klassiker in dieser Funktion der Anschluss- und Adressensicherung gilt das berühmte »Äh« – die Franzosen haben es hierin zu einer Virtuosität gebracht –, die lautliche Kordel nicht endender rhetorischer Girlanden, die das strenge cartesianische Über-Ich dem Sprechenden abverlangt: Ich spreche, also bin ich.

Wer hingegen den möglichen Lesarten des »Keine Ahnung« nachspürt, findet zwei, die sich nur im ersten Zugriff zu widersprechen scheinen, im Einzelfall mögen sogar beide in einem Sprecher motivisch wirksam werden: Zunächst einmal ist eine authentische Unwissenheit gemeint, eine Unwissenheit, die als Appell daherkommt. Das Ahnen ist mit dem Erinnern verwandt. Nicht etwa nimmt es ein irgendwie gespürtes Ereignis vorweg, tastet sich an eine nur empfundene Gewissheit heran, vielmehr bezieht es sich auf ein noch nicht im Moment Erinnerbares. Wer ahnt, ist auf dem Weg zum Erinnern, treibt das Erinnern an. Wer dagegen keine Ahnung hat, der bekennt eine gesteigerte Form der Amnesie. Die Zuversicht, über das Ahnen in die Regale des Gedächtnisses hinabsteigen zu können, ist abhandengekommen. »Keine Ahnung« ist apodiktisches Vergessen, jedes Bemühen um eine Korrektur ist aussichtslos. Wer so spricht, stellt sich hinter eine Mauer der Unwissenheit und bekundet genau in diesem Zustand seine Gesprächsbereitschaft, die Imperfektion gerät zum demonstrativen Statusausweis, kein Übermensch zu sein. Mehr noch: Im Bekenntnis zur Unwissenheit findet das laufende Gespräch eigentlich erst seine Rechtfertigung, seinen Anspruch auf Kontinuität, sokratisch gleichsam. Komplementär dazu wird dem derart Angesprochenen aufgebürdet, in der Asymmetrie zwischen Wissen und Nichtwissen das Universum des Bekannten und Verfügbaren zu vertreten, sei es als Zensor, sei es als Beistand.

Die zweite Lesart des Appells, die Unwissenheit als Geste leicht zu überbrückender Insuffizienz zu verstehen, erschließt sich im Blick darauf, dass es selten zu einem Abbruch des Gesprächs kommt. Das Irritierende an der Formel ist ihre ans Mechanische grenzende Repetition. Das Bekenntnis wird geradezu überrollt von Gegenevidenzen. »Keine Ahnung«, aber man spricht weiter. Ja, in der kaum noch bemerkten Integration des kleinen Skandals in den Fluss des Sprechens wird gegen den propositionalen Gehalt »Ich habe keine Ahnung« angearbeitet. Satz für Satz wird widerlegt und das Beschämende des Selbstbekenntnisses zum Verschwinden gebracht. Darin liegt die suggestive Raffinesse der Verlegenheit: Lege mich bitte nicht fest, laste mir nicht die Behauptungen oder gar Evidenzprüfungen auf, und verstoße mich nicht aus dem Diskurs.

So wird das »Keine Ahnung« eine triumphale Abbreviatur des »Dabeisein ist alles«, die das Reden mit einer Sorge um Erreichbarkeit unterlegt. Es erscheint als die rhetorische Figur, die im Vertrauen auf den sekundenschnellen Fingerwisch in die Welt der Wikipedia das Nichtwissen von jeglicher Scham befreit und mit einer juvenil unbekümmerten Legitimität versieht. Kein Platz mehr für das »nicht wahr?«, das in früheren Zeiten dem Sprechen einen vorsichtigen Selbstzweifel beifügte, ganz zu schweigen von dem beinahe weisen »oder?«, mit dem man sich in der fernen Schweiz an das Hypothetische alles Sprechens zu erinnern pflegt.

11

Die Raute der Angela Merkel – Wer sich der Biographie der Kanzlerin widmet, begegnet zunächst dem ebenso trivialen wie faszinierenden Umstand einer Dauerpräsenz in den Medien. Vom Volk, dem sie in den Worten ihrer ersten Regierungserklärung »dienen« will, wird sie bewundert, anerkannt von den Staatslenkern der Welt, mit denen sie im Krisengeschehen der Weltpolitik beinah täglich zusammentrifft. Die Person hinter der Prominenz bleibt im eigenen Land geschützt. Das ist positionsbedingt, aber auch einer politischen Kultur geschuldet, die die Trennung von Amt und Person zu respektieren gelernt hat. Öffentlich skandalisiert oder gewürdigt wird das Handeln im Beruf, Spuren des privaten Leben gehen in das Urteil über die politische Performanz nicht ein. Oder doch? Die Frage nach Merkels Frisur scheint geklärt, die Figur der Raute, zu der sie ihre Hände spannt – als wolle sie auf den unzähligen politischen Gipfeln, wo ihr Urteil gefragt ist, die klaren Formen der Mathematik, ihres Lieblingsfachs, beschwören –, erzählt ihre Motivationsgeschichte. Was hierin zur Intellektualgestalt (Dieter Henrich) geronnen ist, gilt es aufzuschlüsseln. Beginnen wir mit der Familienkonstellation. In einem Milieu, das vom väterlichen Lebensentwurf des protestantischen Missionarismus bestimmt ist, wächst die heutige Kanzlerin auf, als Angela Dorothea Kasner in Hamburg im Jahre 1954 geboren. Ihr Vater Horst Kasner, Einzelkind, katholisch getauft und protestantisch konfirmiert, stammt aus einer Familie polnischer Herkunft, die aus dem Danziger Raum nach Berlin-Pankow wandert und dort ansässig wird. Vater Kasner, Jahrgang 1926, Sohn eines Polizeibeamten, nimmt das Studium der Theologie zunächst in Heidelberg, dann in Bethel und Hamburg auf. Hamburg wird die Stadt der Familiengründung, während des Studiums lernt er seine zwei Jahre jüngere Frau Herlind kennen. Weichenstellend für die weitere Entwicklung der Familie wird die Entscheidung des Vaters, wenige Wochen nach der Geburt des ersten Kindes, seine erste Pfarrstelle im Brandenburgischen anzutreten. In Quitzow, einem Dorf mit weniger als vierhundert Einwohnern, in spärlich besiedelter Umgebung und nicht weit von der innerdeutschen Grenze entfernt, beziehen die Kasners eine Wohnung. Die Wahl des Ortes geht darauf zurück, dass die evangelischen Gemeinden Ostdeutschlands nach dem Krieg unter erheblichem Pfarrermangel litten, den auszugleichen sich Vater Kasner zu einer Aufgabe machte. Die ersten Jahre des Familienlebens vollziehen sich in einem politischen Raum, der durch die mittlerweile zementierte politische Teilung des Landes bestimmt ist. Im Schatten des scharfen ideologischen Kampfes zwischen der Brüderlichkeitsethik des Christentums und dem verordneten Solidarismus des sozialistischen Regimes steht der Alltag unter dem Gebot, den autonomen Raum des Familiengesprächs zu erhalten. Institutionell gefestigt wird in dieser Zeit die Führungsrolle der SED, die Landwirtschaft wird kollektiviert und das Privateigentum enteignet – Marksteine einer Entwicklung, die die 1949 gegründeten deutschen Teilstaaten zunehmend politisch voneinander entfernten. Gemeinsam ist das Schicksal geblieben, in der Schockstarre der doppelten moralischen Demütigung, den Weltenbrand des Zweiten Weltkriegs verantwortet zu haben und als militärisch Besiegte einen Neuanfang in den Ruinen versuchen zu müssen. Auf der Suche nach Halt und Schutz bietet das seelsorgerische Gespräch mit dem

Pfarrer eine tröstende Resonanz. Im sozialistischen Ostdeutschland, das sich über die Idee eines antifaschistischen Staates als stolzes Gegenmodell zur politischen Entwicklung Westdeutschlands legitimierte, geraten die Kirchen unter einen ideologischen Generalverdacht. Religion ist nach sozialistischem Verständnis Opium für das Volk, infolgedessen wird, wo immer sich die Gelegenheit dazu bietet, die Sozialmoral des Christentums scharf attackiert. Aber damit nicht genug, die Träger dieser Ethik, allen voran die Pfarrer, in der Folge Erzieher und Lehrer, geraten ins soziale Abseits und müssen Sanktionen, Versetzungen oder Gefängnis fürchten. Notorisch sind sie Schikanen ausgesetzt, je deutlicher sie einer Alternative zur staatlich verordneten Moral das Wort reden oder wenigstens im eigenen Binnenmilieu aufrechterhalten. Diese Situation liefert die Folie für das berufliche Konzept des Vaters Kasner, dem seine Frau – wie Angela Merkel in einem Interview mutmaßt – nicht aus Überzeugung, aber aus Liebe folgt. Zu Beginn steht die Idee der Weltgestaltung, ein Schlüsselmotiv des protestantischen Selbstgefühls. Unter der »ethischen Bürde des Pfarrhauses«, wie Gottfried Benn die Verpflichtung auf exemplarische Sittlichkeit genannt hat, entfaltet sich der Lebenszuschnitt der Kasners. Als sie in den Osten ziehen, gibt es noch keine Mauer, die das Land später für Jahrzehnte teilen wird. Von einem Schritt hinter den »Eisernen Vorhang« kann deshalb zunächst nicht die Rede sein. Das relativiert nicht den Aufbruchswillen des Vaters, doch bleibt der Gedanke an eine Rückkehr in den Westen in der Familie virulent, erleichtert der weniger entschlossenen Mutter, die Vorbehalte gegenüber dem Aufbruch in den Osten abzumildern, und bleibt als Option wirksam dadurch, dass die Familie in den ersten Jahren ohne Schwierigkeiten wiederholt nach Hamburg reisen kann. Dort wohnt Angelas Großmutter. Vater

Kasner erfährt den Zusammenbruch des Nationalsozialismus als Herausforderung für den eigenen Lebensentwurf. Während der Wiederaufbau der Nation aus den Trümmern des Krieges, die asketische Anstrengung zu Arbeit und Fleiß für die meisten seiner Generation jeden Gedanke an Voraussetzungen der entstandenen Situation verdrängt, sind es nur wenige, die dem verbreiteten Gefühl der Ernüchterung den Impuls zu einem Neuanfang entgegenhalten, literarisch sublimiert bei Martin Walser, intellektuell raffiniert bei Jürgen Habermas und christlich geläutert bei Joseph Ratzinger. Diese Motivschicht trägt auch das Engagement des Vaters Kasner, bekräftigt durch die tägliche Erfahrung, dass im deutschen Osten der christliche Wertbezug bekämpft und durch das von der Partei diktierte Solidarprinzip ersetzt wird.

Nicht übertreiben wäre es, sich die Familie im überschaubaren Dorf im Brandenburgischen in der Phänomenologie einer vormodernen Idylle vorzustellen, eine ländliche Selbstversorgungsgemeinschaft, die im Gottvertrauen unter den kargen Lebensbedingungen der Nachkriegszeit den Forderungen des Tages genügt – Angela Merkel berichtet, dass ihr Vater unter anderem das Ziegenmelken habe lernen müssen. Nachdem sich die Eltern im Alltag eines Pfarrhauses eingerichtet haben, verändert sich die Situation, als der Vater beruflich nach Templin in der Uckermark versetzt wird, eine Kleinstadt mit fünfzehntausend Einwohnern. Dort soll er die Leitung einer kirchlichen Bildungsstätte für den priesterlichen Nachwuchs übernehmen. So wie Ärzte nach ihrem Medizinstudium ein praktisches Jahr absolvieren, sieht die Ausbildung zum Pastor ein Vikariat, den seelsorgerischen Dienst in einer Kirchengemeinde, vor, verbunden mit Pflichtveranstaltungen in theologischen Seminaren, Pastoralkolleg genannt. Angela Merkel ist drei Jahre alt, als Kasners auf den »Waldhof« ziehen, ein Erziehungsheim, das mit Pastorenausbildung ursprünglich gar nichts zu tun hat. Der »Verein zur Erziehung sittlich verwahrloster Kinder«, ein Rettungshaus, wie die in Deutschland seit Mitte des 19. Jahrhunderts verbreiteten Gemeinschaften genannt werden, bietet Waisenkindern, Kindern aus randständigen und verarmten Milieus eine Bleibe. Die Mitarbeiter verstehen sich als eine sozialpädagogische Avantgarde, deren erzieherische Philosophie vorsieht, in der Einheit von Arbeit und Zusammenleben eine Perspektive anzubieten. Entsprechend war der Alltag bestimmt durch den Schulunterricht, Arbeiten in der Gärtnerei sowie im angegliederten landwirtschaftlichen Betrieb.

Mitte der fünfziger Jahre verschärfte sich der ideologische Angriff der Partei-Herrschaft auf die Kirchen, institutionell kommt dies in einem diktierten Wandel der Zielbestimmung des »Waldhofs« zum Ausdruck. Dass Kinder und Jugendliche von Vertretern einer christlichen Ethik betreut werden, ist dem Staat ein Dorn im Auge, die Jugendlichen werden daraufhin auf sogenannte Jugendwerkhöfe verteilt, die unter staatlicher Aufsicht stehen. In den »Waldhof« ziehen stattdessen Behinderte ein. Das Pastoralkolleg muss sich mit dem Behindertenheim die Räumlichkeiten teilen. Die karitative Sorge, in den Worten Max Webers die kasuistische Auslegung des christlichen Kanons, verschiebt sich zugunsten von Aufbau und Unterhaltung der Bildungsstätte, die Vater Kasner dreißig Jahre leiten wird. Hinzu kommt, dass in seiner Funktion, die unter Verdacht stehende Berufsgruppe intellektuell zu betreuen, das Paktieren mit den Staatsorganen der DDR unausweichlich wird; zum einen durch die Umstände erzwungen, zum anderen jedoch aus seiner Überzeugung heraus, die Gerechtigkeits- und Solidaridee des Christentums sowie die Gleichheitsvorstellung des demokratischen Sozialismus ließen sich vereinen. Ob und inwieweit seine Kompromisse mit einer Art Selbstpreisgabe erkauft wurden, sei dahingestellt, aber es verwundert nicht, dass der Vater versucht, in Abgrenzung zu seinen Glaubensbrüdern im Westen, zum neuen Staat ein Verhältnis der Eigenständigkeit aufzubauen. An seinem geschickten Lavieren kristallisieren sich Dimensionen früherer kirchlicher Kontroversen heraus. Dass die evangelische Kirche während des Nationalsozialismus moralisch eingebrochen ist, hält im protestantischen Milieu die Erinnerung an die Kreise um Dietrich Bonhoeffer und das Engagement der Bekennenden Kirche wach. Sie gelten als leuchtende Beispiele für Nicht-Paktierung und Widerstand gegen den Staat. Vater Kasner vertritt, wie im Hinblick auf den Entwicklungsgang der Kinder erwähnt sei, den »dritten Weg«, seine Bemühungen erinnernd, wird er später darauf insistieren, die Formel »Kirche im Sozialismus« erfunden zu haben. Dass er die zunehmende Schikane gegen die Kirchen auch offen kritisch kommentiert, gehört zum Verständnis seiner Aufgabe.

Wie stellen wir uns den Vater vor? Als ein Theologe mit einer deutlichen Mission, aus Sorge um den Bestand der evangelischen Kirche in Ostdeutschland, kultiviert er einen intellektuellen Eigensinn, der dem christlichen Glauben unter noch so schwierigen Bedingungen der Diktatur einen autonomen Raum zu erkämpfen versucht. Dies erzwingt Zugeständnisse und lässt die Distanz zur Bruderkirche wie auch zu den politisch-moralischen Debatten in Westdeutschland wachsen. Vater Kasner zögert nicht, nach dem Bau der Mauer im August 1961, der die Lebensführung der Familie unter der Diktatur besiegeln wird und die Rückkehroption, an die hoffnungsvoll zu glauben besonders die Mutter nie aufgegeben hatte, endgültig ausschließt, seinen westdeutschen Pass gegen einen ostdeutschen einzutauschen. Nach dem Mauerbau habe ihre Mutter viel geweint, erzählt Angela Merkel.

Die Gemeinschaft im »Waldhof«, der kirchlichen Einrichtung außerhalb der Stadt, umgeben von der Natur, bleibt von all dem nicht unberührt. Der Lebenszusammenhang, in dem Angela Merkel mit ihren Geschwistern Marcus, geboren im Jahre 1957, und Irene, geboren im Jahre 1964, aufwächst, ist nun nicht nur durch eine räumliche, sondern auch durch die soziale Abgeschiedenheit gekennzeichnet. Geistig behinderte Menschen wurden auch im sozialistischen Regime ausgegrenzt – wie menschenverachtend die Nationalsozialisten Behinderte behandelt hatten, lag nicht lange zurück. Sie zu »verwahren« wurde den Institutionen der Kirche zugestanden, obwohl sie zu den Feinden des Systems zählte. Was also ist der »Waldhof« – ein »ganzes Haus«, eine Enklave exemplarischer Sittlichkeit abseits des sozialistischen Wiederaufbaus, gemieden auch von der Nachbarschaft, denen peinlich war, die eigenen Kinder zu den Geschwistern Kasner und den »Bekloppten« zum Spielen zu schicken. Die Familie Kasner praktiziert ein Gegenmodell, das Bestehen auf der Autonomie eines familiären Lebensentwurfs. Die institutionelle und normative Abgrenzung zu den Behinderten wird durchbrochen. Ihre Kinder wachsen auf in einer Kultur, die Menschen, denen die Umgebung keine Aufmerksamkeit widmet, wie selbstverständlich eine eigene Würde zuschreibt. Gesundheit sei kein Maßstab für Fröhlichkeit, so habe sie in ihrem Leben gelernt, blickt Angela Merkel auf ihre Kindheit zurück. Ein wichtiger Unterschied zum idealtypischen Milieu des Pfarrhauses zeichnet sich im Tätigkeitswandel des Vaters Kasner ab. Gelegentlich nimmt er noch seelsorgerische Funktionen wahr, hält auch von Zeit zu Zeit Gottesdienste ab, allerdings verschieben sich seine Aufgaben zugunsten der Organisation des Seminars, des Einrichtens von Diskussionszirkeln, in denen mit Theologiestudenten und jungen Vikaren der biblische Kanon diskutiert wird. Dies geschieht in einer Offenheit, die den »roten Kasner«, wie man ihn über den lokalen Raum hinaus bald nennen wird, zu einem vielbesuchten und in theologischen Kreisen anerkannten kritischen Kirchenmann werden lassen. Der Typus des intellektuellen, auch eigenbrötlerisch unbeirrbaren Seelsorgers, dem Gottfried Benn in seinen Schriften ein Denkmal über die geschichtsmächtige Kraft des Pfarrhauses gesetzt hat, findet in Vater Kasner einen stimmigen Repräsentanten.

Im Familienleben zeichnet sich eine Distanz des Vaters ab. Je umfangreicher Aufgaben und Pflichten in der brandenburgischen Kirchenleitung seine Zeit in Anspruch nahmen, umso deutlicher stellten sich die Probleme der Alltagsbewältigung für die Mutter. Ihre Biographie sei kurz skizziert. Im Jahr 1928 geboren, ältere von zwei Schwestern, verliert sie früh, im Alter von acht Jahren, den Vater. Zusammen mit den beiden Töchtern zieht ihre Mutter, die Großmutter von Angela, Mitte der dreißiger Jahre nach Hamburg, dort beginnt die ältere das Studium der Fächer Englisch und Latein mit dem Berufsziel, Lehrerin zu werden. Während des Studiums lernen sich die Eheleute Kasner kennen. Obwohl von der Entscheidung ihres Mannes, in den deutschen Osten zu ziehen, nicht sehr begeistert, ist sie entschlossen, im nicht gerade anregungsreichen Osten wenigstens ihren Beruf auszuüben. Doch als ein weiterer Schock trifft sie der Umstand, dass ihr als Ehefrau eines Pastors die Tätigkeit an einer staatlichen Schule verweigert wird. Die Verbreitung bürgerlichen Gedankenguts, die man einer Pfarrersfrau aus dem Westen per se unterstellte, sollte unterbunden werden. Auf diese Diskriminierungserfahrung hin zieht sich die

Mutter aus der Öffentlichkeit auf die Pflege des Familienhaushalts mit ihren drei kleinen Kindern zurück – mit der folgenreichen Implikation, dass die Familie Kasner die staatlichen Institutionen der Kindererziehung, die frühe sozialisatorische Versorgung durch Krippen und Hort, umgeht. Der mütterliche Weg unterscheidet sich vom Entwurf des Vaters. Herlind Kasner widerspricht nicht, geht auch keine Kompromisse ein, vielmehr tut sie alles, um den familialen Autonomieanspruch und die Wertbezüge der Solidarität aufrechtzuerhalten. Somit reproduziert sich die Struktur exemplarischer lebenspraktischer Sittlichkeit, die das Gewusel auf dem »Waldhof« prägt und dem Leben mit den sozial wie ideologisch Ausgegrenzten eine eigene Würde zuspricht, auf der affektiven Ebene im Verhältnis der Mutter zu ihren Kindern, insbesondere zum ältesten Kind, der Tochter Angela. Es entsteht der Nukleus einer engen affektiven Familiensolidarität, die durch die äußere Bedrohung, Hänseleien oder offene Schikanen, denen die Pfarrerskinder in der schulischen Erziehung zum neuen Menschen alltäglich ausgesetzt sind, noch unterstrichen wird, erst recht angesichts des Umstands, dass die Eltern die obligatorische Mitgliedschaft ihrer Tochter in der Freien Deutschen Jugend, der Jugendorganisation der Partei, ablehnten. »Jeden Tag nach der Schule habe ich bei meiner Mutter ein bis zwei Stunden alles ›abgesprochen‹, wie ich es immer genannt habe. Ich bin meinen Eltern noch heute dankbar, dass wir zu Hause die Möglichkeit dazu hatten«, so erinnert Angela Merkel die Tage ihrer Kindheit, eine biographische Weichenstellung, delikat von den Umständen her, folgenreich für die seelische Konstitution des heranwachsenden Kindes: Normativ bekämpft, ideologisch bestritten, und flächendeckend im »Arbeiter-und-Bauern-Staat« durch sozialistische Erziehungseinrichtungen ersetzt, entsteht im Schatten des

»Waldhofs« eine Kindheit in Lebenszuversicht, auf die Maxime gestützt, dass es nicht auf Anpassung, vielmehr auf eine autonome Haltung ankomme. Merkels frühe Erfahrung ist bürgerlich geprägt, eine Ironie der Geschichte, dass die allenthalben verblassende Figur einer engen mütterlichen Zuwendung zur Geltung kommt in einer historischen Situation, in der das bürgerliche Modell im deutschen Osten vehement verabschiedet und in der sich auch im Westen dessen Auflösung ankündigt, vielerorts sogar gefeiert als eine der Errungenschaften aus der Zeit der Parteidiktatur. In der Mutter-Tochter-Beziehung entstehen Neugier und Zukunftsvertrauen, eine Form von unerschütterlichem Selbstgefühl, Qualifikationen, die als die herausragenden politischen Tugenden der späteren Kanzlerin genannt werden. Nicht nur politisch eine Wanderin zwischen Ost und West, auch in affektiver Hinsicht bildet sie paradoxerweise im Osten, im »rundum verschlossenen Gelände« (Durs Grünbein), wo Tarnen und Täuschen zur Überlebenstechnik geworden ist, einen bürgerlichen Entwurf von Autonomie aus – ein unbewusstes Leitmotiv ihrer späteren unheroischen politischen Performanz. Die Stationen der Schulbildung fügen sich stimmig in den weiteren Verlauf der Biographie. Ähnlich wie der Vater, der in seinem dezidierten ethischen Missionarismus vor allem darin eine Zukunft sah, dass dessen örtliche Vertreter den ideologischen Anfeindungen ihrer Umgebung durch intellektuelle Höchstleistungen etwas entgegensetzten, so pflichtet die Mutter Kasner diesem Ziel insofern bei, als auch sie von ihren Kindern erwartet, sich als Pfarrerskinder durch besondere Anstrengungen in der Schule hervorzutun. Im Arbeiter- und Bauernstaat zählten die Pfarrer zu den bürgerlichen Berufen. Wer aus solchen Elternhäusern kam, hatte es schwer, ihm wurde häufig der Zugang zum Studium verwehrt. Sehr gute Schulleistungen boten wenigstens eine Chance, Diskriminierungen zu entgehen, auch um den Preis des Kompromisses. Erst als Angela älter ist und die Eltern ihr freistellen, sich in der sogenannten »Kampfreserve der Partei« zu engagieren, wird sie Mitglied. Wer in den Jugendorganisationen der Partei nicht eingetragen war, musste schließlich damit rechnen, zur Oberschule nicht zugelassen zu werden. In weltanschaulichen Fragen wird nicht der Kompromiss eingegangen, sondern der familial gestützten Überzeugung entsprochen. Deshalb entscheiden die Eltern, Angela konfirmieren zu lassen. Das für Statuspassagen übliche Zeremoniell der Jugendweihe bleibt ihr erspart – schon bei ihrem Bruder Marcus, den die Eltern zur Jugendweihe anmelden und damit Kopfschütteln bis offenen Unmut im protestantischen Milieu auf sich ziehen, sieht das anders aus. Für Angela Merkel bietet das Studium der Physik ein Refugium, einen Ort der inneren Emigration, den sie später »Speicherschlaf« nennen wird, eine Möglichkeit, die äußere, leistungsvermittelte Profilierung zu bestehen. Während ihrer Schulzeit erfüllt sie die Bildungsmission der Eltern und wird Beste in der Schulklasse, ein Mathegenie die ganze Schulzeit über. Eingeschult 1961, im Jahr des Mauerbaus, durchläuft sie die Polytechnische Oberschule POS, in der elften und zwölften Klasse bietet sich mit der EOS, der Erweiterten Oberschule, eine Zugangsmöglichkeit für das Studium. Dieses Angebot greift sie auf. Ihre Adoleszenz verläuft nach einem Muster, wie es für die Funktionseliten der DDR-Gesellschaft typisch war, Mitgliedschaft in der FDJ und Teilnahme an schulinternen und schulübergreifenden Wettbewerben, sogenannten Olympiaden, in den Fächern Mathematik und Physik, in denen die siegreichen Schüler nicht einfach mit den systemtypischen Ehrungen und Medaillen gewürdigt wurden, sondern die immerhin Reisestipendien in die sozialistischen Bruderstaaten in Aussicht stellten. Abgesehen davon, dass die Naturwissenschaften in der DDR aufgrund der wahrgenommenen Leistungskonkurrenz zu den Ländern des Westens besonders gefördert und für junge Leute entsprechend attraktiv wurden, fügt sich die Wahl des Physikstudiums bei Angela Merkel in die Linien ihres bisherigen biographischen Exposés. Das Fach erscheint attraktiv, weil es angesichts der regimetypischen Dauerzumutung des politischen Avantgardismus ein kognitives Refugium bietet. Wer Physik studiert, dem mögen sich moralische Fragen nach Sinn und Zielsetzung des Studiums umso stärker aufdrängen, die Abstraktionsleistung hingegen, die die Disziplin impliziert, neutralisiert zunächst einmal Engagement, abgesehen davon, dass im Horizont einer physikalischen Weltsicht die christliche Weltsicht in kognitive Konkurrenz zum Offenbarungswissen des Glaubens gerät. Ungeachtet der geistigen Differenz zwischen Glauben und Wissenschaft eröffnet Angela Merkels Bildungsweg, der bei Studienbeginn an einen Zusammenbruch des DDR-Staates nicht denken lässt und in der Familie Kasner weder gedacht noch gewünscht wird, vielversprechende Karrierechancen. Geht man der Frage nach, wie sich ihre Biographie im Zuge der sich abzeichnenden Ent-Legitimierung des SED-Staates entwickelt, nimmt es nicht wunder, dass sie als Wissenschaftlerin auf dem Weg zur chancenreichen Professionalität den zahlreichen Initiativen im Milieu der Dissidenten gegenüber zurückhaltend bleibt. Zwar ist auch sie in den wenigen Wochen der rasant schnellen Auflösung der DDR von der um sich greifenden Aufbruchsstimmung angesprochen. Ihr Interesse an Politik ist einer Konstellation geschuldet. Der »Demokratische Aufbruch«, eine Sammlung von politisch interessierten Oppositionellen, die eine institutionelle Erneuerung favorisieren und somit einen DDR-eigenen Weg gehen wollen, bittet sie um die Position der stellvertretenden Pressesprecherin, ein Angebot, das ihren Eintritt in den politischen Raum markiert. Unter den anomischen Vorgängen der beschleunigten politischen Transformation, ungewisser Verfahrensordnungen und des erzwungenen Abschieds von eingespielten Lebenskonstruktionen gelangt sie, eingeleitet über die Kontakte des Vaters, in die inneren Zirkel der evangelischen Kirche, die den Widerstand gegen das Regime getragen hatten. Die CDU und besonders der damalige Kanzler Kohl werden auf sie aufmerksam. Einzig im Schutz paternalistischer Fürsorge der Parteispitze ist sie bereit, sich zu engagieren, eine Bereitschaft, die nicht in Widerspruch steht zu ihrem ausgeprägten Widerwillen gegen die zur Routine gewordene Realpolitik des westlichen Parteien- und Verbändestaates. »Meine Entscheidung, in die Politik zu gehen, ist wirklich den chaotischen Umständen geschuldet«, so erinnert sie die Zeit der Transformation. »Ich glaube nicht, dass ich unter den Verhältnissen des Westens Politikerin geworden wäre. Da wäre ich vielleicht Lehrerin geworden oder Dolmetscherin. Es ist einfach so viel passiert, so schnell und so überraschend.« Damit ist die Intellektualgestalt, die formative Zeit, ihre Vorstellung von Politik abgeschlossen, substantiell und zugleich irritierend daran ist die normative Diffusität und Offenheit, die nicht etwa Unsicherheit verbirgt, vielmehr als ein optimistisches »Und-so-weiter« Situationsflexibilität ebenso wie offene Gestaltungszuversicht präformiert.

In drei Qualifikationen, »Leidenschaft – Verantwortungsgefühl – Augenmaß«, hat Max Weber das Kompetenzprofil des Politikers entworfen: »Leidenschaft im Sinn von Sachlichkeit: Leidenschaftliche Hingabe an eine ›Sache‹ (…). Denn mit der bloßen, als noch so echt empfundenen Leidenschaft ist es freilich nicht getan. Sie macht nicht zum Politiker, wenn sie nicht, als Dienst an einer ›Sache‹, auch die Verantwortlichkeit gegenüber dieser Sache zum entscheidenden Leitstern des Handelns macht. Und dazu bedarf es – das ist die entscheidende psychologische Qualität des Politikers – des Augenmaßes, der Fähigkeit, die Realitäten mit innerer Sammlung und Ruhe auf sich wirken zu lassen, also: der Distanz zu den Dingen und Menschen.«

Politik ist kein Ausbildungsberuf. Die politische Profession, auch und gerade in der zitierten idealtypischen Konfiguration von Fähigkeiten, lässt im Unterschied zu allen anderen professionellen Kompetenzen den Dilettantismus zu. Der legitime Dilettantismus des politischen Handelns beugt der Technokratie vor, die den Experten eine Führungskompetenz zuschreibt und sie von vornherein privilegiert. Dass jedes Kompetenzprofil die Chance hat, zu den Positionen der Staatskunst aufzusteigen, kennzeichnet die Rekrutierungsoffenheit demokratisch gewählter Parlamente und Regierungen und bestimmt die Brüche und die Offenheit im Wechsel der Eliten. Politik, um noch einmal Max Weber zu zitieren, das »langsame Bohren von harten Brettern mit Leidenschaft und Augenmaß«, zahlt den vergleichsweise freien Zugang aller entscheidungsfähigen Mitglieder des Volkssouveräns mit dem hohen Preis einer hohen Devianz-Anfälligkeit der Entscheidungen. Die politische Rationalität ist systematisch begrenzt, das Zustandekommen von Entscheidungen unterliegt einer durch Streit und Kompromisszwang diktierten Logik. Politik, deren Vertreter die genannten Kriterien der Leidenschaftlichkeit, Sachorientiertheit und Verantwortungsbereitschaft in wechselnden Akzentsetzungen zum Ausdruck bringen, greift auf entlehnte Rationalitätskriterien zurück – Schauspieler, Tischlergesellen, Banker und Lehrer, die Vielfalt von Fähigkeit und Präferenzen erhalten Eintritt in den Raum der Politik. Eine Wissenschaftlerin in der Funktion der Pressesprecherin, in dieser Kombination verbindet sich die Intellektualgestalt mit der Eigendynamik des politischen Prozesses, der in der deutschen Geschichte einzigartigen Gestaltungsaufgabe, die anhaltenden Folgen eines Systemwechsels zu bewältigen, den mentalen Kosten der deutschen Einheit zu begegnen und daran zu arbeiten, die Glaubwürdigkeit eines politischen Systems zu erhöhen, dessen Logik auf institutioneller Differenzierung, Interessenausgleich und bürgerschaftlicher Eigenverantwortung beruht. Vor dem Hintergrund dieser Aufgabenstellung lässt sich das Konzept Angela Merkels als die Inverse des väterlichen Missionarismus darstellen. Ihr Erfolgsgeheimnis ist ein Protektionsversprechen an die Nation, das sich nicht durch Programmatik bewährt, nicht durch den Appell an eine historische Verpflichtung, vielmehr durch eine authentische Repräsentanz verschiedener Strukturmerkmale der deutschen Geschichte, die sich in ihrer Amtsführung auf einzigartige Weise verdichten: die Misstrauenskultur der DDR sublimiert sie zu einer affektneutralen Distanz, dem Gegenteil von steriler Aufgeregtheit, dem Tarnen und Täuschen, Sozialmoral und Überlebenstechnik jeder Diktatur und besonders der ostdeutschen Variante, die die denunziationsbereite Misstrauenskultur im institutionellen Raum, im zivilgesellschaftlichen Miteinander umso stärker fortsetzte, je deutlicher man sich normativ vom »Faschismus« und vom westdeutschen Kapitalismus abgrenzte. Gegen dieses Klima artikulierte sie Risikobereitschaft und Selbstverantwortung.

Kommen wir zurück zur Raute. Die Raute als eine Gestalt und Metapher ihres politischen Selbstverständnisses symbolisiert das Offenhalten der Frage, wer wir sind, der Frage, wie sich unter der abstrakten Zugehörigkeit und unter der Geltung eines Verfassungspatriotismus das Land, das vor wirtschaftlicher Stärke zerbirst, in Zukunft orientieren wird. Eine leere und unheroische Gestaltungsgewissheit zeigt das Ensemble der auf sich selbst bezogenen Hände. Die Deutschen und ihre Hände, Angela Merkels Haltung verkörpert die Geschichte eines Volkes. Keine Hand, die flach ausgestreckt in straffer Haltung zum Himmel gerichtet ist, auch keine Hand, die zur Faust geballt die Menschen auf einen zornigen Utopismus verpflichtet – unheilvolle Gesten, die im Europa des 20. Jahrhunderts eine Spur der Verwüstung gezogen haben. Unter der Last der Geschichte sind die Hände gebunden, zu einem Schwur auf Kooperativität, eine Introvertiertheit ohne Drohung nach außen, eine vorpolitische Geste des Hypothetischen und der Zurückhaltung, ihren Landsleuten ein Rätsel, das nahelegt, eigenständig Antworten auf die Frage nach den Gestaltungsprinzipien ihrer Sozialordnung zu finden. Eine zur Figur geronnene Geschichte der Vorsicht und Umsicht, die der Welt das Pathos nüchternen Abwägens kommuniziert, unbekümmert darum, dass die meisten der Verantwortlichen von West bis Ost im geopolitischen Haudrauf des ausgehenden 19. Jahrhunderts befangen sind und in dem typischen Vorgehen der Kanzlerin nichts als Gerede, allenfalls Beschwichtigung erkennen wollen. Kein Trost, dass die Welt kein »Waldhof« ist, »Yellow Submarine«, ihr Lieblingssong der Beatles, den sie einst als siegreiche Mathe-Olympionikin aus Moskau mitbrachte, mag in ihren Träumen auftauchen, und das »Absprechen« nach dem gemeinsamen Mahl bleibt eine Utopie der Weltpolitik, die umzusetzen der ältesten Tochter aus protestantischem Haus angetragen wird. Die Hände, während der Tage ihrer Kindheit zum Gebet gefaltet, suchen demütig Halt in der schwebenden Balance; die Raute wird in einer Welt, hinter der Gott unsichtbar geworden ist, das Sinnbild ihrer Mission. Die Kanzlerin, eine Pressesprecherin der Möglichkeiten.

12

Gut aufgestellt – Die Semantik ist überzeugend, suggestiv die Botschaft: zurzeit ist alle Welt »gut aufgestellt«. Dieser Kurzformel, letzter Schrei im Design der Außendarstellung von Personen, von Unternehmen und Regierungen, Fakultäten und Universitäten, vermag sich kaum jemand entziehen. Dass sie derart erfolgreich Verbreitung fand, nach außen nachdrückliche Entschlossenheit, nach innen Appell, ist Anlass, ihrer Sinnstruktur nachzuspüren – unwahrscheinlich, dass vor dreißig Jahren jemand auf die Idee gekommen wäre, dergleichen zu verlautbaren. Schließlich enthält die Formel prima vista ja nicht mehr als die triviale Botschaft, auf Zukünftiges gut vorbereitet zu sein. Sie reflektiert Zukünftiges, nicht einfach einen alltäglichen Zustand individueller bzw. gemeinsamer Aufmerksamkeit oder Sorgfalt. »Bei uns sind alle gesund«, »wir beginnen die Arbeit ausgeschlafen« oder dergleichen, wen würde das als Botschaft beeindrucken? Abwegig wäre es, an Ohren zu denken, die Tiere aufstellen, um ihr Terrain akustisch zu sondieren. Weit hergeholt wäre es wohl auch, an quasi-militärische Unternehmungen, den Truppenaufmarsch oder Ähnliches zu denken.

Hilft der Verweis auf den Sport weiter? In der Tat, sich Fußball- oder überhaupt Mannschaften als »gut aufgestellt« vorzustellen, mag einen Sinn geben, besonders erhellend ist der Blick auf den Sport jedoch nicht, zumal die Akteure des Aufstellens, Mannschaftsspieler oder auch deren Trainer, sich gerade verbieten müssen, aufs Aufgestellt-Sein explizit zu verweisen. Was denn sonst, so wäre die berechtigte Rückfrage, nur zu zehnt, etwa beim Fußball?

Der Sinn des irritierenden Muntermachers – irritierend wegen des aufwendigen semantischen Tamtams – weist über die funktional gebotene Vorbereitung hinaus, interpretationsbedürftig ist deren Kommunikation. Vielleicht erschließt sich die Formel über das »Danach«, auf das sie verweist und dem hier offenbar das Gesicht gezeigt werden soll, eine kooperative Konstellation mithin, die ein gedachtes Gegenüber einschließt.

Aufgestellt wofür, woraufhin und wem gegenüber? Ganz gleich nun, welche Dimension akzentuiert wird, der Außenbezug, also zukünftige Handels-, Kampf- oder Spielpartner, oder der Innenbezug, die Solidargemeinschaft, die sich in einer Formation vertreten sieht – es ist eine kommende Sequenz, der folgende Schritt, dem die Verlautbarung gilt. Die Formel verweist auf das Zusammentreffen mit einem Gegenüber, den das Aufgestellt-Sein zu beeindrucken hat: Hier meldet sich jemand aus der Pole-Position. Den Zustand der Klasse vor einem Ausflug oder der Reisegruppe vor einer Kaffeefahrt dürfen wir als Kontext ebenso ausschließen wie eine Warteschlange im Supermarkt oder vorm Kino. Gleichwohl, Vergleiche liefern den Schlüssel zum Verständnis. Der Anfang impliziert, wie jeder Anfang – sei es das nächste Spiel, sei es eine bevorstehende Verhandlung – Ungewissheit und somit die Aussicht auf hohe Riskanz, konfliktuös oder innovativ, Kontingenz eben, wie Niklas Luhmann sagen würde. Gut aufgestellt für Kontingenzbewältigung? Ergibt es Sinn, so etwas mitzuteilen?

Zweifellos haben diejenigen, die sich unter den Schutz der Formel begeben, eine Situation vor Augen, die sich der Kontrollierbarkeit entzieht, aber dennoch Wachsamkeit und Aktionswillen voraussetzt. Nun lässt sich erst recht einwenden, Menschen und Institutionen zeichne die besondere Fähigkeit aus, sich auf ungewisse Situationen einzustellen. Das nennen wir seit jeher Vertrauen; Handeln setzt mithin ein generalisiertes »Gut-Aufgestellt-Sein« voraus. Je länger man im Lichte dieser Binsenweisheit darüber nachdenkt, desto verschrobener erscheint vor diesem Hintergrund der endemisch gewordene Verweis auf die gute Aufstellung, auf die selbstgewiss kommunizierte Kollektivappetenz. Wieso geht Leuten das, was zum Adel des Menschen oder auch ganz profan zum Erfolgsgeheimnis von Unternehmen und Organisationen, zum Einmaleins der Professionen zählt, über die Lippen? Ob Professoren vor ihrer Vorlesung, Gewerkschaftsführer vor der Tarifverhandlung, Prozessbeteiligte vor dem nächsten Prozesstag, überall setzen die Akteure wechselseitig voraus, gut auf Kommendes vorbereitet zu sein. Dass dergleichen Triviales exzessiv unterstrichen wird, spiegelt eine zeittypische Ausdrucksform des Zukunftsvertrauens. Es ist die demonstrative Zuversicht, ja die geschwätzige Gewissheit, Handlungskontrolle auch angesichts zukünftiger Kommunikationen nicht verlieren zu können. Soll er doch kommen, der Zufall, und wenn es erstens anders kommt und zweitens als man denkt, das Pfeifen im Walde haben wir geübt!

Autonomie, Handlungssouveränität entsteht in der perspektivischen Differenzierung von Vergangenheit und Zukunft, von Erfahrung und Erwartung, so hat Reinhart Koselleck es einmal genannt. Diese Form der Schicksalsakzeptanz zählt zum Signum moderner Gesellschaften, als Souveränität übernommen ins biographische Exposé. Vor langer Zeit hatte sich der Existentialismus auf diesen Befund philosophisch ein Ei gebraten – es ist ein Vorrecht der Jugend, daraufhin euphorisch zu werden oder zu verzweifeln. Das »Gut-Aufgestellt-Sein« ausdrücklich hervorzuheben, und das auch noch inflationär, erhellt den bemerkenswerten Vorgang, dass umständlich und autosuggestiv beschworen werden muss, was als Basisinstitution des Vertrauens selbstverständlich war. Schwüre entstehen im Strudel schwindender Gewissheiten. Das, was einst Gottvertrauen genannt wurde, muss als Litanei inszeniert werden, um auch nur den leisesten Zweifel an seiner Geltungskraft zu beseitigen. »Gut aufgestellt« – das Stoßgebet der Angsthasen.

13

Elder Statesman – Der Elder Statesman, die Figur einer erfahrenen und zugleich distanzierten Bilanz der politischen Routine, ist mittlerweile auch in Deutschland eine Größe im journalistischen Alltag geworden. Anders als bei den Ehemaligen, die nach dem Abschied von der operativen Politik einen Berufswechsel vollzogen haben oder sich den Glanz der früheren Stellung in der strategischen Beratung vergolden lassen, ist seine Präsenz in den Medien unüberhörbar. Der Elder Statesman, dessen Urteil wahrgenommen wird – selbst dann, wenn er nicht gefragt wird –, ist der abwesend Anwesende im politischen Raum. Wer nach den Voraussetzungen und Folgen fragt, stößt jenseits der individuellen Motive auf Systematisches und Historisches. Der Elder Statesman erscheint in einer Konstellation, und um diese zu verstehen, empfiehlt sich ein Blick in die staatspolitischen Schriften Max Webers. In »Politik als Beruf«, dem legendären Vortrag über die Professionalitätskriterien des politischen Handelns, erscheinen »Dienst an der Sache, Verantwortungsgefühl und Leidenschaft« als die berufsbestimmenden Begabungen, in deren Zerrspiegel die Eitelkeit, für die alle Tätigkeit auf die Zielsetzung der Selbstdarstellung und Inszenierung schrumpft, als die Todsünde der Politik.

Einem derart heroischen Exposé zu entsprechen, wird für diejenigen, die von der Politik leben, durch dreierlei erheblich erschwert:

1. Alle Gewalt geht vom Volke aus, der Souverän schickt seine Stellvertreter. Der Zutritt zur politischen Kompetenz setzt

eine akademische Bildung, Universitätsabschlüsse nicht zwingend voraus. Natürlich gibt es den fachgeschulten Beamten, der für das Alltagsgeschäft der Politik unabdingbar ist – der Apparat, die Behörde zählen zu den vertrauten Kürzeln seiner Tätigkeit; für die Gestaltungsinitiative jedoch, für die Übersetzung in politische Macht, für den Erfolg im Interessenkampf ist dergleichen nicht vorrangig oder gar Bedingung. In einem Verein, dem organisatorischen Herzstück des Souveräns, mit seinen berufs- und statusneutral rekrutierten Mitgliedern, mit programmatisch gebündelten Partikularinteressen beginnt letztlich alle Politik. Politiker, als die Stellvertreter ihres Volkes, rechnen wir zu den Professionals, die Einzigen allerdings, deren Kompetenzausübung Dilettantismus zulässt, er erscheint als Kehrseite einer einzigartigen Rekrutierungsoffenheit. Politiker können sich der Expertise bedienen, müssen aber selbst keine Experten sein.

2. Es kommt hinzu, dass sich die von Weber herausgestellten Kriterien der Qualifikation in der Strittigkeit, im sachbezogenen Streit mit dem politischen Gegner bewähren müssen. Jede noch so partikulare Interessenlage hat sich mit dem übergeordneten Gemeinwohl zu arrangieren und findet dort ihre Brechung. Der politische Raum gilt als die große Bühne unendlich mühsamer Kompromissbildung, die Metapher Max Webers vom langsamen Bohren harter Bretter trifft insofern überzeugend den Kern des beruflichen Alltags.

3. Vor diesem Hintergrund entsteht das Problem der Erfolgszurechnung. Jedes Gesetz, das zur Unterzeichnung vorgelegt wird, hat eine Unzahl von Überarbeitungen passiert, und in der Regel ist dabei das materiell Vernünftige auf das bescheidene Ergebnis des formal Durchsetzbaren geschrumpft. Lässt sich schon selten genug als Durchbruch, als Weichenstellung oder gar Qualitätsverbesserung feiern, was im Parlament beschlossen

wurde, so bleibt es erst recht schwierig, das Ganze zuzurechnen, zumal nach der Verabschiedung eines Gesetzes der politische Streit nicht ruht, vielmehr auf dem öffentlichen Markt der Deutung fortgesetzt wird. Gerade der unvermeidliche Kompromiss sowie die Diffusität der Zurechnung liefern nun die Steilvorlage für die Wortmeldung des Elder Statesman, einer Expertise, die als Seniorenweisheit daherkommt.

Sein Ethos zehrt von den Wonnen der Nachträglichkeit. Entlastet vom Kompromisszwang, kultiviert er die Reflexion von Folgen und Voraussetzungen des Entscheidens. Das Zwingende des realpolitischen Alltags erscheint in der Perspektive des politischen Seniors nicht nur in seiner hypothetischen Qualität, sondern im Horizont ausgebreiteter Alternativen, in erweiterter Lesart, entweder anders begründbar oder sogar fahrlässig. Der Elder Statesman bringt sein Erfahrungswissen ins Spiel, er lädt ein zu einem Blick hinter den Vorhang, verzichtet auf den guten Ton der diplomatischen Rücksichtnahme, die im politischen Alltag die Kooperationsbeziehungen mit Nachbarn oder Konfliktgegnern elastisch hält, und setzt auf Deutlichkeit. Die Klaviatur der Aufgeregtheit kann er ebenso leicht spielen wie die wohltemperierte und ernüchternde Erinnerung an Erreichtes oder auch umgekehrt die Anmahnung des Fälligen, aber nicht Erreichten. Darin, in der trivialisierenden Explikation von Weltgeschichte, bündelt er Steuerungserwartungen des Souveräns, wobei er – ungewollt, manchmal auch gewollt – erreicht, dass seine eigene politische Bilanz nachträglich verklärt wird.

Ein notorisches Problem des Elder Statesman ist die Wahl der Arenen. Gelegentlich taucht er, auf den Plätzen für Ehrenmitglieder, bei den Gesinnungsgenossen und Freunden seines Vereins auf. Als Sprachrohr bieten sich ihm just diejenigen Berufe an, die seinen Aufstieg zur politischen Macht begleitet und als Regierungskunst kommentiert haben zu Zeiten, als unter dem Entscheidungsdruck komplexe Rechtfertigungen ausbleiben mussten. Sich Gehör zu verschaffen, gelingt nur unter besonderen Voraussetzungen. Nicht das Alter allein, vielmehr eine schon bewährte Fähigkeit der Krisenlösung erhöht seine Glaubwürdigkeit. Nur sie prädisponiert den Elder Statesman zu dem Propheten, der etwas gilt im eigenen Land.

Aber hier zeigt sich: Die Grenze zum Stammtisch, der es stets besser weiß, ist hauchdünn, und darin liegt die institutionelle Riskanz, die sich im Elder Statesman bündelt. Denn unter dem dünnen Eis seiner Ratschläge und Kommentare lauert die Gefahr, ungewollt dem populistischen Impuls nachzugeben und die Institutionendistanz des Souveräns zu erhöhen. Für ihn selbst ist es verführerisch, zu kommentieren, nicht zuletzt deshalb, weil er seine operative Tätigkeit als eine Zeit erlebt hat, die auch ihm im Prozedere des politischen Alltags Fesseln angelegt hatte. Erst im Kontrast zur realpolitischen Last scheint schließlich die ideale Synthese von Erwartung und Erfahrung formulierbar – eine Synthese, die einen praktischen Ort nicht kennt, sie bleibt ein nur theoretisches Ziel, eine Abstraktion des guten Regierens. Insofern verkörpert das paternalistische Exposé des Elder Statesman die Karikatur des alten Kaisers, den alle wieder haben wollen, nach dem sich der Volkssouverän in seinen unersättlichen partikularen Materialismen stets auch sehnt. Dabei suggeriert die nachträgliche Weitsicht, die der Elder Statesman für sich in Anspruch nimmt, stets aufs Neue, es gebe im demokratischen Prozess eine Vernünftigkeit, die das alltägliche Ringen um die »volonté generale« zu übersteigen vermag. Aber man sollte sich hüten, die Intervention als das Gebrüll des alten Löwen abzutun, zeigt sie doch ihre Kreativität darin, dass sie den Alltagsbetrieb des politischen Handelns davor schützt, in Betriebsamkeit zu degenerieren.

Zur Erscheinung der Moderne gehört, dass die Konjunktur für die Wortmeldung des Elder Statesman gut steht, paradoxerweise gerade deshalb, weil die Zeiten national eng geschlossener Geltungsräume für Politik hinter uns liegen. Die Gemeinwohlverpflichtung, die nur in Ausnahmesituationen mit Aussicht auf Zustimmung in Erinnerung gerufen werden kann, ist abstrakt geworden. Kriegserfahrungen und die kollektive Erfahrung von Not oder Naturkatastrophen verblassen als mögliche Referenzen, überzeugend sind sie nur in den Grenzen der Generationen, und es ist schwierig, eine nationale Gemeinschaft auf neue Solidaritätsgebote einzuschwören. Kehrseitig dazu rücken angesichts gewachsener internationaler Verflechtungen und eines gestiegenen Kooperationsbedarfs der Staaten neue Sorgen, etwa um den Zustand der Haushalte, an deren Stelle und machen Länder, denen bislang nicht mehr als eine touristische Aufmerksamkeit zukam, zu Nachbarn, denen man unter die Arme greifen muss.

An der Prominenz des Elder Statesman im sichtbaren Schatten des Institutionengefüges, an der Häufigkeit seiner Wortmeldungen lässt sich somit der Zustand des Gemeinwesens ablesen. Insofern bleibt er im politischen Alltag eine ambivalente Figur, in einem republikanischen System angesiedelt zwischen präsidialer Deutungshoheit und den politisch operativen Amtsinhabern – ein Ratgeber des Souveräns, ein Repräsentant der Idee von der Lösbarkeit der Probleme, Träger eines elitenorientierten Gestaltungsideals. Schweigt er, so bleibt das ein vermutlich zu verkraftender Verlust des demokratischen Prozesses, allerdings um den Preis, auf die anschauliche und erinnerungsfähige Präsenz der eigenen Kollektivgeschichte zu verzichten.

Artikuliert er sich hingegen in notorischer Beitragsfreude, so wird die prophetische Emphase strapaziös und bringt das komplexe Gefüge von Exekutive, herausgehobener Deutungshoheit des Präsidenten und Journalismus, dem öffentlichen Wächter des Wertverständnisses, ins Wanken. Dann laufen seine Beiträge Gefahr, dem Vertrauensentzug Gehör zu verschaffen und die stets skeptische Zustimmung des Souveräns zu den gewählten Stellvertretern eigener Interessen zu Indifferenz, Verdrossenheit oder Häme zu steigern. Wie gut also, dass es die Elder Statesmen gibt, und wie gut, dass das Gemeinwesen aus der Seniorität keine Institution gemacht hat, sondern sich im Pragmatismus des Durchwurstelns die Würde einer im Streit bewährten Gestaltungsautonomie erhält – ein Zeichen für erreichte Zivilität, das mit Stolz gelegentlich in Erinnerung zu rufen sogar dem Elder Statesman zugebilligt wird.

14

Griechenland und der Abschied vom Nein – Hätte Hegel sich das vorstellen können? Eulen fliegen nicht einmal mehr in der Dämmerung nach Athen. Stattdessen kreisen Pleitegeier – und das am helllichten Tage – über der Akropolis. An diesen Artenwechsel haben wir uns gewöhnt. Es mag zwar, Hegel folgend, schon zu spät sein, aber um den Untergang ordnungsgemäß abzurechnen, machen sich ganze Abteilungen des Finanzministeriums daran, die Sache so über die Bühne zu bringen, dass zumindest die Flugrouten erhalten bleiben. Und wer weiß, es wird sich erst noch zeigen müssen, ob die Sache mit der Weisheit nicht dem falschen Vogel zugesprochen wurde. Die Griechen können jedenfalls auf ihre Inseln fahren, die Abwicklung übernehmen wir. So werden wir entscheiden, so werden wir es für gut halten, und so erhalten wir unseren Wahrnehmungskomfort.

Was sich vor unseren Augen abspielt, und zwar auf der Ebene staatlicher Akteure, nicht konkreter Gegenüber, ist nicht weniger als die Erosion eines der Strukturmerkmale menschlicher Elementarkommunikation: Wir erleben den Abschied vom Nein. Dessen Handlungsfolgen wären mit einem derart unüberschaubaren Organisations- und Entscheidungsaufwand verbunden, mit dem verglichen die Folgen eines nicht vollzogenen, sondern nur gerufenen Neins auf das komfortable Minimum eines erhobenen Zeigefingers beschränkt bleiben. Das Nein hat ausgedient. Darüber sollte sich zunächst einmal niemand wundern oder gar ärgern, denn die Sanktionsschärfe, die dem Nein eigen ist, lässt eine dramatische Turbulenz in die Kommunikation einziehen – wie jeder erfährt, der einmal mit der Faust auf den Tisch haut. Schon Chruschtschow musste bekanntlich den Schuh zu Hilfe nehmen. Das Nein enthält eine Stoppregel, es bedeutet Konflikt und Konfliktartikulation und kündigt die Verständigungsbereitschaft auf. Es riskiert den Fortgang der Kommunikation, den Ausschluss des Sanktionierten oder umgekehrt, in einer Gesellschaft mit einem hohen Grad an Selbstreferenz, gar den Selbstausschluss desjenigen, der mit dem Nein die konsensgetragene Sequenz unterbrochen hat. Der Neinsager steht womöglich als der Dumme da, als Querulant, als Pessimist, als der organisierte Missmut, der Besserwessi, über den sich die bunte Schar der Leute mit Konsenssuggestion und – im konkreten Fall – mit bewährter kommunikativer Elastizität kopfschüttelnd hermacht.

Die moderate Form, die das Nein als Kommunikationselement ersetzt hat, ist die Diplomatie. In der Tat verdankt die Staatenwelt der Moderne der diplomatisch gesteuerten Moderation des Neins den unangenehmen Auftritt kurzatmiger Gegenwehr. Das Nein ruft Empörung hervor, löst Selbstverteidigung aus und zieht die unelastische Form polarer Kommunikation nach sich. Wer will das schon, es ist gefährlich, bestenfalls entsteht ein Patt, ein Ja und Nein, eine Modalität, die jedoch auch nicht gerade zukunftsweisend ist, gerade mal das Blutvergießen verhindert. Aber was rückt an die Stelle? Der Ordnungsruf als zartes Echo des Neins.

Von dergleichen Verschiebungen im Kommunikationshaushalt der Völker gibt es im seismographisch wichtigsten Segment unserer Bevölkerung aufschlussreiche Beispiele, Beispiele, die sich seit einiger Zeit deutlich vernehmen lassen. Ob die Jugend das artikuliert, was die Alten ihr vormachen, oder ob sie umgekehrt das vorwegnimmt, was im Alter auf alle zukommt, mag ein akademischer Streit der Jugendsoziologie sein. Wie dem auch sei, es empfiehlt sich ein Gang auf den Pausenhof unserer Schulen oder in die Mensaschlangen der Universitäten. Hier hat sich eine Kommunikationsfigur ausgebreitet, die aufhorchen lässt. Unter den rhetorischen Figuren empörungsneutralisierter Rede über eine Verfehlung steht das Hallo an oberster Stelle. Wird in der Peergroup, der Lebensphase mit hoher zugelassener Normkonfusion, zwischen Jugendlich-Sein und Erwachsen-Sein, in der alle Werte der normativen Ordnung unter Bewährungstest geraten, geprüft, wie sich das noch labile eigene Urteil im Lichte der Resonanz der anderen hält, bekräftigt wird oder erlischt, dann geschieht das mit einem fragenden »Hallo?«, en passant in die Unterhaltung eingestreut. Es hat das griffige und Begründung ankündigende und insofern verpflichtende »Spinnst du?« oder »Hast du (oder sie oder er) noch alle Tassen im Schrank?« oder »Finde ich unmöglich« weitgehend ersetzt. Im »Hallo« ruft man zur Ordnung, aber verzichtet auf Explikation, geschweige denn den Austausch über das in Rede stehende Handeln. Es ist der Ordnungsruf als Ruf, mehr nicht. So schlendert man über normative Klippen hinweg und signalisiert nicht mehr als ein aufflackerndes Sich-Wundern. Normverletzung wird erstaunt registriert, aber der begründungspflichtigen Sanktion entzieht man sich elegant.

Das »Hallo?«, manchmal auch im »aber hallo« mit Spuren des Protestes, das jenseits der Lässigkeit deutlich zeigt, wie stark die Jugendlichen die normativen Ordnungen, in denen sie aufwachsen, prüfen wollen, findet im Übrigen ein gleichermaßen aufschlussreiches Pendant im deklarierten Wissensgau, im »keine Ahnung«. Das »keine Ahnung«, der Editionspausenfüller, der als eine Art Resonanz auf die kognitiven Zumutungen der

Wissensgesellschaft gegenwärtig gleichermaßen hoch im Kurs steht und der beileibe nicht dazu führt, dass man schweigt oder etwa dem Gegenüber die Explikation, die Erläuterung, das Wissen ansinnt, sondern der verträglich ist mit dem zuversichtlichen und zumeist beflissenen Fortsetzen des eigenen Beitrags, als ein verzeihlicher performativer Selbstwiderspruch des Sprechenden.

Das »keine Ahnung«, das das berühmte »Äh«, das Gottesgeschenk jeder Rhetorik, abgelöst und in das Museum von Seniorenverlegenheiten verschoben hat, kommuniziert die Bitte, nicht zur Rechenschaft gezogen zu werden für das, was man gleichwohl sachverhaltsbezogen und erzählmutig als Behauptung über die Welt von sich gibt.

So vernehmen wir im »Hallo?« und im »keine Ahnung« ein mikrosoziologisch aufschlussreiches Echo unseres jugendlich unbekümmerten Verhältnisses zur Welt, seit ein paar Wochen eben zu Griechenland: »Hallo?« und »keine Ahnung« ruft es aus den Expertenstäben und Parlamenten der Griechenlandfreunde, die sich mit dem Aktenkoffer auf den Weg in den Süden machen. Empörungsmüde und verbindlichkeitsdistant verfolgen wir den Flug der Vögel in den Süden, hoffen, dass es doch die Eule sei, die da fliegt. Nur von der Dämmerung wissen wir nichts mehr.

15

Nora, du schaffst das – Das Gymnasium zählt bekanntlich zu den heiligen Orten deutscher Bildung. Von seiner anhaltenden Kulturbedeutung her wäre es längst würdig, von Christo verpackt zu werden. Zwar nicht annähernd in der ästhetischen Perfektion und längst nicht so umfassend, aber doch für die Passanten auffällig, geschieht dergleichen alljährlich zum Abitur und ist zur Zeit an unseren Gymnasien zu bestaunen. Eltern und Freunde unterstreichen in einer Art Graswurzel-Initiative die Sakralität dieser Institution mit profanen Wünschen der Zuversicht. »Hannah, du schaffst es«, »Dirk, you can«, »Wir halten zu dir«, »Vera, ab jetzt heißt es: Every hour full power« – so lauten die Botschaften, die derzeit die Eingänge an den Gymnasien schmücken, liebevoll ausgemalte Plakate, kleine private Botschaften. Das unisono der versammelten Grüße an die Abiturienten lautet: Du bist nicht allein. In der Stunde des Leistungsschwurs winkt eine Solidargemeinschaft von Familienmitgliedern, Oma und Opa, Jo, der Hund, eingeschlossen, mit einem lautlosen Anfeuerungsruf. Warum nicht? Eine harmlose Geste magischer Teilhabe, wie es so viele gibt in der angeblich magie-distanten Moderne, steht der Geißbock des 1. FC Köln nicht jeden Samstag hinterm Tor, oder was ist mit dem zerzausten Bärchen, das seit den Tagen des Schulbeginns am Schreibmäppchen baumelt?

Wie man hört, soll es insbesondere in Süddeutschland noch einige plakatfreie Gymnasien geben, aber wieso können sich Eltern der Verpflichtung, die Zuneigung, Sorge öffentlich zu kommunizieren, kaum noch entziehen? Vordergründig erscheint die plakatierte Zuversicht als ein Echo auf die Dauerdebatte über die Bildungsgesellschaft, manchen mögen der bevorstehende Eintritt von zwei Jahrgängen, die absehbaren Engpässe im Universitätsstudium vor Augen stehen. Es ist eine Binsenweisheit, nicht erst seit Pisa, dass der Statuserwerb an Leistungsnachweise, also an das Bildungsdiplom gekoppelt ist. Der visuelle Lärm jedoch, mit dem die Statuspassage Abitur versehen wird, gibt zu denken. Jenseits der genannten kontingenten Umstände macht er aufmerksam auf ein verändertes Verhältnis zwischen Eltern und Kindern. Das eigene Kind in einem häuslichen Milieu selbstverständlicher Zuversicht auf seinem Weg zu begleiten, reicht offenbar nicht mehr aus: Es geht um die demonstrative Kommunikation des Daumendrückens, um mehr handelt es sich vom Motiv her nicht. Sie hat sich jedoch vor den Augen anderer zu vollziehen, und was denen demonstriert wird, ist die selbstsuggestive Gewissheit, dass die bevorstehende Leistung gegen den leisesten Zweifel, gar Selbstzweifel des Kindes immun ist.

Eine Erfolgsbeschwörung, eine inszenierte Zuversicht, eine Sorge, die nach außen kommuniziert wird: Wir haben bis zur Prüfung alles getan. Es scheint, als verliere die Eltern-Kind-Beziehung in der sogenannten Wissensgesellschaft ihre geschützte Intimität, die Statuspassagen auf dem Weg zum Erwachsenwerden werden umso greller begleitet und umso deutlicher externalisiert, je seltener Verzögerung, Umweg oder gar Rückschritt toleriert wird. Dazu zählen aufwendig arrangierte Kindergeburtstage, der Animationstross, der sich nächtens am Zaun des Gymnasiums einfindet, dazu zählen schließlich die glamourösen Abiturfeiern, die in Aufwand und Rahmung einer Bambi-Verleihung ähneln, die der beglückend fohlenhaften Unbekümmertheit der Abiturienten kaum mehr als den Moment der Zeugnisübergabe einräumt. Ein Pfeifen im Walde, einer der um sich greifenden Perfektionskulte der Moderne – bewundernswert die Prüflinge, die sich davon nicht kirre machen lassen.

16

Die Zukunft des Grandhotels – Die jüngste Nachricht über die Insolvenz eines Grandhotels mit großer Tradition liegt noch gar nicht lange zurück. Schnell sind in solchen Fällen die Kennziffer-Experten zur Hand, können Marketing-Versäumnisse nachweisen, finden die Geschäftsführung mangelhaft, kurzum, auf derartige Hiobsbotschaften hin setzt die Suche nach den Schuldigen ein – und Schuldige lassen sich bekanntlich schnell finden.

Unter den Meldungen zu einer Insolvenz in Bremen macht eine Information stutzig: Zwei Großveranstalter hätten ihren Auftrag zurückgezogen, so heißt es, diesen Einbruch habe das Haus nicht verkraftet. Gehen wir dem doch einmal nach und werfen einen Blick auf den Attraktivitätskern, mit dem ein Grandhotel in heutiger Zeit auf sich aufmerksam macht, vergleichen das mit der Tradition, in der Häuser dieser Größe entstanden sind, und versuchen wir daraufhin mit gebotener Vorsicht, einen Blick in die Zukunft zu werfen.

Interessant kann das allein deshalb sein, weil nicht zu verkennen ist, dass Grandhotels auch gegenwärtig eröffnet werden. Was also ist da los, und wie lässt sich die Entwicklung einschätzen, die auf den ersten Blick den Nostalgikern recht gibt, die im Grandhotel einer versunkenen Epoche nachzutrauern scheinen? Ein Blick in die Glanzprospekte der feinen Häuser macht deutlich, worauf die Hotellerie besonderen Wert legt: Vom kulinarischen Genuss bis zur Wellness erstreckt sich das Versprechen einer umfassenden geistigen und seelischen Regression. Regression, das berühmte Sich-fallen-Lassen, Die-Seele-baumeln-Lassen, bedeutet jedoch alles andere als eine dumpfe Hingabe an ein äußeres Geschehen. Muße, um die es auf einem hohen Niveau des Komforts geht, setzt geistiges Vermögen und auch eine zivilisatorische Reife voraus. Die Gäste sind eingeladen, nicht einfach für ein paar Tage die Umgebung zu wechseln, vielmehr kommen sie erst dann auf ihre Kosten, wenn sie eine Bereitschaft zum Wechsel, zur Nachdenklichkeit und zur Muße mitbringen. Gewiss gibt es die Kundschaft, der es genügt, »abschalten« zu können oder einer naiven Lust zum Paradiesischen zu frönen. Die Geschichte der Hotels durchzieht hingegen seit ihren Anfängen die Idee, sich in einem Raum der Außer-Alltäglichkeit zu bewegen, ja, ihn gekonnt in Anspruch zu nehmen. Hotels imponieren als Orte der Lebenskunst, ein vielfach strapazierter Begriff, der jedoch im Kern daran erinnert, dass der Status des Gastes eine besondere Philosophie voraussetzt.

Wir unterscheiden im Folgenden fünf Dimensionen, in denen der Mikrokosmos des Hotelaufenthalts für den Gast erlebbar wird – aus ihnen ist der rote Teppich geknüpft, der für den Übergang in die Muße ausgerollt wird. Jedem, der sich mit der Ausstattung wie mit dem kommunikativen Innenleben von Hotels beschäftigt, sind sie geläufig, jenseits ihrer systematischen Bedeutung mag sich im Laufe der Zeit allenfalls in ihrer Gewichtung einiges verändert haben.

Zunächst einmal imponiert das Hotel durch die Wahl des Ortes sowie durch seine Lage. Eine ästhetisch reizvolle, die Neugier, den Entdeckungswunsch und die Rekreation besonders ansprechende Landschaft liefert einen natürlichen Rahmen, ein Anregungspotential für alle Sinne. Privilegiert sind hierbei nicht zufällig die »Ränder« menschlicher Siedlungsformen. Berge, Meere und Seen eröffnen für den Menschen in ihrer sinnlichen

Qualität Perspektiven der Selbstreflexion, einer modernen Form der »Andacht«, die ausgegrenzt sind von täglichen Routinen des Gehens, Schmeckens und Riechens und auch der Kommunikationen. Allein schon ein solches in die Natur versetztes architektonisches Ensemble enthält per se ein therapeutisches Versprechen.

Als Zweites kommt eine besondere räumliche Binnenordnung hinzu. Sie eröffnet dem Gast Auftrittschancen in einer wiederum außeralltäglichen Form der Geselligkeit. In Fortsetzung der ersten Dimension – früher deutlicher als in der modernen Gegenwartsgesellschaft – bietet das Hotel dem Gast eine besondere Atmosphäre der Exklusivität und Abgeschiedenheit, bis hin zum luxuriös Außergewöhnlichen. Das Bestreben, eine solche Atmosphäre entstehen zu lassen – am sinnfälligsten in den Namen, etwa in der Semantik des Palastes spürbar –, liegt den Kriterien der Raumgestaltung zugrunde, angefangen von der architektonischen Gestalt der Einzelquartiere – vom Apartment bis zur Suite – bis hin zum Arrangement der öffentlichen Räume im Hotel selbst, in denen die für das Hotel herausragende Form der Begegnung möglich wird. Hier den angemessenen ästhetischen Ton zu treffen, ein behagliches Arrangement von gediegener Plüschigkeit zu unterscheiden, die Erwartungen an das Luxuriöse nicht durch Potemkin'sche Staffagen des Exotischen zu überreizen, zählt zur Kunst der Gestaltung, die im Auf und Ab der Moden die Traditionsverpflichtung geschickt mit der Innovationsverpflichtung zu kombinieren hat. Dergleichen wird in der modernen Gesellschaft schwierig, da nicht nur die Gestaltungstrends global, sondern auch das Publikum der Hotels zwar nicht unbedingt modenabhängiger, aber doch heterogener geworden ist. Die soziale Figur, in der sich die hier angesprochene Dimension kristallisiert, ist der Stammgast, dessen Vertrautheit mit dem Haus nicht einfach ein verlässlicher Posten im Kalkül der Belegung darstellt, sondern im Hinblick auf gebotene Veränderungen einer Geschäftsführung auch Kopfschmerzen bereiten kann.

Kommen wir auf die dritte Dimension, nämlich die Begegnung der Hotelgäste untereinander, Auftritte auf der Bühne des Lebens, die das Hotel anbietet. Das geschieht in der Abstraktion einer nur vorübergehenden Zugehörigkeit, die sich durch das gesteigerte Versprechen auf Privatheit dynamisch bricht. Das Paradox einer Privatheit, die zugleich fluide, vorübergehend ist, macht bekanntlich die Substanz der Anwesenheit im Hotel aus. Kein Hotel der höheren Güteklasse ist konzipiert als eine Art verschwiegener Kosmos für flüchtige Kontakte. Das Versteck bezeichnet deshalb eine Karikatur des Hotels, es mag für Spionage-Phantasien und geheime Treffen taugen. Im Unterschied dazu gewinnt das Hotel, auch wenn es sich in seiner modernen Form der gegenüber früheren Zeiten kürzeren Verweildauer der Gäste längst angepasst hat, gerade dadurch, dass es gelingt, in der Privatheit zugleich Räume für den Auftritt vor anderen anzubieten. Unbestritten scheint, dass das Hotel ein Ort der gepflegten Artikulation von Stil und Reserve gegenüber dem anderen und Ausdruck eigener Einzigartigkeit darstellt. Wenn dies gilt, dann gehört es selbstverständlich zur räumlichen Ausstattung, entsprechende Bühnen bereitzustellen. Ja, genaugenommen würde die gewünschte Flüchtigkeit der Begegnungen ihren Reiz für alle Beteiligten verlieren, wenn sich Anlässe für eine Geselligkeit, und seien sie auch noch so vorübergehend und zufällig, auf ein Minimum reduzierten.

Geht man dem für den Hotel-Aufenthalt entscheidenden Stichwort der Diskretion und vornehmen Zurückhaltung als des atmosphärisch Grundlegenden des Verweilens weiter nach, dann kommt nämlich deren Gegenteil, die Exposition, der Auftritt, ja die Konkurrenz des Eigensinns der Personen als notwendige Ergänzung zum Vorschein. Deshalb gibt es die Lobby, gibt es die räumliche Verdichtung des Speisesaals oder gar ausdrückliche Geselligkeitsräume wie etwa die Bar, die das Versprechen von Rückzug, Anonymität und Diskretion gezielt durchbrechen: Orte, an denen die Hotelgesellschaft sich in der Flüchtigkeit ihrer Begegnungen zugleich prüft, bestätigt und wiedererkennt.

Nehmen wir neben Landschaftsverortung und Binnenraum als vierte Dimension noch hinzu den ästhetischen und kommunikativen Auftritt des Personals, von der Gastgeberschaft des Hoteliers bis hin zur Brigade, die, als schweigsame, emsige und sorgfältige Diener auf die tägliche Erneuerung des festlichen Glanzes konzentriert, kaum sichtbar oder in Verrichtungen vertieft auf den Fluren beschäftigt und mit einer Minimalversion der Ansprache an der großen übergreifenden Zielsetzung, dem Wohlbefinden des Gastes, beteiligt ist. Wie wichtig gerade die Souveränität der Ansprache ist, wie viel Fingerspitzengefühl erforderlich ist, um im Moment der Begegnung entscheiden zu können, ob der Gast in Ruhe gelassen werden möchte oder ob er nicht umgekehrt gerade zu einem kleinen Austausch bereit ist, darüber muss nachgedacht werden. Jedes Team hat ein Gespür für die Dosierung von Sprechen und Schweigen entwickelt, und eine Geschäftsführung darf sich glücklich schätzen, wenn es ihr gelungen ist, eine knisternde, subtile Balance zwischen Transparenz des Dienens und Artikuliertheit des Dienens, zwischen Aufdringlichkeit gegenüber den Gästen und Aufmerksamkeit für die Gäste unter den Mitarbeitern eingerichtet zu haben.

Nun sind wir gedanklich vorbereitet, um abschließend auf die fünfte Dimension zu sprechen zu kommen, die zwar nur indirekt mit dem Service, der Kultur des Dienens, zu tun hat, in ihren Folgen für die Kultur eines Hauses sowie für das Selbstverständnis der Mitarbeiter aber von erheblicher Bedeutung ist. Wir meinen das umfangreiche Lexikon der Bezeichnungen und Titel, die in Sprache geronnene Gestalt geschichtlicher Vorgänge um das Hotelwesen. Diese Dimension bezieht sich auf den historisch außerordentlich bemerkenswerten Umstand einer Sprachmischung, die sich weltweit im Raum der Hotellerie beobachten lässt: Während das Französische nach wie vor als die Sprache hoher handwerklicher gastronomischer Kunst in Anspruch genommen wird – denken wir an den Sommelier, den Patissier, an den Chef de Cuisine oder den Chef de Rang, um nur einige zu nennen –, hat sich für die Arbeitsbereiche und Berufsprofile, die insbesondere die Kommunikation mit dem Gast zu verantworten haben, die englische Bezeichnung durchgesetzt. Der »Page« hat semantisch ausgedient, allein der »Portier« hat seine herausragende Stellung behalten. Eingebürgert hat sich das Englische insbesondere für den Empfang, Front Office genannt. Dort empfängt ein Assistant Front Office Manager, ein Night Manager oder Reservations Manager, das Housekeeping kennt Berufsbezeichnungen wie den Roomboy oder den Executive Housekeeper. Nun liegt auf der Hand, das Eingespieltsein derartiger Sprachkulturen rein pragmatisch zu erklären. Wiederum mag die schon erwähnte Globalisierung der Gästekultur der Grund dafür sein, dass auch Hotels sich dem universalen Trend zum Englischen als der internationalen Verkehrssprache nicht entziehen könnten.

Ungeachtet dessen stehen wir vor interessanten Wandlungsprozessen der Hotellerie. Ja, wir haben es mit Schichtungen zu tun, die nicht einfach als ein Nebeneinander hinzunehmen sind, sondern die von den Gästen selbst, aber gleichermaßen von den Mitarbeitern Übersetzungsleistungen abverlangen. Damit ist nicht der »Langenscheidt« gemeint, vielmehr bezieht sich das Gebot, die in das Hotelwesen eingelassenen Traditionen zu übersetzen, auf das Atmosphärische der Kommunikation. Epochenunterschiede müssen vermittelt werden, und von den Mitarbeitern eines Hauses wird eine Sensibilität dafür erwartet, dass es manchmal etwa auch geboten erscheint, sich nicht als der »Guest Relation Manager« vorzustellen. Die für das Hotel als Betrieb eingespielten Bezeichnungen, Abkürzungen oder auch tariflich diktierten Zuständigkeiten, mit denen sich unter den Mitarbeitern die Idee kleiner oder großer Differenzen zum Ausdruck bringt, gilt es für den Binnenraum der Arbeit zu reservieren, im unmittelbaren Kontakt mit den Gästen kommt es darauf an, sie als Selbstdarstellungen und Ansprachemittel situativ geschickt und bezogen auf den Stil des Hauses diskret, also nicht demonstrativ einzusetzen. Dienen im Hotel bedeutet demnach auch in dieser Hinsicht: eine Übersetzungskunst handhaben.

17

It's your turn. Moden in der Wissenschaft – Von Moden sind wir umgeben, in Moden bewegen wir uns. »Sagenhaft«, rief in den fünfziger Jahren, wer aus dem Staunen nicht herauskam und das Sensationelle, das überraschend Wider- oder Erfahrene in Worte zu fassen suchte. »Irre«, »krass«, »abgefahren«, so lautet die semantische Formel der Gegenwart für vergleichbare Exklamationen. Ein anderes Beispiel: Zurzeit ist alle Welt »gut aufgestellt«, Unternehmen, Universitäten, Fußballmannschaften selbstredend, aber auch Nationen vor irgendeinem Gipfel, Regierungschefs vor einem Gipfelfoto oder Paare vor der Eheschließung. Kurzum, unsere Sprache, mit Martin Heidegger gesagt das »Haus des Seins«, Resonanzraum der Wirklichkeitserfahrung, ist modenabhängig – nicht weiter schlimm, damit lässt sich leben, bringt es doch Schwung in das Verhältnis der Generationen. Abgesehen davon hält es ja auch jung, wenn man irgendwann nichts mehr versteht. Mode ist nicht nur erfinderisch, sie macht erfinderisch.

Die Wissenschaft hingegen, so wähnen wir, ist von dergleichen weit entfernt – oder etwa nicht? Es gibt ja wohl nichts Unverträglicheres als Erkenntnisbildung und Mode! Ist nicht das Fluide des Modischen der ärgste Feind von Validität und Reliabilität, den methodologischen Zwillingen, die die Seminare der Universitäten bevölkern, gekleidet im farblosen Kittel solider akademischer Arbeit in Labor und Bibliothek? Da kann kommen, wer will; denn in den heiligen Hallen der Wissenschaft widersetzt sich das Paradigma dem Wirbel begrifflichen Kostümtauschs – eine Binsenweisheit, die der Wissenschaftsforscher Thomas Kuhn auf den Punkt gebracht hat. Ausdruckskräftig und konferenzfähig sind diejenigen, die im bewährten konzeptuellen Selbstverständnis daherkommen, paradigmatisch im Mainstream. An Universitäten haben Modemuffel und nicht Exzentriker das Sagen. Die graue Maus, und nicht der Papagei, ist das Wappentier der Wissenschaft.

Überzeugend ist das allerdings nur auf den ersten Blick; wer genauer hinschaut, erlebt sein blaues Wunder: Die Wissenschaft ist nämlich vergleichbar modenabhängig, ja sie ist geradezu auf eine der Mode vergleichbare Destruktivität angewiesen, eine geradezu quirlige Destruktivität, die wir seit dem Erkenntnistheoretiker Karl Popper den Falsifikationismus nennen. Die »Community of Scientists« prämiert Paradigmentreue, gewiss; aber im Kern ist sie eine Widerlegungsgemeinschaft und gerät damit, oft ohne eigenes Zutun und zuweilen sogar ohne es überhaupt zu bemerken, in die Nähe des Modischen. Wie kann das sein?

Erkenntnisbildung ist bekanntlich innovationsverpflichtet; aber Innovation, so der nimmermüde Niklas Luhmann, entsteht paradoxerweise unter der Bedingung der Blindheit. Die Neugier, das Herzensanliegen all derer, die sich von den Brüsten der »Alma Mater« ernähren, schreibt zwar Fügsamkeit gegenüber paradigmatisch Bewährtem vor, fordert aber kognitiv zugleich den Zweifel. Damit nun dieser Spagat zwischen Gewissheit und Zweifel auch ausreichend anspruchsvoll und vielversprechend artikuliert werden kann, spricht man von »turns«. So klingt das Modische in der Wissenschaft.

Beispiele gibt es genug. Die Bescheidenheit gebietet es, auf die eigene Disziplin der Soziologie, die ja im Kanon der Wissenschaften eine vergleichsweise juvenile Veranstaltung der Wirklichkeitserschließung darstellt, exemplarisch zurückzugreifen. Hier wimmelt es von »turns«. An den »linguistic turn« kann sich kaum noch jemand erinnern. Handeln, um das es in der Soziologie geht, erfolgt im Sprechen. Normativität, Regelsetzung, wie kommt das zustande? Durchs Sprechen, »How to do things with words«, rief ein Nachbar (John Austin) aus der Philosophie, ein weiterer (Ludwig Wittgenstein) mahnte früh, im Sprechen komme eine Lebensform zum Ausdruck. Der »linguistic turn« hat es zum Klassiker geschafft, für viele sogar bis in Paradigmennähe; etliche haben sich dem angeschlossen.

Mit großem Abstand folgte der »spatial turn«, dem zufolge alles Handeln im Hinblick auf seine Raumabhängigkeit thematisiert wird. Wer handelt, steht irgendwo herum, schläft auf dem Land oder in Städten, liegt und isst in Räumlichkeiten, am Tisch oder zunehmend während der S-Bahn-Fahrt. Tausende Forschungsprojekte zog wiederum der »body turn« nach sich. Irgendjemand war auf die Idee gekommen, dass Menschen auch Körper haben. Dem »body turn« folgten weitere, der »visual turn« sei als derzeit prominentester im Taumel der Kehren angeführt, wenngleich der »animal turn«, wie man hört, schon die Zeitschriften zu füllen beginnt.

Geht man der Frage nach, wie es zur Mode, zu den »turns« der Wissenschaft, die zum mönchischen Schwarz der paradigmatisch erhabenen Abstraktion gar nicht passen wollen, kommt, stößt man auf vier Dinge: Eingebaute Destruktivität im Erkenntnisvorgang, Begabung, generationaler Wandel und Verfeinerung der Werkzeuge.

Eingebaute Destruktivität: Die wohl wichtigste Antriebsquelle des wissenschaftlichen Arbeitens ist die Widerlegung. Sie ist kognitiv zwingend, affektiv irritiert sie die Eitelkeit der Entdecker, sorgt hingegen für den Schwung, von dem hier die Rede ist.

Begabung: Meist geht die Sache faustisch los. Irgendjemand glaubt, gefunden zu haben, was die Welt im Innersten zusammenhält, zweifelt an allem, was bisher gedacht wurde, schreibt Bücher über Bücher und hinterlässt auf den Fluren des forschenden Kollegiums, von Raunen begleitet (Hat der/die keine Kinder, muss der/die nicht auch mal einen Drachen steigen lassen oder zum Elternabend?), Spuren der Erkenntniskehre. Sie beflügeln den Mut, sich mit dem Paradigma anzulegen oder doch zumindest einen »turn« zu initiieren.

Generationaler Wandel: Kaum promoviert, schon früh als »high potential« eingestuft, bringt es die jüngere Generation zum Aufstieg in die schöne Welt der Professuren, und ein solcher Sprung ist mit Bewährungszwang verknüpft. So entstehen Ansätze oder eben »turns« kraft Konstellation, nicht zwingend kraft Begabung oder auch nicht zwingend kraft Motiv.

Verfeinerung der Instrumente: Galilei war bekanntlich ganz aus dem Häuschen, als er sich vor frisch entwickelten Fernrohren das Sterngewusel endlich näher ranholen konnte. Ähnlich glücksbringend, ermöglicht den Sozialwissenschaften das Tonbandgerät den längst fälligen Abschied vom »Häufig-Selten-Nie« des nicht sehr ergiebigen Fragebogens. Ganz prominent und mit erheblichen Folgen für die Erkenntnislust ist die Entwicklung der bildgebenden Verfahren, die sogar den Neurowissenschaften mit einem Schlag zur Meisterschaft im Wettkampf der »turns« verholfen hat. Denn von den »turns« ganz benommen, stellt sich seit geraumer Zeit der Zustand dieser Disziplin so dar, dass sie uns die ganze Welt erklären will und im Schwindel ihrer selbsterzeugten »turns« mittlerweile bei der Neurophilosophie angelangt ist.

Anderen Wissenschaften geht es nicht anders. Selbst die ewig um Anerkennung ringende Erziehungswissenschaft, die mit dem »Präfix«-Wechsel von »Erziehung« zu »Bildung« erst jüngst und nationwide mit schicken Seriositätskorsagen ausstaffiert wurde, steht derzeit in den Charts ganz oben und kann sich dank des Zauberwortes »Inklusion« wenigstens über mangelnde öffentliche Aufmerksamkeit nicht beklagen. Abschließend sei – für manche überraschend – an das Plädoyer fürs unvermeidbar Modische aus der Feder eines der großen Paradigmenträger, Max Weber, den Jubilar des Jahres 2014 erinnert: »Es gibt Wissenschaften, denen ewige Jugendlichkeit beschieden ist, und das sind alle historischen Disziplinen, alle die, denen die ewig fortschreitende Entwicklung der Kultur immer neue Problemstellungen zuführt. Bei ihnen liegt die Vergänglichkeit aller, aber zugleich die Unvermeidlichkeit stets neuer idealtypischer Konstruktionen im Wesen der Aufgabe.« Nun mag manchem aus den Laboren der Naturwissenschaft durch den Kopf schießen: »Da haben wir's. So sind se, die Sozialwissenschaften. Typisch für die, die an den Objektivationen des Geistes arbeiten – für uns, die wir es mit der Natur zu tun haben, wird das Gedöns der ›turns‹ oder gar ein solcher Blankoscheck fürs Modische vehement zurückzuweisen sein.« Aber gerade die derzeitige Prominenz der erwähnten Neuros mahnt zur Vorsicht, wenn da jemand meint, je näher an der sogenannten Natur des Menschen desto moderesistenter seien die Konzepte.

Was nun? Sollen wir im Angesicht der hier nur aufgedeckten Moden-Abhängigkeit der Wissenschaften verzweifeln und unseren Krempel hinschmeißen? Gemach. Lange bevor die Chose mit der Wissenschaft so richtig Fahrt aufnahm und im Wunderland Europa von Bologna bis Heidelberg mit den schicksten Haltebahnhöfen ausstaffiert wurde, gab es in Griechenland den weisen Sokrates. Sokrates, der gewusst hat, dass, wer was weiß, eigentlich gar nichts weiß, hat sich nicht etwa umgebracht, er wurde umgebracht! Nichts zu wissen steht nicht nur am Anfang unseres Tuns, die Imperfektion begleitet stets die, die Wissenschaft betreiben, und adelt sie sogar gegenüber jenen, die da glauben, irgendetwas Gesichertes behaupten zu können. Abgesehen davon wollen wir die Sache mit der Vergleichbarkeit von Mode und Wissenschaft auch nicht übertreiben. »Turns« sind schließlich nicht jahreszeitenabhängig. Von Sommer- oder Winterturns war bislang noch nicht die Rede. Aber sehr wohl lassen sich für die Ernüchterten ein paar »Lessons to be learnt« formulieren:

Für das Kollegialverhältnis untereinander: Lasst viele Paradigmen sprießen! Wenn sich auch die Wissenschaft vor dem Modischen nicht schützen kann, ja, wenn sie in der Paradigmenvielfalt nicht aus Scham im Boden versinken muss, sondern diese Buntheit der Klamotten als Kostümierung des für ihre Arbeit lebensnotwendigen Streitens zwischen Prêt-à-porter und Klassik, Konfektion und Avantgarde versteht, dann wird auf dem Catwalk der Disziplinen die produktive Atmosphäre zu knistern beginnen, die sich der alte Humboldt einst erträumt hatte.

Für das Verhältnis zur Öffentlichkeit: Das Maul sollte man nicht so voll nehmen, um den Tanz der Wissensgesellschaft um das Goldene Kalb »Erkenntnis« nicht unnötig anzutrommeln. Was Fluggesellschaften zugemutet wird, stünde auch den Wissenschaften gut an: Öfter mal eine Lärmpause einlegen!

Und für die Lehre: Es gibt ein Erkennen vor dem »turn«. Wie wäre es, wenn man sich zukünftig mehr auf das Wie als auf das Was konzentrieren würde? Wie macht man sich blind, um sehen zu können? Das ist die Frage, die vor alles Herumexperimentieren der Didaktik zu stellen ist. Nicht der »turn« und die schicke Semantik, die für ein paar Wochen den Kopf verdreht, sondern die Fragestellung, die dem »turn« zugrunde liegt, ist entscheidend. Den Stand des Denkens vor dem »turn« sichtbar zu machen, die zukünftigen Wissenschaftler vom Anfang her zu schulen und nicht vom erst letzten Schrei an, das sollte die Aufgabe der Lehrenden sein.

Und wer im Ensemble dieser Empfehlungen besonders gut aufgestellt sein möchte, dem sei die Maxime der Jil Sander, der Grande Dame der Zurückhaltung, des ästhetischen Minimalismus in der Mode, ans Herz gelegt: »Mit der Zeit gegen die Zeit«, darin läge das Geheimnis akademischer Exzellenz, der gelassene Umgang mit »turns« und Paradigmen.

18

Bennents Stimme – Die Schauspielerei, das Ein-anderer-Sein, liegt als ein Familienmythos dem Geheimnis der Bennents zugrunde. Vater Heinz, sein bäuerlich-kantiges Gesicht, das disproportioniert Asketische seiner Physiognomie, die in seiner Figur anschaulich gewordene Verlorenheit scheinen wie geschaffen für einen Lebensentwurf in der Ortlosigkeit, fixiert auf das Hypothetische. Das spürt, wer ihn sprechen hört. Mit dem Etikett »Sonderling« wurde er in Nachrufen vielfach gewürdigt, eine eher hilflose und nichtssagende Metapher für das Geheimnis seines Erfolgs. Das Kapital seiner Profession, in der sich Bennent bekanntlich notorisch unwohl fühlte, war das Melos seiner Stimme. Vielen, die in ihm einen Ausnahmeschauspieler sahen, ist sie aus dem Film »Die letzte Metro« in Erinnerung. Sein Auftritt als Regisseur Lucas Steiner, der von seinem Kellerexil aus Anweisungen gibt, zeigt, wie das sich Sträuben gegen die Zumutungen der Welt, bei Heinz Bennent als ein Projekt in atemberaubend punktierten Sätzen variiert, eine beklemmende stimmliche Resonanz erfahren hatte. Die literarische Fiktion des Oskar aus der »Blechtrommel«, das Nein zur Entwicklung, die grimmige Obstruktion eines Frühreifen erscheinen im Nachklang seines Sprechens als eine in die Intonation eingelagerte unbewusste Phantasie, ein stimmliches Echo zum verweigerten Wachstum. Die Romanvorlage, vom Sohn David Bennent in Schlöndorffs Verfilmung virtuos in Szene gesetzt, folgt leitmotivisch der Sinnstruktur des väterlichen Lebensromans. Auf ihn stößt, wer Heinz Bennent zuhört. Ein Sprechen gegen die Zumutung, in der Welt zu sein. Jeder Satz lässt einen das spüren. Der Leib ist der Schlupfwinkel des Seins, so das Diktum von Maurice Merleau-Ponty, und die Stimme, so wäre zu ergänzen, ist der hörbare eigene Leib. Aber was tut jemand, der es in der Stimme nicht aushält?

Heinz Bennents Stimme, sein Sprechen wie jemand, den man zu früh geweckt hat, wie jemand, der noch kaut, jemand, dessen Widerwillen gegen die Anstrengung der Präsenz ihm zur zweiten Natur geworden war, sein Sprechen imponierte als ein Widerstand gegen die Wirkungskraft der Worte. Deren Nachhall, so klang es, wollte er noch im Aussprechen wie ungläubig und staunend verfolgen. Wer wird Schauspieler, wie werden in jungen Jahren die Weichen für diesen Beruf gestellt? In Bennents Biographie erscheint im Horizont der durch Abwesenheit suggerierten Anwesenheit seiner Stimme die Entscheidung zum Schauspielerberuf, einer Tätigkeit, die vom Wunsch zur Maske lebt, eine Profession, die Geschichten ausprobiert, als folgerichtiger Versuch, ein anderer zu sein – Bennents Stimme imponierte dabei als ein Bemühen, der Maskierung, für die er sich entschieden hat, trotzig eine Authentizität, eine Kautele gegen das Verhallen zu unterlegen.

Eine beeindruckende Bilanz an Engagements weist Bennents Karriere auf. Kaum eine große Bühne, auf der er nicht gespielt hätte, mit den großen Regisseuren seiner Zeit hat er grandiose Filme gedreht. Begonnen hat er 1947 mit dem »Don Carlos«, gegen Ende seiner Laufbahn entwickelt sich seine große Liebe zu Beckett zu einer Obsession, als habe der Klang seines Sprechens endlich einen Autor gefunden. Die stimmlich artikulierte Verweigerung dient als unbewusstes Band zum Zerfall jedwedes Realitätsbezugs, den Becketts Figuren inszenieren. Becketts Stücke bewundert Bennent ein Leben lang, und im hohen Alter bringt er sie, zusammen mit seinem Sohn David, zur Vollendung auf die Bühne. Woher stammt diese Lust am Verschwinden in den Beckett'schen Figuren? Ohne Rekurs auf irgendeine vorgegebene, von außen hinzugefügte Sinndimension praktizieren die Protagonisten des Stücks in der Prägnanz und Klarheit ihres Sprechens ein einzigartiges Sichzurwehrsetzen gegen die Alltäglichkeit des Lebens. Die autonome Kunst, die rückzugewinnen Bennent als Chance sah, liefert in Becketts Theater einzig noch in der sinnlichen Qualität des sprechenden Hörens und des hörenden Sprechens eine Gewähr für die Authentizität der Person. Letztlich ist den Figuren ihre Stimme geblieben. Sie kultivieren sie im Wortwechsel, um den Preis eines Selbstrückzugs aus der Welt, in den legendären Aufführungen, in denen Heinz und David Bennent als Hamm und Clov das Publikum begeisterten. Vater und Sohn spielen erfolgreich in der bravourös frischen Lesart des clownesken Nichtigkeitsamusements und keineswegs in der Beckett stets zugeschriebenen Schwere und Endzeitvision, in »seltsam froher Helligkeit«, wie es seinerzeit in der »Süddeutschen Zeitung« hieß – ein Endspiel, ein Spiel aus Bewandtnisverlust, bei dem man nicht weiß, ob man lachen oder weinen soll.

Bennents Unmut über die Stimme, die doch zugleich sein größter Schatz war, ist drastisch spürbar, wenn er Hölderlins Hyperion rezitiert, sein »tägliches Brot«, wie er den Text nannte, den er bis ins hohe Alter hinein betörend entrückt und zugleich hochkonzentriert vorzutragen wusste. Die Tonaufnahme eines Abends im Tübinger Zimmertheater vom Dezember 2004 erschüttert als ein beeindruckendes Dokument des Ringens mit dem Sprechen, bei dem der Schauspieler die Worte aufgreift wie umherliegende schwere Brocken, Trümmer aus einer Zeit des zerbrochenen Sprechens, die für die Generationserfahrung des jungen Bennent, der 1921 geboren wird, der wegen notorischer Renitenz die Hitlerjugend verlassen muss und der sich freiwillig zum Kriegsdienst meldet, als eine Zeit des lärmenden hysterischen Appells in Erinnerung war. »Immerhin hat das den Staat zur Hölle gemacht, dass ihn der Mensch zu seinem Himmel machen wollte« – in Bennents Version erklingen diese Zeilen als der verzweifelte Aufschrei einer um ihre Jugend betrogenen Generation, eine Erfahrung, die ihn mit Günter Grass verbindet.

Dagegen dringen Worte wie »das Schicksal«, »der Mensch« – Worte mit emphatischem Bedeutungshof, stets auf der Kippe zum Eigentlichkeitsgedrechsel – schwer über die Lippen, als müsse er sie sich abringen. Gepresst gesprochen, klingen sie, als habe er sie über einen Berg geschleppt, so als müsse der Ekel über ihr Vergiftetsein im Moment der Rezitation überwunden werden. In Bennents Nachdruck entstehen sie wie neu erfunden, schwere Geburten, mühevoll gegen die Trübungen ihrer Vorgeschichte belebt und in ein unbefangenes Hören gehievt. So meldet sich in den Texten, in denen Bennent sich als Schauspieler wohlfühlt, der Subtext eines lakonischen Protestes gegen das Verstehen, das jeder Artikulation inhärent ist und das er zu kontrollieren versucht hat, in einer »das Schweigen bewahrenden Stimme« (Jacques Derrida). Die Wörter kommen verpackt, versiegelt, missbrauchsimmunisiert und von überraschend stockenden Pausen umgeben, so möchte der sprechende Komplize des Hyperion sie in die Welt des Verstehens schicken.

»Fast könnte man sagen, es sei die Bedingung des Schauspielers, dass er nicht ›versteht‹, sondern blind nachmacht«, so reflektiert auf eine Frage seiner Frau Gretel hin Theodor W. Adorno in der »Theorie der musikalischen Reproduktion« über das Vermögen des Schauspielers. Es sei rein mimisch und umso vollkommener, je mehr der Gedanke der Darstellung zufalle.

Nicht so bei Heinz Bennent – im Gegenteil, im Lichte dieser Deutung Adornos erschließt sich ein berufliches Selbstmissverständnis, dem er seinen einzigartigen Ruhm verdankt. Bennents Sprechen, das zögernd Vorsichtige, klingt entrückt, der Routine entzogen, stets neu entworfen, die Stimme ist um ein Verstehen bemüht und erreicht, indem sie sprachpragmatisch sinnvolle Zäsuren kühn ignoriert, eine Eindringlichkeit, eine unvergessliche Markanz, die den Zuhörer als fernes Echo aus der Zeit der Trümmer anspricht, einer Zeit, in der alles in Schutt und Asche lag und alle Welt mit dem Steineklopfen beschäftigt war. Von hier aus erschließt sich, wie amateurhaft Bennent zeit seines Lebens seinen Beruf verstanden hat. Das ihm zugeschriebene eigentümlich idiosynkratische Diktum, erst auf der Bühne des Theaters sei man stets man selbst, folgt vor dem Hintergrund seines biographischen Exposés einer stimmigen Lesart.

Am deutlichsten, und zwar ex negativo, wird die Logik gesprochener Abwesenheit in seiner letzten Filmrolle aus dem Jahr 2004. Bennent spielt Sigmund Freud, erneut neben Cathérine Deneuve. Seine Rolle gerät stimmlich zu einem Desaster. Freud, die Figur des Therapeuten, dessen Stimme gegen die lähmend beängstigende Exzentrizität seiner Patientin zukunftsgerichtet und metaphorisch eine Brücke zur Welt zu bauen hat, eine solche Verkörperung misslingt Bennent. Ja, das therapeutische Setting verkehrt sich so weit, dass der behandelnde Freud indifferent bis verstimmt als der Patient erscheint – sähe man ihn nicht im Sessel hinter der Couch sitzend die gleichschwebende Aufmerksamkeit veranschaulichen, wäre das Vexierbild, das die Stimme entwirft, perfekt. Statt in unangestrengter Gegenwärtigkeit seiner Patientin die Welt als einen Raum der Lebensmöglichkeiten zu öffnen, macht Bennent Freud zu einem Ich-Nörgler. In jedem Wort hört man den Widerwillen gegen den Mut zur

Schicksalsakzeptanz, den exemplarisch vorzuführen doch seiner Rolle auferlegt ist.

Das Kapital dieses großen Schauspielers, seine markante Stimme, erweist sich gerade in ihrer betörend neutralisierenden Abwesenheit als bis zum Unheimlichen präsent – eine poröse Lakonie, so beschreibt Bruno Ganz während einer Studioaufnahme zu Albert Camus' »Der Fremde« die Stimmung der ersten Sätze des Romans. Abwesend wollte Bennent sein, die Arbeit im Ensemble war ihm, welche Bühne ihn auch immer engagierte, zuwider. Seine private Lebensführung folgte dem Muster des Hyperion. Selbst das Theater, seine Passion, wurde ihm eher Station. Mit seiner Familie hat er sich in die Schweizer Berge zurückgezogen, auf der griechischen Insel Mykonos haben sie Monate verbracht. Das Unterwegs, das Nicht-verortet-Sein, wurde zum Leitmotiv eines exzentrischen Lebens, in das Intellektualitätsideal einer Schauspielerfamilie transzendiert. Das à côté, gerade die Disposition, in der sich die angestrengte Boheme seines Lebens zum Ausdruck brachte, ein Wunsch, gar nicht erst anwesend zu sein oder in der Stimme das Schweigen klingen zu lassen, das entrückte Sprechen hat Bennent für sein Publikum unsterblich, ewig anwesend gemacht. Kaum jemand hat es vermocht, in derart eindrücklicher Ambivalenz die Stimme, das herausragende Medium menschlicher Präsenz, als eine Zumutung zu inszenieren wie Heinz Bennent, der Vagabund des Seins, der Eremit der Stimme.

In dem nicht enden wollenden, hilflos-ergriffenen Beifall nach beinah zweistündiger Rezitation des »Hyperion« in einer Bad Homburger Galerie greift der 90-jährige Bennent zu einem zerfledderten Reclam-Bändchen. Vor seinem Auftritt hatte er es auf dem Fensterschacht im engen Souterrain deponiert. Mit den Worten »Gestatten Sie, dass ich einen Fehler korrigiere, der mir im letzten Abschnitt unterlaufen ist« wiederholt er die Schlusszeilen – in der beflissenen Perfektion, zu der er sich als Doppelgänger seiner Figur verpflichtet glaubte. Hölderlin wäre erschrocken.

19

Orangina – Not macht erfinderisch, besonders in einer asketischen Kultur, die das Glück gar nicht oder nur als verdientes kennt und die den Genuss auf ewig verschiebt. Dazu noch während der ersten Jahre nach dem Krieg, die Zeit der Ruinen und des Wiederaufbaus, als das unbefangene Genießen von tiefer Scham umstellt war, weil auch die Erziehungsmaximen und die Mahnung, den Kindern Süßigkeiten nur dosiert zu gestatten, wiederauferstanden waren. Wo genau in der Speisekammer das Glas mit den Bonbons stand, in welcher Choreographie der Schatz geräuschlos und mit schlafwandlerischer Sicherheit zu erklettern sei, ob die Stückzahl ein unverdächtiges Stiebitzen überhaupt zuließ oder ob abgezählt oder in Portionen, so dass jeder heimliche Zugriff einen verraten hätte, das zu überlegen erzwang geistige Anstrengung, die Klugheit des Kindes, kaum dass man mit quietschendem Griffel die ersten Wörter auf die Schiefertafel kratzen konnte. Süßigkeiten erkunden zu können, das setzt eine zweite Lektüre des Elternhauses voraus, eine ertüftelte Navigationshilfe für das Anschleichen in Socken, die niemandem zu verraten war, schon gar nicht den Geschwistern, denen vergleichbare Lust, aber auch Raffinesse zu unterstellen war, abgesehen davon, dass Geschwister sich schnell einig sind, wenn es darauf ankommt, sich gegen aufkommenden Verdacht zu wehren. Erzwungen kunstvoll war es, die Vorboten des Paradieses, die beinah überall sein konnten, aufzuspüren. Wurde man so zum Vagabunden im vertrauten Haus, mit dem zweischneidigen Risiko, Verstecke zwar zu finden, aber neue zu veranlassen, so ist die Anstrengung der Suche harmlos im Vergleich zu den Vorkehrungen, die man sich einfallen ließ, das festliche Vergnügen in die Ewigkeit zu verlängern. Die aufwendigsten Manipulationen, der kurzen Dauer des Genusses mit ausgefuchsten Manövern der Verstetigung zu begegnen, sie fanden im Gaumen statt, mit Zunge und Kiefer als den treuen Komplizen, die vor dem Hintergrund eines im Ganzen kargen Angebots stets zu Diensten waren. Der Kaugummi etwa, dem das Versprechen der ewigen Präsenz des Aromas immanent ist, zählte nicht, er war – so besessen man ihm huldigte, weil nur so vor den Peers ein lässiger Auftritt gesichert war – nicht mehr als Vorlage, ein Idealtypus, zumal sein fade werdender Geschmack die Garantie seiner Textur schnell Lügen strafte. Übertragbar auf Bonbons und andere Süßigkeiten war von ihm gar nichts. So blieb es anderen vorbehalten, ihr Bestes für das Gefühl zu tun, vom Glück umfangen zu sein. Das Himbeerbonbon beispielsweise, für Jahre ein Solitär in der gläsernen Kugel auf der Einkaufstheke beim Bäcker, zwar magerer, aber sicherer Lohn fürs geduldige Warten während der Besorgungen der Erwachsenen. Dank der Konsistenz des Zuckers hart wie Stein und deshalb spürbar präsent, nicht durch eigenes Zutun, brachte es das Bonbon auf eine rekordverdächtige Dauer. Erst gegen Ende, wenn es zur Pille eingeschmolzen, als beinahe lästiger Kitzel unterm Gaumen klebte, half man dem Verschwinden durch kurzes Zerkleinern nach. Im scharfen Kontrast zum Stammplatz, der allen Bonbons – ausgenommen das Karamell, dem man vorübergehende Schaukeleien in die Backen zugestand – reserviert war, imponierte die Lakritzschnecke durch die Verführung zur Variation, ideenreich wie abenteuerlich. Auch dabei diente alles dem Ziel, den Genuss in die Länge zu ziehen. Zum Beispiel als lange Fäden, zu denen die schwarze Doppelspur zuvor vorsichtig erst zu entrollen, dann zu teilen war, um mit der Seilwinde der Lippen entweder als Knäuel in die Mundhöhle gestopft oder lässig dosiert, im Tempo einer Kabelverlegung zeitlupenartig geschoben zu werden. Askese und Triebaufschub waren hingegen chancenlos, wenn die Gier weder anders konnte noch wollte, als die Schnecke mit einem Mal im Mund verschwinden zu lassen. In der Gewissheit, der Kiefer sei der Herausforderung durch die Masse gewachsen, ignorant gegenüber den Raumproportionen, unbekümmert um die Einschränkung des Sprechens, dessen verklebt-unverständliches Gemurmel das Vergnügen noch steigerte, breitete sich unter ausgebeulten Wangen die sündige Wollust aus. Der Mund, Gefäß und Werkzeug in einem, ein exzessiver Appetit, der – um eine dritte Kunst noch hinzuzufügen – deutlichste Unterschied zu dem gedehnten Bemühen, die langen Fäden der Schnecke in zerkleinerten Stückchen portioniert zu sich zu nehmen, als seien sie vom deferred gratification pattern gerade noch toleriert, der Mund zum Horten degradiert. In heutiger Zeit, wo die Kassen der Supermärkte jedem Kind zuflüstern, bis zum Schlaraffenland sei es nur ein kleiner Schritt, mag sich kaum jemand vorstellen, was dem eigenen Mundwerk an Phantasie abverlangt wurde. Was tat man nicht alles für den Empfang der Schokolinsen! In der Zeit des obligaten Lebertrans und lustlosen Stocherns im lauwarmen Haferflockenbrei standen sie als seltene kulinarische Preziosen in der Gunst ganz oben. Verglichen mit der Masse unzähliger bunter, aufdringlich glänzender Scheiben, wie sie heute die Kuchen zum Kindergeburtstag dekorieren, waren sie stets nur in überschaubarer Menge verfügbar, zweifarbige Dragees mit mattem Zuckerüberzug, heilig und beinahe hostiengleich, gelegentlich sogar vor dem Verzehr zu Blumen gelegt, weiß die Blätter und rosa die Blüte, Linsen des Guten, jedes Erstgeburtsrecht hätte man für sie eingetauscht. Ihr Geheimnis lag in der erfrischenden Minze. Um sich in deren Rausch zu begeben, wurde sie so lange wie möglich mit großzügigem Streichen der Zungenspitze unter der Gaumenkuppel gehalten, so lange, bis der zuckrige Mantel zerbarst und in tausend niederrieselnden Splittern dem Kauen überlassen wurde, während die von der Schale befreite Schokolade allmählich, sogar ohne Hilfe der Zunge, im Palatum, unterm Gaumendach, ihr Versprechen ausbreiten konnte, einen auf die weite Reise der Phantasie mitzunehmen. »Mit dem Glück ist es nicht anders als mit der Wahrheit«, so schreibt Adorno, »man hat es nicht, man ist darin.« Manchmal – darin zeigt sich das Untemperierte kindlicher Empfindungen – versagte jedoch das Bemühen um Verzögerung. In null Komma nichts, einem Gewitter gleich, waren im knisternden Staccato Schokolade, Zuckermantel zu einem aromatischen Mix zermahlen, unsortiert, fragmentierte Überraschungen, turbulent geschleudert und am Ende beinah triumphal, als sei man von lauter Futterneidern umgeben, verschluckt. Die Königin der süßen Versuchungen jedoch, alle Sensorien ansprechend, nur während der großen Ferien in Italien und nur dann und dort erreichbar, thronte im Geschmack der Orangina. Kaum hatte sich vor den ungeduldigen Blick aus dem Abteilfenster des Zugs, der langsam geworden war und hörbar stampfte, eine riesige grauschraffierte Wand geschoben, als sei der ganze Aufbruch in die Ferien nichts als ein Phantasma, war klar, das Ziel, das Meer, der Strand, ist nicht mehr weit und damit das lang ersehnte Getränk. Den Tusch zum Auftakt der Wochen im Paradies übernahm das Prickeln aus der bauchigen Flasche, das sogar, wenn man sich mit dem ersten Schluck beeilte, als zarte Gischt aus dem Glas aufs Gesicht sprühte. Die Orangina führte durch die üppigsten Plantagen des Zitrus, milde verzieh sie einem den

Kompromiss, den man während der Monate des langen Wartens mit Waldmeister und Kirsche aus Brausetüten eingegangen war. Die Orangina war eine Chiffre für das ganz andere, für die jubelnde Ankunft in einer neuen Zeit. Von den Eltern für jede Mahlzeit großzügig erlaubt, genoss man dankbar erschauernd jedes Mal neu die Ehre, die Flasche aus griffigem Glas vom Kellner geöffnet und zeremoniell seriös serviert zu bekommen, einer Wiederbegegnung gleich, so als habe man einen guten Freund getroffen, den man verloren glaubte, doch nie vergessen hatte. An den Geschmack der Orangina heften sich Erfahrungen aus unbeschwerter Zeit, ein Exklusive mit den Eltern, die sich, nachdem die Geschwister mit Freunden oder im Austausch längst ihre eigenen Wege gingen, endlich dem Jüngsten zuwandten, und der war trunken vor Glück.

20

Zur Situation der Musikhochschulen in Deutschland – Musikhochschulen scheinen für den Umbau zur Wissensgesellschaft gut gerüstet zu sein. Standort Deutschland, dieses Wort aus schon wieder vergangenen Zeiten eines trotzig beschworenen Stolzes auf das eigene Land, ist nirgendwo so berechtigt wie hier: 23 klingende Leuchttürme, die vielleicht dereinst übrig bleibenden Zeugen des produktiven deutschen Föderalismus. Der Traum aller Universitäten, sich die jahrgangsbesten Studenten auswählen zu können, ist seit langem gängige Praxis. Verglichen mit den überfüllten Seminaren der Massenuniversität, in denen schon der als erfolgreich gilt, dem es gelingt, einen Sitzplatz zu ergattern, glänzt die Musikhochschullandschaft mit einer überschaubaren Ausbildungssituation, exzellenten Lehrern, hochmotivierten Studierenden und wenig Abbrechern, und das in einer einzigartigen Verteilungsdichte, die weltweit ihresgleichen sucht.

Gelernt wird im Wesentlichen in drei Studiengängen, der rein künstlerischen Ausbildung zum Solisten, Orchestermusiker, Schauspieler oder Tänzer, der Ausbildung zum Lehrer an Musikschulen und zum gymnasialen Musiklehrer. Hochschulen, die sich auf die Pflege der künstlerischen Elite beschränken und die Lehrerbildung nicht vorsehen – wie »Hanns Eisler« in Berlin –, bilden die Minderheit, im Prinzip begegnen sich angehende Musiklehrer und angehende Spitzenkünstler unter einem Dach. Das durchgängig hohe Qualifikationsniveau ihrer Abgänger hat Präsidenten und Rektoren jahrelang ermutigt, sich gegen den Bologna-Zug zu wehren. Nicht, weil sie stur sind oder aus Eitelkeit, sondern aus Gründen, die mit der Sache selbst zu tun haben.

Das Studium bewegt sich in einem Raum hoher biographischer Riskanz, die Zeit und sozialen Schutz erfordert. Wer sich entschließt, »Kunst als Beruf« zu wählen, nimmt hohe Unwägbarkeiten in Kauf – das betrifft den langwierigen Prozess der Aneignung des Instruments ebenso wie das Verhältnis zu den Lehrern – und hört mit dem Abschluss nicht auf. Das Examen bescheinigt nicht mehr als die Etappe eines komplexen Reifungsvorgangs mit Stationen, die in der je besonderen Personalität des Studierenden liegen und die deshalb den Prämissen der heute geforderten Modularisierung entgegenstehen. Noch aus einem anderen Grund war und ist der Enthusiasmus in Sachen Bologna gebremst. Die Sprache der Musik neutralisiert nationale Zugehörigkeiten. Die künstlerische Ausbildung ist – nicht nur beim Tanz und Ballett – international ausgerichtet. Die Auflage, die Studiengänge zu reformieren, um sie international durchlässiger zu machen, war längst eingelöst; ein Blick in die Übungsräume belegt den hohen Anteil ausländischer Studierender, der in manchen Fächern mehr als 40 % eines Jahrgangs beträgt.

Die Kultusministerkonferenz hat den Musikhochschulen in einer Ausnahmegenehmigung zum Hochschulrahmengesetz zugestanden, ihre Ausbildungszeit im Bachelor-Studium auf vier Jahre und im Master-Studium auf zwei zusätzliche Jahre zu strecken. Nachdem nach zähem Ringen die Ministerien in ihren Zuweisungsquoten für die Mittelverteilung zwischen einer wissenschaftlichen Hochschule und einer Musik- oder Kunsthochschule unterscheiden, wird landauf, landab in beflissener curricularer Kleinarbeit das Lehrangebot auf Module umgestellt.

Der Prozess soll 2010 abgeschlossen sein. Derweilen werden die Bestände durchgemustert, und vielerorts tauchen schon jetzt wohlklingende Studiengänge im Vorlesungsverzeichnis auf, Spezialkompetenzen wie elektronische Musik werden angeboten, manche Häuser streben den Umbau in eine »medienorientierte« Musikhochschule an. Kaum ein Ort, an dem nicht mittlerweile Musik- und Theatermanagement studiert werden kann. Nicht nur das gute Sprechen im Schauspiel, sondern auch die Theaterkritik kann man belegen.

Dass die Ausbildung nicht nur deutsche oder europäische Orchester mit exzellenten Neuzugängen versorgen konnte, sondern auch die musikalische Bildung in den Schulen und Musikschulen sich bundesweit sehen lassen konnte, ließ jahrelang einen ernsthaften Reflexionsbedarf nicht entstehen. Erst mit der Verlagerung der Finanzhoheit aus den Ministerien in die Hochschulen ändert sich das. Die Konkurrenz untereinander nimmt zu, wenn es darum geht, sich bei knappen Mitteln ein eigenes Profil zu geben. Nicht zu vergessen ist natürlich auch der Wandel der Hör- und Sehgewohnheiten, der nun auch die Musik- und Kunsthochschulen in das Zentrum kritischer Aufmerksamkeit rücken lässt. Stichworte hierzu sind die Privatisierung des Hörgenusses und die parallele Entwertung des Konzertsaals als Treffpunkt eines kundigen und interessierten Publikums, schließlich die Streuung ästhetischer Ausdrucksmedien. Grund genug, um den institutionellen Auftrag der Musikhochschulen zu überdenken und eine Antwort auf die Frage nach ihrer Zukunft zu finden, jenseits der zähneknirschend in Angriff genommenen Kalkulation von Kreditpunkten (den sogenannten »credit points« der modularisierten Studiengänge). Die Frage trifft die Hochschulen unvorbereitet, paradoxerweise auch dadurch, dass ihnen von den Kultusministerien der Länder schonungsvoll und großzügig eine Art Genialitätsbonus zugestanden wird.

Wer wissen will, wie es hinter den Kulissen, im Binnenraum der musikalischen Bildung aussieht, der findet den Schlüssel im Professionalitätsprofil des Kollegiums. Im organisatorischen Rahmen einer Hochschule begegnen sich die Lehrenden in einem individualistischen, dem Künstlertum verpflichteten Habitus. In der Regel werden die Professoren auf der Grundlage eines Erfolgs auf Bühne oder Konzertpodium rekrutiert und zur pädagogischen Weitergabe ihrer Kunst eingestellt. Ihr professioneller Referenzraum bleibt auch nach dem Wechsel in die Lehre das Podium, die Gewissheit einer in der gelungenen künstlerischen Performanz erworbenen Reputation. Ganz gleich, welches Instrument gelehrt wird und wie der Lehrplan unter den Statusgruppen des Kollegiums verteilt ist: Die knisternde Atmosphäre bevorstehender Aufführung liegt dem Alltagsbetrieb der Institution als Subtext zugrunde. Die Virtualität des Auftritts nimmt jeden gefangen, der je seinen Fuß in die Stätten vorweggenommenen Künstlertums gesetzt hat.

Das Selbstcharismatisieren als Künstler im beruflichen Selbstbild der Lehrenden, das im Einzelfall von Narzissmus oder von der Abneigung gegen das Bohren dicker Bretter im harten pädagogischen Alltag nicht zu unterscheiden sein mag, ist Ausdruck eines Professionalitätsgebots, das die kontinuierliche Selbstprüfung der künstlerischen Exzellenzkriterien auch den Lehrern vorschreibt. Der Habitus des Künstlers prägt Entscheidungen, Güteurteile und Selbstauffassungen der Professoren und legt Ausmaß und Grenzen der Kooperationsbereitschaft fest. Verpflichtet sind ihm auch diejenigen Mitglieder des Lehrkörpers, die sich auf die Kärrnerarbeit der musikpädagogischen Ausbildung spezialisiert haben, sowie die hohe Zahl Lehrender, die – bei häufig vergleichbarer Qualifikation und in der Regel schlechterer Bezahlung – per Lehrauftrag das Studienangebot vervollständigen. Der in die Hochschulen getragene »Eigensinn«, notorische Nervenprobe für die Kanzler, mag dem hämischen Blick auf Berufskulturen als »organisierte Anarchie« erscheinen, tatsächlich kommt in ihm eine Berufsethik zum Ausdruck, die von der typischen Arbeitssituation, dem Meister-Schüler-Verhältnis, ihren Ausgang nimmt. Für das Erlernen künstlerischen Ausdrucks so elementar wie faszinierend, liefert diese Kommunikation einen Schlüssel für eine Bestandsaufnahme der gegenwärtigen Situation, aber auch für das Urteil über die Anpassungselastizität der Hochschulbildung angesichts der zweifellos härter gewordenen beruflichen Umwelt. Mit dem Meister-Schüler-Verhältnis als dem eigentlichen Zentrum der Ausbildung ist eine Sozialform zwischen Lehrenden und Lernenden gemeint, die auf der persönlichen Unterweisung beruht. Bis auf den heutigen Tag bestimmt es das pädagogische Alltagsgeschehen in den Hochschulen, ja in der musikalischen Bildung überhaupt. Es nimmt nicht wunder, dass es den historischen Wandel der Musikausbildung, verschiedene Organisationsgestalten wie das Konservatorium oder die wissenschaftliche Hochschule auf beeindruckende Weise überdauert hat. Sogar noch jenseits seiner anschaulichen Konkretion im Einzelunterricht, dort, wo musikgeschichtlich sein Anfang liegt, entfalten Vertrautheit und Nähe zu den Lehrenden ihre Wirkung auf den Erwerb der Fähigkeiten, die in jedem künstlerischen Beruf gefragt sind: Textkundigkeit ebenso wie Ausdrucksvermögen, handwerkliches Können mit dem Instrument, mit der Stimme oder dem Körper ebenso wie interpretative Sensibilität werden hier exemplarisch eingeübt und in regelmäßigem Vorspiel dem kollegialen Güteurteil ausgesetzt. Das nach außen geschützte Noviziat, das in vorweggenommener Kollegialität dem entstehenden künstlerischen Vermögen einen authentischen Rahmen bietet, sichert den Leistungsauftrag der Hochschulen und versieht noch die grellsten Erscheinungen des musikalischen, schauspielerischen oder tänzerischen Experimentierens mit Zuversicht, Präsenz und Risikobereitschaft. Das gilt, solange jedenfalls das Ergebnis der Arbeit, die künstlerische Darbietung, die nicht auf Selbstexhibition, sondern auf Resonanz eines Publikums angelegt ist, mit dem Anspruch der Authentizität und dem Charisma des Überraschenden und Einzigartigen auftritt – eine Prämisse aller Kulturberufe, die von niemandem in Zweifel gezogen wird. Nicht zufällig wird das Sozialgefüge, in dem sich die Musiker, Tänzer, Sänger und Schauspieler, Lehrer wie Schüler, schon während und beinah regelmäßig nach der Ausbildung einfinden, »Meisterkurs« genannt – eine Art Außenstelle der professionellen Sozialisation, die die Hochschulausbildung in die praktizierende künstlerische Welt vermittelt und in der Anregung und Kritik und – keineswegs unbedeutend – Karriereempfehlungen ausgetauscht werden. Die Semantik stellt wie selbstverständlich den unverrückbaren charismatischen Kern des Lernvorgangs heraus.

Der in die Hochschulausbildung eingelagerte Kommunikationsraum ist alles andere als ein Anachronismus, dessen man sich zu entledigen habe, etwa weil der pianistische Salonlöwe, mit dem das Meister-Schüler-Verhältnis völlig zu Unrecht assoziiert wird, doch heutzutage niemanden mehr interessiere. Als Lernort ist er in einer Weise fehlertolerant, wie es nirgendwo sonst in einer derart auf die Steigerung der Perfektion ausgerichteten Sparte wie der Musik und darstellenden Kunst üblich ist. Schließlich geht es nach wie vor um das handlungsentlastete Üben, das Begleiten und Prüfen einer künstlerischen Begabung und das Bewältigen der permanenten Krise, die die Ausbildung genau betrachtet während aller Abschnitte bedeutet.

Aber natürlich hat das produktiv Archaische, unverrückbarer Kern der Institution, auch seine Kehrseite, sein eingebautes Potential der Abweichung oder gar Erosion. Von Fach zu Fach, von Hochschule zu Hochschule kann es eine déformation professionnelle in Gang setzen – und niemand anderes als die Gemeinschaft der Lehrenden wird Abweichungen kontrollieren können. Gemeint ist nicht die im Einzelfall mögliche »overprotection« durch das Charisma der Lehrer, die das Risiko von »Kunst als Beruf« mit der parfümierenden Güte eines Genialitätsgefühls zum Vergessen bringen, gemeint sind tiefer greifende institutionelle Folgen für das Kooperationsgefüge im Kollegium der Hochschulen. Nikolaus Harnoncourt hat wiederholt auf Devianzen der Musikerausbildung hingewiesen, die letztlich aus der Idee entsteht, Musik teile sich gleichsam selbstevident mit – eine Idee, romantisch in ihrem Ursprung, in deren Folge die handwerkliche Seite der Instrumentenbeherrschung, der Repertoireerwerb in den Vordergrund rückt. So folgerichtig die Konzentration auf die Schulung künstlerischer Performanz auch ist und so plausibel es bei dem derzeitigen Arbeitsmarkt sein mag, die Studierenden mit konkurrenzfähigen Kompetenzprofilen zu versehen – wer möchte etwa nicht strichsichere oder ensemblefähige Orchestermusiker zum Vorspiel entlassen –, so unübersehbar entstehen Schieflagen in der Gewichtung der Fächer. Sie können einzelnen Personen gar nicht zugerechnet werden, sind hingegen an jeder Hochschule mit den Händen zu greifen. Gravierendes Manko bildet die notorische Randstellung der musikwissenschaftlichen und musikhistorischen Fächer, die historisch betrachtet den außerordentlich guten Ruf der deutschen musikalischen Bildung begründet haben, Fächer im Übrigen, die jenseits der pragmatisch eingespielten Alternative Konservatorium die Ausbildung im organisatorischen Format einer Hochschule plausibel macht. Gegen den unterrichtlich erzwungenen Verzicht auf die hermeneutische Durchdringung, auf die ästhetiktheoretische Reflexion der musikalischen Praxis sind sie durchsetzungsschwach und marginal. Das Diktum Paul Hindemiths, das Musizieren sei im Grunde gegenüber dem gedanklichen Erarbeiten eines Klangs zweitrangig, erscheint in manchen Studiengängen wie ein Gruß aus fernen Welten. Niemand wird bestreiten, dass nicht nur die Essentials wie Tonsatz, Gehörbildung und Formenlehre bzw. Sprech- und Bewegungstraining, sondern gerade jene Fächer dem Ziel dienen, auf ein modernes Professionalitätsverständnis vorzubereiten, das reflektierte Kundigkeit und nicht Artistik erfordert – eine Einsicht, die in den stark philologisch orientierten Abteilungen für Barockmusik oder historische Interpretation eine Arbeitsprämisse darstellt, in der zeitgenössischen Musik Grundlage der Suche nach neuen Ausdrucksformen künstlerischer Wahrheit bildet. Aber auch diejenigen Abgänger, die jung eine Stelle erhalten haben und nach Jahren künstlerischer Praxis im Orchester oder anderswo den Wunsch verspüren, den geistigen Raum des eigenen Tuns neu zu entdecken, erinnern an das Telos der Institution, die sublimierte Mitteilung von künstlerischer Wahrheit zu schulen. Nicht selten sind es jedoch die philosophienahen Disziplinen, aus denen die Professoren für Leitungsaufgaben in der zeitaufwendigen Kollegialverwaltung gewählt werden, dankbar die Chance aufgreifend, ihre hausinterne, aber darüber hinaus institutionentypische Randstellung zu kompensieren.

Eine weitere Asymmetrie im Binnenmilieu der Hochschulen liegt darin, dass diejenigen, die der schulmusikalischen Bildung verpflichtet sind, an den Rand geraten. Der Reputationsgewinn einer sorgfältigen Musiklehrer- und Schulmusikerausbildung, der sich nur indirekt und höchstens langfristig über die verzweigte und leistungsstarke Wettbewerbslandschaft von »Jugend musiziert« bis zu den Jugendsinfonieorchestern auszahlt, ist vergleichsweise unglamourös und kaum effektvoll zurechenbar. Gemessen an den spektakulären Karrieren in der Kunstakademie-Ausbildung, die eine gierige Öffentlichkeit den Präsidenten und Rektoren gern als lokales Aushängeschild umlegt, bleibt die Arbeit in den musikpädagogischen Studiengängen symbolisch entwertet, daran ändert auch das Zauberwort »Vermittlung« wenig, das derzeit als Stein der Weisen gepriesen wird. Infolge der viel geringeren Übungsstunden, die angehenden Lehrern angesichts vollgepackter Studiengängen für ihre musikalischen Fächer übrig bleiben, leiden Intensität und Sorgfalt der Ausbildung, und das führt bei gleichzeitig unverändert hoher Exzellenzerwartung zur Dauerfrustration unter den Lehrenden. Die zwei Welten der Musikhochschulen finden ihren deutlichen Ausdruck auch darin, dass der Stellenplan in der Regel zwischen Professuren und Lehraufträgen keine weiteren Differenzierungen wie etwa den Assistenten an den Universitäten vorsieht, wodurch das Reputationsgefälle noch deutlicher wird.

Die Entwicklung im Binnengefüge wird deshalb nicht offen angesprochen, weil in beinahe allen Sparten und Studiengängen auf genügend Studierende aus den aufstrebenden osteuropäischen und asiatischen Staaten zurückgegriffen werden kann, die qua langjährig geschulter Vorbildung in musikalischen Spezialschulen, sportlichen Hochleistungszentren vergleichbar, technisches Vermögen und asketische Leistungsbereitschaft, aber auch qua mentaler Tradition die Gewöhnung an eine selbstverständliche Verehrung der Lehrenden mitbringen und den Wettbewerb unter den Studierenden auf dem institutionell erwartet hohen Niveau forcieren. Im biographischen Exposé repräsentieren sie einen unerschütterlichen Aufstiegsenthusiasmus, aus dem heraus sich historisch die musikalische Hochkultur des bürgerlichen Europa einst gebildet hatte. In ihren Herkunftsländern findet ihr Enthusiasmus so gut wie keine öffentliche Resonanz. Bis auf eine verschwindend kleine Eliteschulung gibt es keine breitgestreute musikalische Infrastruktur, kaum ein Konzertleben, mithin kaum Berufschancen. Die gesellschaftliche Modernisierung, die auch in politischer Hinsicht vom europäischen Modell abweicht, umgeht eine Mittelklassenformation mit den entsprechenden kulturellen Bedürfnissen. Schaut man von diesen Qualifikationsprofilen aus auf die Situation der Musikhochschulen, so schließt sich der Kreis zum Professionalitätsverständnis der Lehrenden, die in der Arbeit mit diesen Studierenden die Chance sehen, die Übungsstunden auf die Schulung der interpretativen und artikulatorischen Sensibilität konzentrieren und somit den hohen Anspruch auf künstlerische Exzellenz gegenüber dem Kollegium als berechtigt ausweisen zu können.

Gegenüber den aufgezeigten Entwicklungen im Binnengefüge verbietet sich jede Larmoyanz, auch der erhabene Rückzug in die gedachte Elite eines Exzellenzverständnisses hilft nicht weiter. Pragmatisch handhabbare Schlussfolgerungen zu ziehen ist allerdings auch nicht so einfach, aber vielleicht gar nicht zwingend. Die Frage, ob der eng gewordene Arbeitsmarkt und eine restriktive Kulturpolitik eine Intensivierung der Exzellenzkriterien bei gleichzeitiger Schwerpunktsetzung erzwingen oder ob umgekehrt in der Ausbildung der Vielseitigkeit und Flexibilitätszumutung curricular Rechnung zu tragen ist, werden die Musikhochschulen im Einzelnen entscheiden. Aber ganz gleich ob neue Studiengänge entworfen oder Schwerpunkte gesetzt werden, in jedem Fall wird der institutionelle Kern des Leistungsauftrags berührt. Diesen zu pflegen und über die Turbulenzen einer Exzellenzrhetorik hinweg zu erhalten, wird ein Balanceakt für die Präsidenten und Rektoren, die in der einzigartigen föderalen Vielfalt des Angebots die Chance haben, ihr autonomes Profil zu entfalten. Dabei ist die Verführung besonders groß, Ausbildungsgänge gegeneinander auszuspielen oder mit dem Wedeln von Besucherzahlen – das von allen gefürchtete Äquivalent der Einschaltquote – die Studiengänge der klassischen Solistenausbildung einzustampfen.

Es hat wohl mit einer Art »Sputnik-Schock« zu tun, den die Nation derzeit erlebt und der heute Finnland heißt und morgen China, dass von der Popmusik bis zum Musikmanagement in das Curriculum der Musikerausbildung aufgenommen wird, was sich mit dem Versprechen auf berufliche Verwertbarkeit begründen lässt. Wird ein gegen den Kanon gerichteter ästhetischer Avantgardismus im künstlerischen Kräftefeld (Pierre Bourdieu) angemeldet, wie bei der Popmusik zu beobachten ist, muss das nicht irritieren, dergleichen kennt die Geschichte der Kunst – dass um ästhetische Geltungsansprüche gestritten wird, gehört zur eigendynamischen Entwicklung. Schwierig wird es, wenn das Erfinden von Studiengängen, die andernorts gut begründet platziert sind, Management oder Musikmedizin seien als Beispiele genannt, das Bemühen um gerade die Qualifikationen disqualifiziert, derentwegen nicht zuletzt insbesondere die ausländischen Studierenden die deutschen Musikhochschulen nach wie vor als das Nonplusultra künstlerischer Perfektion aufsuchen. Die jüngsten Innovationen, ein bunter Strauß von Studiengängen, sind einzig durch das schlechte Gewissen motiviert, die Studierenden nicht hinreichend auf die Unwägbarkeiten des Arbeitsmarktes vorbereiten zu können. Die Konkurrenz der Musikhochschulen untereinander begünstigt derzeit jedenfalls nicht Verschiedenheit, sondern eine Tendenz, dergleichen Modernismen flächendeckend als Reform durchzusetzen – und das ohne Not.

Ihr Kapital liegt in dem Bereitstellen von Ausbildungsgemeinschaften, die im Verlauf des Studiums vergleichsweise sanktionsfreie künstlerische Erfahrungen im Schonraum eines Noviziats ermöglichen. Der institutionelle Auftrag, auf Kulturträgerberufe vorzubereiten, erstreckt sich gleichermaßen auf Kunst-, Musik- und Instrumentalpädagogen, die für eine auch in Zukunft kompetente und wahrnehmungsoffene Kunstrezeption ausgebildet werden müssen und alles andere als eine stiefmütterliche Behandlung im Binnenraum der Hochschulen verdienen. Denn gerade deren Qualifikation wird erst dadurch Früchte tragen, dass sie in der künstlerischen Ausbildung mit der künstlerischen Exzellenz konfrontiert werden. Gelingt das nicht, dann werden künftig Generationen von Schulabgängern die Schulen verlassen, die für Exzellenzkriterien der künstlerischen Darbietung kein Verständnis aufbringen, weil sie diese auch exemplarisch in ihrem Musikunterricht nicht mehr kennengelernt haben. Es kann der Fall eintreten, dass die Musikhochschulen – wie mancherorts offen zugegeben oder sogar ausdrücklich gewünscht wird – musikalische Exzellenz für eine vollkommen verselbständigte Geistesaristokratie ausbilden, ergänzt durch eine didaktisierte Musikvermittlung des ästhetischen Erlebens. Mit der bekannten Polarität von Eliten und Massen hätte das im Übrigen wenig zu tun, da beiden Versionen der Kunstwahrnehmung schließlich eine Gemeinsamkeit zugrunde liegt: die Zerstreuung als nachbürgerliche Form des ästhetischen Genusses, mit der Animation als entsprechendem Berufsprofil.

Die Musikhochschulen als die Träger des kulturellen Erbes,

in dem der gebeutelte Stolz des Landes gründet, machen sich über die Zukunft der musikalischen Bildung Gedanken. Die Verführung ist groß, die sich abzeichnende Entwicklung noch aus dem Binnenraum der Hochschulen heraus zu beschleunigen. Die Juilliard School ist sich selbst überlassen und versorgt die internationale Musikszene mit Nachwuchs, ähnliche Funktion könnte man der Berliner »Hanns Eisler« zuschreiben. Die anderen, die schon den Studierenden aus der KA-Ausbildung zu empfehlen beginnen oder per Curriculum vorschreiben, wegen der Berufschancen ihr Studium mit Pädagogik zu kombinieren, begeben sich mit der Erfindung neuer Studiengänge in eine Konkurrenz um vermeintliche Berufsnähe, eine Geschäftigkeit, die unbemerkt und gegen jede Absicht die Substanz des institutionellen Auftrags angreift. Am Ende sind es die perfekt in Gema-Recht und Managementtechniken ausgebildeten Rumpfmusiker, die sich die Augen reiben, weil es die Musik, die zu managen sie ausgebildet wurden, nicht mehr gibt. Die Situation ist kompliziert genug, und alle Bemühungen sind mit einem Hauch von Melancholie umgeben. Schließlich vollzieht sich außerhalb des Alltagsbetriebs eine Verschiebung des ästhetischen Erfahrungsraums und seiner Milieus.

Die Verschiebung kommt quantitativ im Nullwachstum der Sparte, in der zunehmenden Überalterung der Hörerschichten und dem Fernbleiben der jüngeren Generation zum Ausdruck. Wir werden uns noch daran gewöhnen, Bruckners Achte bei einem Stück Sacher-Torte zu hören zu bekommen, und uns nicht wundern, sollte Cecilia Bartoli eines Abends ihre virtuosen Gluckser mit dem Auftritt eines Jongleurs veranschaulichen, der Rückzug der klassischen Trägergruppen des Kulturgenusses ist unverkennbar. Das Orchestersterben, in bedrückender Regelmäßigkeit im Feuilleton skandalisiert, löst hingegen den Vorgang nicht etwa aus, sondern ist selbst Ausdruck einer veränderten ästhetischen Rezeption. Nur verstaubten politischen Spielen folgen diejenigen, die in der Knauserigkeit von Kultusbürokratien die Ursache sehen. Was mit Eventkultur nur hilflos erfasst ist, spielt sich täglich ab, es verblasst eine kundige Genusskultur, an deren Stelle treten fluide Milieus ohne Vergemeinschaftungsinteresse. Deren Erwartungen an Kulturkonsum entspricht eine Form der Wahrnehmung, die an höfische Zeiten erinnert. Aristokratische Kulturbeflissenheit hatte sich auf ein Dabeisein beschränkt, auf die Unterhaltung durch Artisten während der Konsumtion von Zeit jenseits der Wertschöpfung. Was manche als Abschied vom bürgerlichen Zeitalter bezeichnen, bedeutet nicht etwa das Ende aller Zeiten, sondern nicht mehr als den Übergang in Formen anstrengungsloser, entsakralisierter ästhetischer Wahrnehmung.

Unter den gegenwärtigen Bedingungen stehen die Musikhochschulen vor der Wahl, ihr diversifiziertes curriculares Angebot fortzuschreiben oder sich durch psychohygienische oder betriebswirtschaftliche Zusatzkurse und Studiengänge zu verfransen. Solange künstlerisches Tun jedoch auch in seiner avanciertesten Ausdrucksgestalt nicht als Klamauk, sondern als die Mitteilung einer Erkenntnis und in diesem Sinne bedeutungsvoll verstanden wird, scheint jedoch eine konzentrierte philosophisch inspirierte Reflexion des zukünftigen Tuns auf jeden Fall angebracht. Sich auf die Ausbildung von Artisten zurückzuziehen macht ebenso wenig Sinn, wie Leute auszubilden, die den Hörgenuss in einem Apropos darbieten oder die das Publikum mit musikalischen Warm-ups oder Gags in die Konzertsäle locken.

Und wer, von Simon Rattles »Rhythm is it« euphorisiert, die kulturellen Erwartungen von Kindern ins Spiel bringt, ist daran zu erinnern, dass man diese mit Lehrern konfrontiert, die die Praxis künstlerischer Exzellenz während ihrer Ausbildung erfahren haben und vom Charisma des Klangs oder der Bewegung erfasst wurden, um es authentisch weitergeben zu können. Und selbst wenn zukünftig nur noch die grellen Farben des Artistischen im Künstlertum gefragt sein sollten, tun die Musikhochschulen gut daran, in ihren Studiengängen auf Reflexion und Kommentierfähigkeit zu setzen: Hermeneutik und Artistik, historisches und philosophisches Verständnis der musikalischen Praxis statt musikalischer Überredungskunst, über die Durchsetzungsfähigkeit dieser beiden Habitusausprägungen des künstlerischen Berufs wird letztlich im künstlerischen Feld, also außerhalb der Hochschulen, entschieden. Voraussetzung von beiden ist hingegen die exemplarische Schulung künstlerischer Exzellenz.

21

Sublimierter Streit – Die Idee der Interdisziplinarität stammt aus dem wissenschaftlichen Raum. Sie bezieht sich dort auf eine Selbstreflexion derjenigen, die den unvermeidlichen Weg der Spezialisierung und kognitiven Differenzierung gegangen sind, die sich im Horizont eines mühsam erstrittenen und stets fragilen Argumentationsraums nach fachspezifischen Standards, nach Konventionen der methodisch kontrollierten Problembehandlung eingerichtet haben, die dabei jedoch von einer Art Unbehagen erfasst sind, das eigene Instrumentarium der Erkenntnisbildung reiche irgendwie nicht aus. So entsteht Interdisziplinarität zunächst als Reaktion auf eine Insuffizienzerfahrung des eigenen Tuns, reflektiert die Begrenztheit der erworbenen Kompetenzen – die Maxime der Interdisziplinarität folgt einer Sehnsucht, einer Mischung aus ungebremster Neugier und Ernüchterung. Wo Wissenschaft betrieben wird, entsteht ein paradoxes und ambivalentes Gemisch aus Autonomieansprüchen einerseits und zugleich Kooperationswünschen andererseits. Wissenschaftspolitisch wird diese für das Binnenverhältnis der Disziplinen grundlegende Spannung verselbständigt zu einer schicken Maxime, nicht selten zu einer Organisationszumutung. Kein Projekt, kein Antrag, kein Vorhaben ohne irgendeine Anmerkung zur Interdisziplinarität, so stellt sich die Situation seit jeher in den Universitäten dar, zunehmend auch im Bereich künstlerischen Handelns, in Musik- und Kunsthochschulen. Häufig wird dabei die soziale Seite übersehen, die im Alltag den Beteiligten häufig genug das Leben schwermacht.

Denn interdisziplinär zu arbeiten impliziert zunächst eine Handlungszumutung, ist Belastung, soziologisch ein Streit. Streiten unterliegt, jenseits der Hoffnung auf einen kognitiven Gewinn, einer sozialen Logik des spannungsreichen Austauschs, an dessen Beginn die Kompetenzabgabe steht. Darin, in der Abgabe und in dem sich Einlassen auf die Ungewissheit des Ausgangs, liegt das Geheimnis jeder Kooperation – im Bereich einer systematisch auf Kooperation angelegten Tätigkeit wie in den verschiedenen Sparten der künstlerischen Darbietung ist das ein alter Hut. Kooperation ist konstitutiv für das Künstlertum, in den performanzorientierten Disziplinen an Musikhochschulen ist die Handlungszumutung, die mit ihr verbunden ist, versteckt, stets schon sublimiert durch das, was die Komposition, Texte, Dramaturgie, Regie, Choreographie vorgeben.

Kooperation ist schon schwierig genug; wer Musik, Tanz, Schauspielerei studiert, hat sich auf diese Implikation längst eingestellt. Das gilt für die, die lernen, ebenso wie für die, die lehren. Noch die Selbstverliebtheit der Solokarriere weiß um den Abstimmungsbedarf, um das kooperative Arrangieren eines Resonanzraumes für die eigene Interpretation. Für diesen seit Jahrhunderten selbstverständlichen Alltag kooperativer Tätigkeiten im Bereich von Musik und darstellender Kunst sollten wir den Begriff Interdisziplinarität nicht verwenden – wer in einem Ensemble spielt, der kooperiert, und das ist eben schwierig.

Allerdings liefert die Handlungszumutung, die schon in jeder aufführungsbezogenen Kooperation schlummert, einen Hinweis auf die Komplexitäten, die entstehen, wenn Interdisziplinarität praktiziert wird. Man sieht sofort, es handelt sich um eine gesteigerte Form der Kooperation, intensiviert ist das soziale Problem der Kompetenzabgabe und der Einsicht in die Begrenztheit des eigenen Vermögens. Mit Hilfe der Soziologie lassen sich einige Ausdrucksformen interdisziplinärer Arbeit gut unterscheiden. Vorangestellt sei dazu nicht mehr als die begriffliche Unterscheidung von Ideen, Motiven und Konstellationen.

Von der Ideen-Seite ist die Sache einfach, Begründungen für Interdisziplinarität gehen einem leicht von der Zunge. Mit ihr verbindet sich das Ziel der Komplexitätserhöhung in der Produktion und Rezeption ästhetischer Gebilde. Tanz, Musik, Schauspielerei, Ballett verlieren ihr angestammtes Herstellungs- und Darbietungsprivileg und tauchen, komplex kombiniert, nebeneinander auf, vermischen sich und provozieren Wahrnehmungsgewohnheiten des spartengewohnten Zuhörers bzw. Zuschauers. Wer sich in interdisziplinären Projekten trifft, hat eine Erwartung an produktive Dissonanz- oder auch Konsonanzerlebnisse, an Erfahrungsgewinn in einem handwerklichen Sinne, an die überraschende Lektüre des eigenen musikalischen, darstellerischen oder tänzerischen Entwurfs, die die neuen Nachbarn von nebenan versprechen. So weit die Ebene der Ideen.

Auf der Seite der Motive wird die Sache schon schwieriger. Auch die Interdisziplinarität ist sozial betrachtet eine Handlungszumutung, wie sie für die Kooperation typisch ist, aber doch folgenreicher. Schließlich geht es um eine Bereitschaft, auf den disziplinären Stolz zu verzichten. Interdisziplinarität kombiniert Alleinvertretungsansprüche und ist von daher streitanfällig, kann dabei jedoch auf Moderatoren oder Streitschlichter zumeist nicht zurückgreifen. Selbsterzeugter Streit sowie selbsterzeugte Versöhnung liegen dem Kommunikationsgeschehen zugrunde und stürzen die Beteiligten in das Abenteuer situativer Aufgabe von Kompositions- oder Darbietungs-Hoheitsrechten.

Geht man nun drittens der Frage nach, welche Ausdrucksgestalten des Miteinanders unter den Bedingungen der Interdisziplinarität entstehen, so lassen sich folgende Konstellationen unterscheiden: Man kann sich mit den besten Motiven zur Zusammenarbeit entschließen, im Ergebnis entsteht eine ästhetische Qualität, in der die Disziplinen über eine wechselseitige Indifferenz nicht hinauskommen. Interdisziplinarität ergibt sich hierbei in einem rein beschreibenden Sinne. Leute, die vorher nichts miteinander zu tun hatten, treffen sich projektbezogen, arbeiten an einer Aufführung, ein sinnlich wahrnehmbares Resultat stellt sich hingegen nicht ein. Eine Steigerung dieser Konstellation liegt vor in einem Prozess, den man latente Obstruktion nennen könnte. Man arbeitet interdisziplinär, aber zum Zwecke der Demonstration eigener Spartendominanz, die Interdisziplinarität verkommt hierbei zu einem Statusgerangel mit wechselseitiger Blockade. Von den genannten Ausdrucksformen lässt sich eine dritte unterscheiden, bei der die Interdisziplinarität eine Art ästhetische Parallelaktion zu erzeugen vermag. Zuhörer bzw. Zuschauer werden mit der begleitenden Präsenz von Sparten konfrontiert, es läuft gleichsam ein zweiter Film, ein zweites Stück, und ästhetisch wird zu einem Zapping eingeladen, das Überraschung mit Wahrnehmungsgewinn verknüpft. Schließlich entsteht erst in dem vierten Typus von Interdisziplinarität das Ergebnis, das die wechselseitige Anstrengung rechtfertigt: eine Assimilation und produktive Konfliktivität, ein Streit, der ästhetisch erfolgreich sublimiert wird, der eine Expansion von Lesarten der Wahrnehmung einleitet, die sowohl für die Entwicklung der Künste und der an ihr arbeitenden Berufe als auch für die

Rezeptionsgewohnheiten des Publikums Neues hat entstehen lassen.

Interdisziplinarität stellt sich, mit anderen Worten, dar als eine komplexe Form der Kooperation, die stets einer ästhetischen Idee als Begründung bedarf. Im Ergebnis lässt sie eine Vielfalt von Konstellationen entstehen, die nicht zwingend und schon gar nicht dadurch, dass ein paar Leute meinen, man müsse mal etwas zusammen machen, dem angestrebten Ziel nahekommen. Indifferenz, Obstruktion, Parallelität und Assimilation sind hier als mögliche Ergebnisse von Interdisziplinarität entworfen – Selbstsuggestionen begleiten die Zusammenarbeit als latente Potentiale des Misslingens. Fragt man nach den Voraussetzungen des Gelingens, so mag erneut der Blick auf die Wissenschaften hilfreich sein, ohne dass damit behauptet werden soll, dass der wissenschaftliche Raum für gelingende Interdisziplinarität besonders prädestiniert sei. Um welche Qualifikation geht es? Wer sich darum bemüht, es im Horizont des eigenen disziplinär kontrollierten Vermögens einmal mit den Nachbarn, neu hinzugezogenen oder schon lange vertrauten, zu versuchen, der sollte über die Fähigkeit der Paraphrase verfügen. Das eigene Tun aus der Perspektive anderer zu paraphrasieren, die handwerklichen Kundigkeiten, ästhetischen Traditionen und Vorlieben der Nachbarn in die Gewohnheiten der eigenen Disziplin zu übersetzen, das gehört zu den Voraussetzungen gelingender Interdisziplinarität. Insofern haben wir es bei dem, was da tagtäglich allen Beteiligten als lässige Parole daherkommt, mit einem sublimierten Übersetzungsstreit zu tun. Sich ihm auszusetzen ist eine Herausforderung und alles andere als eine Frage von Terminabsprachen. Und nach dem Streit, nach dem Projekt braucht die Disziplin, jede Disziplin ihre Zeit zur Reflexion und zur Überprüfung des Abenteuers, auf das man sich eingelassen hat. Wie Streit und Versöhnung, so liegen Interdisziplinarität und disziplinärer Eigensinn auf der Ebene eines Kontinuums, das in der Ausbildung sichtbar zu machen und für die, die studieren, mit Aussicht auf das Abenteuer, aber auch in Sorge um die legitimen Wünsche der Selbstschonung bereitzustellen wäre.

22

Thomas Bernhards Schreie – Künstlerische Kreativität greift auf lebensgeschichtliche Erfahrungen zurück. Sie stellen das Material bereit für eine Sensibilität, die im handwerklich virtuos gehandhabten ästhetischen Medium artikulierbar wird; derart übersetzt, werden sie jenseits der Selbstentblößung für den Rezipienten verfügbar. In dieser Anstrengung der Verfeinerung entsteht die Sache »Kunst«: das Verschwinden alles Subjektiven in der Form, eine Ausdrucksmöglichkeit, die es ermöglicht, beispielsweise das Singuläre eines Schreis oder einer frühen Verletzung in den Status allgemeiner, universaler Empfindungen zu rücken.

Thomas Bernhard, der in seinem Werk sich dem *Cantus firmus* einer lebenslangen »Ursachenforschung«, der Suche nach der Herkunft, verschrieben hat, überfällt das Publikum in seinen Stücken und seiner kunstvollen Prosa mit einem einzigen Schrei, durch die deklamatorisch eindrucksvolle Klage eines Menschen, dessen Lebensschicksal durch eine Sequenz von Tilgung und Nichtwahrnehmung bestimmt ist. Von der seelischen Disposition her ein Waisenkind, aber eines, das sich im Unterschied zum Waisen mit der definitiven Abwesenheit der Eltern und Nächsten nicht arrangieren kann, vielmehr eines, dem gleichsam das Recht auf das strukturelle Verlassensein genommen wird. Die Mutter, die Großeltern gerieren sich in der Sozialisationsgeschichte des jungen Bernhard als fragile Stützen eines Weltkontakts und werden aufgrund ihrer nur situativen Zuneigung schnell Objekte einer Obsession, im Erlittenen die Gesten eines gelingenden Lebens zu entdecken.

Die Personen aus der Frühzeit seines Lebens, eingeschlossen der Großvater, sind auf eine für das Kind erstickende Weise mit sich selbst beschäftigt. Die Kälte, die Bernhards autobiographische Texte ausstrahlen, ist unterlegt von einer autosuggestiven Gewissheit, in der Welt aufgenommen zu sein – gegen alle Evidenz, die von Bernhard lautstark und in faszinierend anschaulichen Paraphrasen in Erinnerung gerufen wird. Eine Gewissheit, die in nichts ausdrucksstärker ins Bild gesetzt wird als in der Moses-Phantasie, einem Schlüssel zur Biographie wie zur Werkgestalt – eine Phantasie, die sehr früh in den beiden seelischen Dimensionen die Funktion einer seelischen Stütze übernimmt, eine Art Halteseil:

»Ich soll ein fröhliches Kind gewesen sein. Ein Jahr lang getraute sich meine Mutter nicht, meinen Großeltern in Wien meine Geburt zu melden. Was sie fürchtete, weiß ich nicht. Der Vater als Romanschreiber und Philosoph durfte in seiner Arbeit nicht gestört werden, ich glaube fest, das war der Grund, warum mich meine Mutter so lange verschwieg. Mein Vater hat mich niemals anerkannt. Die Möglichkeit, mich in dem Kloster bei Heerlen in Holland zu lassen, dem Fluchtort ihrer Schande, war nur kurz gewesen, meine Mutter musste mich abholen, in einem von ihrer Freundin geliehenen kleinen Wäschekorb reiste sie mit mir nach Rotterdam zurück. Da sie nicht ihren Lebensunterhalt verdienen und gleichzeitig bei mir sein konnte, musste sie sich von mir trennen. Die Lösung war ein im Hafen von Rotterdam liegender Fischkutter, auf welchem die Frau des Fischers Pflegekinder in Hängematten unter Deck hatte ... Aber meine Mutter hatte keine andere Wahl. Immerhin kann ich sagen, dass ich mein erstes Lebensjahr ausschließlich auf dem Meer verbracht habe, nicht am

Meer, sondern auf dem Meer ... Im Grunde bin ich ein Meermensch, erst, wenn ich am Meerwasser bin, kann ich richtig atmen, von meinen Denkmöglichkeiten ganz zu schweigen. Nicht ohne Stolz denke ich oft, ich bin ein Kind des Meeres, nicht der Berge.« (Thomas Bernhard: Ein Kind)

Außeralltäglich begabt, also mit einer Mission geboren zu sein, darin liegt die unmittelbar nachvollziehbare Seite dieses seelischen Konstrukts. Der Korb, eine verzweifelte Geste der Sorge und Behausung – immerhin in die Welt gesetzt aus dem Wunsch heraus, sich eines Tages wiederzusehen, also das den Lebensumständen geopferte Band zur Mutter nicht abreißen zu lassen, dieses Element der Moses-Phantasie wird leicht übersehen. Die Phantasie – sie taucht in den autobiographischen Texten auf – entsteht als eine Übersteigerung der ersten dramatischen Kränkung, die der junge Thomas Bernhard durch die Mutter erfährt.

Geht man der Frage nach, wie das Leben, das in seiner Ausweglosigkeit an die Befunde von René Spitz über die traumatisierenden Erfahrungen von Kindern in totalen Institutionen erinnert, den Weg aus der Verzweiflung in die literarische Sublimation findet, so stößt man bei Thomas Bernhard auf eine Reihe von Milieueigentümlichkeiten und »Nebenmenschen« (Sigmund Freud), eine Konstellation, die das hervorbringt, was einem angesichts der Kaskade von Entbehrungen wie ein Wunder vorkommt und doch stimmig auf die frühe Zeit seines Lebens zurückzuführen ist. Nicht die Armut, nicht die gebrochenen Familienbeziehungen und auch nicht eine Steigerung dieser Ausgangsbedingungen lassen die kindliche Verzweiflung entstehen, vielmehr ist es die Resonanzlosigkeit, die Erfahrung, anwesend abwesend zu sein, die am Anfang der biographischen Katastrophe steht. Traumatisierungen, die sich bei Bernhard dem Umstand verdanken, dass er für seine Mutter die leibhaftige Präsenz einer Liebesaffäre verkörpert, die sie einzig Bernhards Vater zurechnet. Die Familiengründung, die mit der Geburt eines Kindes hätte erfolgen können, war weder von der Mutter noch von Bernhards Vater erwünscht. Ein Kind kommt zur Welt, ein Irrtum, schamvoll zugestanden, aber nun als eine Herausforderung für den eigenen Lebensentwurf, der im Fall der Mutter Thomas Bernhards eine eigene weibliche Selbständigkeit nicht vorsieht: Bernhards Mutter lebt in einer engen Bindung an ihren eigenen Vater, dessen angestrengt schriftstellerischen Aspirationen sie eine grenzenlose Bewunderung entgegenbringt.

Während in den Würdigungen des literarischen Werks von Thomas Bernhard die in affektiver wie intellektueller Hinsicht umsichtige Präsenz des Großvaters Johannes Freumbichler zu Recht angeführt wird, wenn es darum geht, den Weg Bernhards in die literarische Sublimierung, die eindrucksvoll bittere Sprachgewalt einer Weltklage, biographisch zu bestimmen, bleibt die intime, gegen alle Verzweiflung beständige Zuneigung zur Mutter übersehen. Bernhard, der sich auf der Ebene der trivialen Alltagserfahrung Vorwürfe anhören muss, die in ihrer Verachtung nicht drastischer ausfallen konnten, gelingt es, zu seiner Mutter eine Bindung aufrechtzuerhalten, so als nehme er sie gegen ihre eigenen Irrtümer, gegen die Brutalität ihrer Ablehnung des ungeliebten Sohnes in einer grandiosen Geste des Verzeihens in Schutz, als würde er im Unterton ihrer scharfen Distanz eine Zuneigung erkennen, die unsichtbar und doch wirkungsvoll bleibt, die zwischen Mutter und Sohn von dem Geheimnis eines gegen die Welt gerichteten Überlebenswillens getragen ist.

Es ist eine gegen alle Wahrscheinlichkeit extrem aufopferungsvolle Liebe. Bernhard, der tagtäglich nach Evidenzen der Zuneigung vergeblich gesucht hat, führt in einer Art Autosuggestion ein Zwiegespräch mit der Mutter, als ein gegen alle Kränkungen immer wieder anspruchsvoll und zuweilen usurpatorisch auftretendes Insistieren auf Einzigartigkeit. Dieser kaum offen artikulierten Liebe entstammt das kontinuierliche Sprechen, das im Werk und seinen phantastischen monologisierenden Stakkatos seinen literarischen Ausdruck findet. Dieser Liebe entstammt die Moses-Phantasie wie auch der in seinen Selbstäußerungen zu einem Heiligen verklärte Großvater. Dieser schenkt seinem Enkel zwar rührende Aufmerksamkeit, gleichzeitig verlangt er jedoch im Verfolgen seiner eigenen literarischen Selbstmission seinen Mitmenschen eine bis zur Groteske gesteigerte Fügsamkeit ab. Trotzdem wird er vom jungen Bernhard so geliebt, als wolle er auch hierbei der Mutter und deren abwegiger Liebe zu ihrem eigenen Vater folgen:

»*Ich beobachtete mit Liebe, wie er schrieb und wie ihm meine Großmutter dabei aus dem Weg ging, behutsam lud sie zum Frühstück, zum Mittagessen, zum Nachtmahl, wir hatten die Behutsamkeit meinem Großvater gegenüber zu unserer Hauptdisziplin gemacht, solange er lebte, war die Behutsamkeit oberstes Gebot. Alles musste leise gesprochen sein, wir mussten leise gehen, wir mussten uns ununterbrochen leise verhalten. Der Kopf ist zerbrechlich wie ein Ei, so mein Großvater, das leuchtete mir ein, erschütterte mich gleichzeitig.*« (Thomas Bernhard: Ein Kind)

Die enge Bindung an den Großvater erscheint somit nicht als endliche Ankunft eines früh traumatisierten Menschen, sondern als Fortsetzung der psychosozialen Obdachlosigkeit im Schatten einer grandiosen großväterlichen Verkennung. Bernhard gerät in die bedrückende Delegation, das vergebliche Bemühen um die Anerkennung als Schriftsteller nun stellvertretend zu übernehmen. So betrachtet rückt auch und gerade der Großvater in die Abfolge von Verkennungen ein:

»Der Mensch lechzt von Natur aus nach Liebe, von Anfang an. Nach Zuwendung, Zuneigung, die die Welt zu vergeben hat. Wenn einem das entzogen wird, kann man hundertmal sagen, man sei kalt und sehe und höre das nicht. Es trifft einen mit aller Härte. Aber das gehört eben dazu, dem kann man nicht ausweichen.« (»Von einer Katastrophe in die andere«, Gespräch mit Asta Scheib)

Das Besondere einer Kränkung der Art, wie sie Thomas Bernhard erfahren hat, tritt darin zutage: Noch in der Entfernung, die die Mutter ihm tagtäglich demonstriert, in der sternenweiten Einsamkeit, die ihn umgibt, kreiert er sie sich als seine Verbündete. Er phantasiert sich in ihre Welt hinein und zieht selbst aus ihrer Einsamkeit als der einer Frau, die sich der Mutterschaft zu verweigern sucht, die Kraft für die eigene Lebenszuversicht. Die Mutter, die sich entzieht, erscheint für das heranwachsende Kind paradoxerweise in der Unerreichbarkeit als eine einzige Vollkommenheit.

»Kunstwerke folgen ihrem Formgesetz, indem sie ihre Genesis verzehren« (Theodor W. Adorno) – daran ist angesichts der brennenden Suggestivität der Bernhard'schen autobiographischen Texte zu erinnern. Die sozialisatorischen Erfahrungen eines desaströs aufgeschichteten Lebens in der Verkennung der Realiter mögen als solche eindrucksvoll sein. Zieht man aber den sozialgeschichtlichen Hintergrund, die bäuerliche Herkunft, die politische Situation eines begeistert die nationalsozialistische Okkupation feiernden Österreichs, die zerbrochenen Familienbeziehungen von Menschen, die sich aus der Enge ihrer Lebensumgebung überstürzt zu befreien versuchen – zieht man all dies hinzu, so verliert die Drastik des biographischen Expo-

sés von Thomas Bernhard allerdings ihre Singularität. Sie wird eben nichts anderes als eine Vorlage. Aber Vorlage für was? Was hier in die Sache der Kunst übersetzt wird und fern von einem Erschauern angesichts der Idiosynkrasie eines Lebens berührt, was in diesem Sinne auch das künstlerische Darstellungsmotiv übersteigt und von den biographischen Ausgangsbedingungen unabhängig geworden ist, ist ein Gebilde, das der Erfahrung der Resonanzlosigkeit und Obdachlosigkeit eine Sprache verleiht. Es handelt sich nicht um eine mystifizierte Einsamkeit des Ich, vielmehr um eine kommunikative Situation, die die Gabe des Sprechens verweigert und somit dem Menschen die Möglichkeit einer Weltverortung nimmt. In dieser Bedrohung, in der vitalen Geselligkeit mit anderen, den »Lebensmenschen«, unter deren Zuspruch man sich anerkannt weiß, von der Abwesenheit überfallen zu werden, hierin mag die zeitübergreifende Schönheit der Texte liegen. Noch in der stilisierten Penetranz ihrer Wiederholung, in den Klagen, die die Provokation aller Institutionen des sozialen Lebens – inklusive des Staates – einschließt, erinnern sie an den Anspruch des Menschen auf die Würde des Sprechens, auf die elementare Geste der Antwort.

23

Vom gemeinsamen Mahl zur Tischflucht des modernen Menschen – Die Sinnstruktur des Tisches, die »ungeheure sozialisierende Kraft« des gemeinsamen Essens und Trinkens, hat der Soziologe Georg Simmel herausgestellt. In seiner Abhandlung »Soziologie der Mahlzeit« wird die soziale und seelische Dynamik von Tischgemeinschaften auf den Begriff gebracht. Den Tisch und die für diesen Ort charakteristische Form der Gemeinschaftsbildung versteht, wer seine gegensätzlichen Tendenzen zusammendenkt. Folgt man Simmels Argumentation, so liefert der gemeinsame Verzehr ein Mittel, den »Naturalismus des Essens« zu überwinden.

Wie ist das zu verstehen? Wer isst, folgt einer Art legitimer egozentrischer Perspektive. Es wäre verkürzt, die bei Tisch notwendige Konzentration auf den eigenen Anteil am Dargebotenen moralisch zu skandalisieren, vielmehr ist der Selbstbezug beim Essen und Trinken einer natürlichen Interessenlage geschuldet. Das zivilisatorische Potential des Tisches zeigt sich hingegen an der Präsenz anderer, als mit gleichen Interessen ausgestatteten »Egoismen«. Die Nahrungsaufnahme wird durch das räumliche Arrangement der Bezugnahme auf das Gegenüber sozial gebunden und durch eine Reihe von Regeln, Gesten und Haltungen sozial kontrolliert. Bei Tisch entfaltet die normativ wirksame Anwesenheit anderer, denen gleiche Interessen unterstellt werden, eine Moderation, im Kern eine Kunst der Verzögerung. Tischgemeinschaften sind Verzögerungskollektive. Am Tisch wird zelebriert, sich die Gaben der Natur aneignen zu können, das ist die eine Seite des Geschehens. Am Tisch wird zugleich eine Ethik der Teilung, die »materialistisch individuelle Selbstsucht«, wie Simmel schreibt, handlungswirksam in die »Sozialform der Mahlzeit« überführt. Wichtig dazu sind die Essgeräte, geronnener Geist, praktische Gestalt gewordene Instrumente der verfeinerten Möglichkeit, die Speisen vor dem Verzehr zu zerkleinern bzw. zu portionieren sowie zum Mund zu führen. Sie sorgen für eine erste Verzögerung, für eine Temperierung der Gier. Die Vielfalt der Normierungen zeigt sich gleichermaßen an der Ästhetik der Teller. Ihre stets gleiche, runde Form erinnert an die Idee statusneutraler Teilhabe. Niemandem wird das Vorrecht privilegierter Konsumtion eingeräumt. Die gleichen Teller bringen die normative Verpflichtung, das Zusammensein über eine Ethik der Rücksichtnahme zu kultivieren, deutlich zum Ausdruck. Teller, so Simmel noch einmal, »vertragen keinerlei Individualität; verschiedene Teller oder Gläser für die verschiedenen Personen würden absolut sinnwidrig und hässlich sein«. Fügen wir dieser subtilen Mikrosoziologie der Mahlzeit nun noch den Gedanken hinzu, dass nicht etwa allein die Balance von »selbstsüchtigem« Verzehr und Rücksicht auf die anderen Mitglieder der Tischgemeinschaft für eine besondere Dynamik des Beisammenseins sorgt.

Die Sprengkraft des Tisches entsteht durch den Umstand, dass das Essen und Trinken die ebenso triviale wie elementare Kunst des Kommunizierens auslöst. Zweifellos handelt es sich um eine Kunst, sich in verschiedenen Formen der Präsenz bei Tisch zu zeigen, die mit je eigenen Handlungschancen und Handlungsrisiken verbunden sind. Bei Tisch entsteht eine Choreographie des Sprechens, das durch das Essen und Trinken charakteristische Zäsuren erfährt. Ein einfaches Gedankenexperiment mag das verdeutlichen: Wer nur isst und trinkt und ansonsten schweigt, macht sich ebenso verdächtig wie jemand, der durch ununterbrochenes Sprechen sich nicht nur um die Teilhabe bringt, sondern den Anschein erweckt, der Speise keine Bedeutung zuzumessen bzw. diejenigen, deren Gast man ist und denen man den Genuss verdankt, zu entwerten. Lassen wir uns nicht durch den Einwand irritieren, dass sich natürlich auch beim Kauen sprechen lässt. Rabelais' legendäre Geschichten um Gargantua und Pantagruel erinnern drastisch daran, wie lustvoll-delikat beides synchronisierbar ist. Aber natürlich handelt es sich um karikierte strapaziöse Grenzfälle, die Chancen, verstanden zu werden, gehen jedenfalls gegen null. So wie Kindern schon früh beigebracht wird, Schweigen, Sprechen, Essen und Trinken in ein ausgeglichenes Verhältnis zueinander zu bringen, so unterliegt die Kommunikation bei Tisch einer dynamischen Logik von Zäsur, Initiative, Innehalten und Genuss, von Evaluation und Information, Rückzug und Auftritt.

Während in vormoderner Zeit, unter Bedingungen der knappen Nahrungsmittel sowie unter der Wirksamkeit einer Ethik der Askese, das Sprechen bei Tisch als ein Frevel gegen die Gaben der Natur verurteilt und dieses Verständnis etwa zu bekannter Regel konventionalisiert wurde, bei Tisch nicht zu sprechen, so entsteht in der modernen Gesellschaft eine Vielfalt von Geselligkeiten, die sich durch je eigene Mischungen von Essen, Trinken, Sprechen, Schweigen auszeichnen. Und gerade deren Vielfalt lädt dazu ein, einen Blick auf Devianzen, auf das anomische Potential der Tischgemeinschaften zu werfen. Bei Tisch kann es krachen, und die oben skizzierte Solidarität untereinander kann im gemeinsamen Mahl zelebriert werden, aber es ist die nämliche kommunikative Dichte, die Gründe für den Zerfall liefert. Tischgemeinschaften erwarten, dass die Teilnehmer sich in ihrer Besonderheit, in ihren Wertpräferenzen, Vorlieben und Urteilen zu erkennen geben. Die gebotene, erwartete Individualität erhöht den Spontaneitätsgehalt der Zusammenkunft, aber zweifellos steigen die Chancen für Kontroversen, Irritationen und Abgrenzungen. Die kulturgeschichtlich prominenteste Figur einer – ersehnten und nicht etwa gefürchteten – Kontrolle der Beiträge liefert der georgische »Tamada«, der Tischälteste, der die latente Konfliktivität von Zusammenkünften durch dosierte Trinksprüche begleitet und dadurch moderiert.

Tischgemeinschaften verpflichten. Die Anwesenheit im engen Nebeneinander lässt im historischen Wandel der Gesellschaften unterschiedliche Ausdrucksformen zu, sei es, dass die stumme Konzentration auf das Essen und Trinken dominant wird, sei es, dass der – wie wir gesehen haben – stets intervenierende Diskurs untereinander dominant wird und den eigentlichen Anlass in den Hintergrund treten lässt. Von der stummen, quasi mönchischen, dem Essen und Trinken in Ehrfurcht zugewandten Zusammenkunft ist in der Moderne kaum noch etwas zu spüren. Vielmehr nehmen Tendenzen zu, sich der Kommunikationsanstrengung, die der Tischgemeinschaft gleichsam eingelagert ist, zu entziehen. Deutlich zeigt sich das am Beispiel der Wohnküche, ein Arrangement, bei dem man sich in der Küche, also im Raum der Herstellung der Speise, trifft. Kaum noch erinnerlich, dass etwa in den 1970er Jahren sogenannte Küchendurchreichen modern waren, durch die die Hausfrau, in höheren Milieus auch das Dienstpersonal, dezent die Teller reichte. In früheren Zeiten wollte man den Gästen ersparen, vom Wirbeln in der Küche etwas mitzubekommen. Ganz anders bei der Wohnküche. Sie entlastet von der Kommunikationsanstrengung, weil sie den Anwesenden ermöglicht, die Zubereitung der Speisen zum Gegenstand des Sprechens zu machen. Aber weitaus mehr kommt darin zum Ausdruck.

Die Statusdemonstration, die jede Einladung in die Küche impliziert, greift auf das kulinarische »Wie« und nicht auf das kulinarische »Was« zurück. In dem Maße, in dem in der modernen Gesellschaft die Kochkunst professionalisiert wird und zugleich an öffentlicher Wertschätzung gewinnt, steigen die Chancen, in den eigenen vier Wänden mal eben das Können eines King, Witzigmann oder Klink vorzuführen. Das demonstrative Hantieren erhöht die Imponierchancen, weil die kulinarische Raffinesse anschaulich vorgeführt wird. Noch etwas kommt hinzu. Die Wohnküche ist eine moderne Schwester der Durchreiche. Sie reduziert Asymmetrien in der Verteilung der Aufgaben und eröffnet die Idee des Simultanverzehrs, sozusagen von der Pfanne in den Mund. Wer kocht, steht in der Regel im Dampf oder Wohlgeruch, ist jedoch aus der Kommunikation ausgeschlossen. Die Wohnküche sorgt demgegenüber für Gleichheit im Pointengenuss und befreit die Gastgeber von der Last des Nachfragens. Daran zeigt sich, wie Menschen in der Moderne versuchen, auf das oben allgemein skizzierte Spannungsverhältnis von Essen, Trinken, Sprechen und Schweigen eine Antwort zu finden. Niemand, selbst der Gastgeber nicht, soll während der Zusammenkunft um seine Teilhabechancen gebracht werden. Insofern geht von der Küche ein Zusammengehörigkeitsversprechen aus. Wer an meinem Tisch sitzt, ist mein Freund. Es kommt hinzu, dass die Speise, die verzehrt wird und an deren Zubereitung wir beobachtend und kommentierend teilnehmen, einen Gesprächsfokus bietet. Wohnküchen sind somit Gesprächspausenfüller – das ist wie mit Haustieren, die sich bekanntlich jederzeit zum Thema machen lassen; mit einem »schmeckt wunderbar« lässt sich leicht und locker jedes Stocken, jeder Gesprächsabgrund überbrücken. Die räumliche Trennung zwischen Kochen und Genießen im modernen, offenen Küchenkonzept als Banausie zu denken wäre übertrieben, vielmehr ist diese Entwicklung durch das Zeitdiktat, unter dem die moderne Lebensführung steht, veranlasst. Die menschliche Mahlzeit hat etwas Archaisches – Essen ist erlaubte Regression, sublimiert durch die kulinarische Raffinesse. Beim Kochen zuzuschauen verspricht somit doppelten Genuss, sinnlich gleichsam noch eine Vorspeise, man schaut und schnuppert sich schon mal satt, bevor es losgeht.

Als zweite Erscheinung, die anschaulich macht, wie sich die soziale Struktur der Tischgemeinschaft dem Wandel der Lebensgewohnheiten anpasst, sei die zunehmende Perfektionierung des Gartengrills angeführt. Ein beliebter Rundfunksender lädt seit einigen Jahren mit zunehmendem Erfolg bei den Zuhörern zu sogenannten Grillpartys ein, eine fiktive, technologisch arrangierte Zusammenkunft, die die soziale Dynamik von Essen, Trinken, Sprechen, Schweigen dadurch neutralisiert, dass sich die Menschen in die abstrakte, generalisierte Zugehörigkeit einer landesweit übertragenen Partygemeinschaft integrieren. Der Gang der Dinge unterliegt dabei nicht mehr der am Ort versammelten Zusammenkunft von Familien, Freunden und Bekannten, die auszuwählen und zu dem Klamauk einzuladen immerhin noch Sache von einzelnen Zuhörern ist, vielmehr gibt die Rundfunksendung, mit eingestreuten Grill-Tipps prominenter Köche, die Zäsuren der Kommunikation vor. In diesem Paradox, das von enthusiastischen Zuhörern mit den Worten begrüßt wird »man macht ja so wenig gemeinsam, hier macht man jedoch 'ne Grill-Party mit dem ganzen Bundesland!«, kommt ein Wechsel im Sozialgefüge der Tischgemeinschaft zum Ausdruck. Von Tischflucht zu sprechen scheint nicht übertrieben, denn hier möchte man zwar einer Gemeinsamkeit bei Tisch gerecht werden, gibt allerdings die Anstrengung der kommunikativen Moderation an die außengeleitete Gemeinschaft der Radiozuhörer ab. Derartige Entwicklungen fügen sich stimmig der Beobachtung, nach der der En-passant-Verzehr deutlich zugenommen hat. Menschen, die gleichzeitig laufen und essen, zählen zum Erscheinungsbild im öffentlichen Raum. In vielen Fällen erzwungen durch den Strukturwandel der Arbeitswelt und die damit einhergehenden Belastungen, kündigt sich darin im Kern eine Entwertung des Essens an. Auf den Bahnhöfen unserer großen Städte tummeln sich Häppchen-Passanten. Reizvoll ist das vermutlich nicht, es markiert einen stummen Verzehr, weitab von der Dynamik der Tischgemeinschaft und somit geselligkeitsdistant. Beim Boom der aufwendig-raffinierten Grillgeräte kommt etwas anderes hinzu. Nicht etwa der gestiegene Komfort begründet die exorbitanten Verkaufszahlen von Gartengrilleinrichtungen – das sicherlich auch. Signifikanter im Sinne der oben entworfenen Argumentation ist die Möglichkeit, das gemeinsame Essen – um das es ja nach wie vor geht – mit transitorischen Abwesenheiten zu verbinden, die allerdings legitim sind. In der sozialen Atmosphäre der Grillparty lässt sich leichter »aussteigen«, als dies bei einer am Tisch versammelten Gemeinschaft möglich wäre. Selbstredend hat die hierin zum Ausdruck gebrachte Unverbindlichkeit einen hohen Preis. Einfach einmal wegzugehen, das ist natürlich suggestiv, kommt jedoch auch einer Selbsttäuschung gleich, schließlich verkompliziert gerade dies die Bezugnahme auf den anderen: Denn auch das sogenannte Zwanglose bleibt ein Arrangement sozialer Zusammenkunft. Die Gäste müssen sich auf eine Situation einstellen, die bleibt, und dabei sich ständig der Zwanglosigkeitsmaxime versichern. Scheint nun das Grillen die zeremonielle Ritualität der Tischgemeinschaft aufzulockern, so bringt der Trend zu »legitimer Abwesenheit bei Anwesenheit« zum

Ausdruck, wie komplex die normativen Erwartungen, die das gemeinsame Essen und Trinken moderieren, geworden sind.

Das Essen als eine Kulturleistung, die in einem langjährigen und mühsamen Bildungsprozess angeeignet wird, ist systematisch und historisch von Vulgarisierung bedroht. Seit jeher steht hinter der Kulturleistung des Essens die Gier als dessen Degeneration und Vulgärversion. Die Häppchen, die wir zu uns nehmen, so erzwungen sie im modernen Lebensvollzug auch erscheinen mögen, so situativ komfortabel sie den Menschen vorkommen, indizieren auch ein Vergessen der Daseinsfreude. Daseinsdank ist eine Einstellung, die durch das gepflegte und kultivierte Essen jedes Mal neu bekräftigt wird. Das Schrumpfen des Essens als ein sozialer, geselliger Akt und dessen Ablösung durch einsamen Verzehr scheint eine typisch moderne Erscheinung. Der Tisch in der Moderne erscheint verlassen. Es ist jedoch unwahrscheinlich, dass die das Essen begleitenden attrahierenden und distrahierenden sozialen Wirkungskräfte verschwinden. Die Zukunft des Tisches bleibt spannend.

24

Masken und Mummenschanz – Es gibt ein Lebensalter, in dem man der Maske überdrüssig wird. Die Jugend erlebt das Drama einer Auseinandersetzung mit der Maske – ein Alter, in dem man sich dem magischen Potential, der Ambivalenz des Maskentragens noch kaum ausgesetzt hat. Wer jung ist, begreift die Maske, in der sich die Menschen unter ihresgleichen begeben, als Zumutung – und im trotzigen Protest wird daraufhin der Authentizität das Wort geredet. Heftig, rigoros, nervend für die Umgebung, nicht selten sogar für die Menschen selbst, wächst unter dem Zwang zur Maske, als der alles Soziale, alle Konvention und Regel erscheint, eine Sehnsucht nach Echtheit. Der in der Jugend zugespitzte Streit um die Maske – wer mag sich noch daran erinnern oder daran erinnert werden? – lässt das Aufregendste, das die menschliche Lebensführung durchzieht, die Dynamik, die jede Generation erfasst, kaum erahnen. Unhintergehbar nämlich bedeutet die Maske Entlastung und Zumutung zugleich. Geraten also Jugendliche – aus gutem Grund und in der Regel mit gutem Ende – ins seelische Schleudern, suchen sie eskapistisch in der Echtheit das Weite – sei es, dass sie nur noch mit ihrem Tagebuch sprechen, sei es, dass sie sich mit Rucksack am liebsten auf Nimmerwiedersehen nach Australien aufmachen – dann artikulieren sie eine Krise im Verhältnis zur Maske. Jugendlich sein heißt hypersensibel sein für die Maske als eine Zumutung. Aber das ist nur die halbe Wahrheit. Dass die Maske hingegen eine enorme Handlungsentlastung verspricht, dass die Maske eine seelisch komfortable Art ist, uns im sozialen Leben – ohne Selbstpreisgabe – zu entäußern, darin liegt das Geheimnis der menschlichen Sozialität. Ein Geheimnis sowie eine Anstrengung, denn das Verhältnis zwischen Maske und Authentizität, als eine unauflösbare Dynamik, eine ewige Rätselhaftigkeit, adelt die Menschen, unterscheidet sie vom Tier und bringt in ihren sozialen Austausch eine Vitalität, eine Unruhe, an der sie in der Regel ein Vergnügen finden, im Einzelfall auch schon mal verzweifeln. Wie kommt das – und es dürfte längst klargeworden sein, dass hierbei zunächst nicht an den Mummenschanz gedacht ist, nicht an die Pappnase, die man sich aufsetzt, nicht ans Häs, sondern wir setzen gedanklich elementarer an. Maske begreifen wir als eine Metapher für das Gebotene, für die Regel, die Konvention, die uns umgibt, deren wir uns bedienen, unter deren »Sicherheitsversprechen« wir uns stellen, wenn wir uns mit unseresgleichen austauschen und der Ungewissheit aussetzen, was sich wie und mit welchen Folgen für das Handeln, für uns selbst ebenso wie für unser Gegenüber, in bzw. hinter der Maske verbirgt.

Menschliches Handeln ist maskenabhängig, »Wir alle spielen Theater«, so der Titel einer berühmten amerikanischen Einführung in die Soziologie; eine Erfahrung, mit der wir erschüttert oder im sicheren Gefühl, noch mit beiden Füßen auf dem Boden zu stehen, des Abends das Theater verlassen – mit Shakespeare, Beckett, Ibsen oder Ionesco als den literarischen Helden, deren Stücke daran erinnern, dass wir es sind, die auf der Bühne stehen. Maske ist unvermeidlicher Bestandteil menschlicher Existenz, sie ist Voraussetzung für unser Vertrauen in die Welt – wir machen uns also etwas vor? Soll dieser oft vernommenen, naseweisen Lakonie, dem zynisch hingesprochenen Durchblick die wissenschaftliche Ehre erwiesen werden? Nein, denn dem Verweis auf die Maske als Konstitutiv des menschlichen Zusammenlebens fehlt das ergänzende Bild: die Authentizität. In dem Maße, in dem wir uns in die Maske begeben, um uns sozial zu schützen und uns nicht vollständig preiszugeben, entsteht die parallele Suche nach dem Dahinter, nach der Person, die die Maske trägt. Die Maske dekoriert, die Maske schützt, sie abstrahiert von unserer Einzigartigkeit, aber liefert dieser auch eine Ausdrucksfolie. Und genaugenommen ist es nicht die Anstrengung der Maske, nicht das »Aha« des Dahinter-Entdeckens, vielmehr die Spannung zwischen beiden; im ewigen Spiel zwischen Abstraktion und Dekoration bewegt sich das soziale Leben des Menschen, und diese Spannung als grundlegend und überall spürbar erkannt wie moralisch anerkannt zu haben zeichnet den erwachsenen, seiner Identität gewissen Menschen aus. Der Soziologe Georg Simmel hat zu Beginn des 20. Jahrhunderts, in einer Zeit, als die Wissenschaften vom Menschen begannen, über den Menschen als ein soziales Wesen nachzudenken, das hier Gemeinte auf die Formel gebracht, in jeder Begegnung sei eine besondere Relation von Wahrheit und Lüge handlungswirksam. Kurzum, ohne Maske können wir nicht leben, wird das soziale Leben, aber auch unsere seelische Belastbarkeit überstrapaziert. Aber Gleiches gilt für ewige Echtheit, die sich – auf Dauer gestellt, gesetzt, dergleichen ginge überhaupt – ins Gegenteil verkehren würde, zur Maskerade verkommen würde.

So elementar, anthropologisch betrachtet, teilt sich der Gedanke auch im Alltag mit? Ja, es gibt ein untrügliches, wunderbar irritierendes Zeichen für die Wirksamkeit des hier behaupteten Spannungsverhältnisses von Maske und Authentizität: eine alte Bekannte, unsere Verlegenheit. Verlegen zu sein, vor Scham zu erröten, reflektiert einen faszinierenden seelischen Mechanismus: Wir sind der Maske nicht treu geblieben, wir haben uns einer kaum merkbaren Inkonsistenz schuldig gemacht, und zwar, interessant genug, nicht etwa nur deshalb, weil wir selbst meinen, unserem Auftritt gegenüber stimmig bleiben zu müssen, sondern weil das Gegenüber uns auf Maskentreue verpflichtet, festlegt.

Verlegen sind wir dann, wenn für Sekunden die Maske feine Risse bekommt. Keine Panik, denn denken wir einen Schritt weiter, so erschließt sich eine ungemein tröstende Eigenschaft menschlichen Zusammenlebens: wir tauschen uns mit unseresgleichen aus, wir begeben uns in Geselligkeit, und die hierbei auftretenden Krisen unterliegen einer Art Autokorrektur. Scham, der sogenannte Gesichtsverlust, das kurze, errötende Aufblitzen des mit der Maske irgendwie brüchigen Authentischen, lässt die Welt nicht zusammenbrechen – das denken Menschen, wenn sie sich tölpelhaft und regelunkundig, steif und unbeholfen benommen haben –, vielmehr sorgt der Austausch für eine stillschweigende Korrektur. Verlegenheit beschämt auch die Umgebung, die dafür sorgt, dass wir in die Maske zurückgestoßen werden. Ein »Und so weiter in der Maske« durchzieht das soziale Leben, so dass wir auch diesbezüglich entlastet sind. Mehr noch, wir sind bereit, uns geradezu neugierig und spielerisch auf das oben entworfene Verhältnis einzulassen, wenn, ja, wenn wir darin das Authentische unterzubringen in der Lage sind.

Wie beginnt die Liebe? Lebt die Liebe nicht von dem Abenteuer, sich in der Maske begegnet zu sein und gerade in ihr das Authentische zu suchen, dem »Vielleicht«, das man der Maske entnimmt, das »Ja« des Authentischen zu entnehmen? Jenseits der Klischees: Ist das Rätsel, das wir in der Liebe dem Gegenüber ewig sind, nicht dem Umstand geschuldet, dass die dynamische Spannung zwischen Maske und Authentizität beständig wirksam ist und die Neugier darauf, wie wir uns begegnen, die Neugier auf das Erkennen, niemals erlischt? Ein weiteres Beispiel liefert das Kompliment. Das Kompliment beschämt, es entdeckt das einzigartig Authentische in der Maske und spricht es an.

Gehen wir auf die seelischen Dimensionen der Maske ein; nicht erst seit Erfindung der Fasnet durchziehen Aufregung und Freude, Unbehagen und Lust das Theater menschlicher Geselligkeit. Wer der Frage nachgeht, was menschheitsgeschichtlich die Maske so attraktiv, was die Maske so gefährlich macht und welche Qualität es denn sein kann, die der Genuss der Maske so rauschhaft verspricht, dem erschließt sich stimmig, weshalb wir auf den Mummenschanz, auf Fasnet und Karneval nicht verzichten wollen. Zum Ersten: Auf die Maske greifen Menschen zurück, wenn sie über deren Ausstrahlung, deren Kraft die Wirkungsmacht des eigenen Handelns glauben erhöhen zu können. Werden etwa Naturvölker von der Irrationalität eines ihnen widerfahrenen Unglücks übermannt, begeben sie sich unter den magischen Bann der Maske eines Schamanen, weil in der Maske und mit der Maske die Bitte, der Wunsch, die Klage oder die Freude wirkungsvoll artikulierbar erscheint. Kann die Maske gefährlich sein? Ja, die Maske irritiert aufgrund der ihr eigenen Kraft der Verstellung, der Suggestion des ganz anderen. Verstellung, somit das radikale Tilgen des Authentischen, provoziert das Gefüge unseres Vertrauens in das Gegenüber – Masken trägt der Spitzel, Masken tragen Räuber oder Mörder, maskiert ist der Auftritt im Hinterhalt, und insofern ist der Maske die Bedrohung inhärent.

Kommen wir abschließend zum Mummenschanz. Der rauschhafte Genuss der Maske, der Taumel der Verstellung, die Pseudo-Existenz, das transitorisch ganz andere eines Lebens beglückt, weil Menschen in dieser Einstellung zur Maske den Üblichkeiten ihres eigenen Lebens entrückt bleiben können. In der Maske artikulieren wir unser eigenes Ich als ein ganz anderes, und damit sind wir bei der Lust an der transitorischen Verstellung, wie sie uns im Mummenschanz begegnet, und zwar in den vier Dimensionen, die wir weiter oben unterschieden haben: Versteck, Schreck, Lust und Verführung. Das triviale und doch wunderbare Geheimnis des Mummenschanzes liegt immer in der Übertreibung einer alltäglichen Erfahrung, das Verhältnis zu den Mitmenschen betreffend, einer Erfahrung, in der Maske und Authentizität in einem dynamischen Spannungsverhältnis zueinander stehen, niemals das eine das andere vollständig überlagernd. Ob wir den Mummenschanz, die Zeit der Narretei, das Leben in der fünften Jahreszeit, brauchen, um aus der gewohnten Welt der Selbstdarstellung, dem eingespielten Verhältnis von Maske und Authentizität vorübergehend, und zwar mit dramatischer Geste, mit Haut und Haaren und Pauken und Trompeten, auszusteigen, oder ob wir das Theaterspiel, das unser Leben ist, reflektiert in unser alltägliches Bemühen aufnehmen, nachdenklich und dankbar sowie zugewandt und sich ins Unvermeidliche fügend, diese Frage bleibt unbehandelt. Wir ahnen schon, dass es sich dabei wieder einmal gar nicht um ein Entweder-oder handelt.

25

Miss you. Hommage an die Hausmeister – Vermissen werde ich die Hausmeister-Loge in der Eingangshalle des Turms*, auf der linken Seite gleich hinter den Flügeltüren und schon von außen durch die Scheiben erkennbar. Regelmäßig meine erste Station, bevor ich mich zu den Fahrstühlen begab. Hausmeister sind bekanntlich die heimlichen Herrscher eines Gebäudes, das war auch im Turm nicht anders. Ob eiskalte Räume, überhitzte Büros oder die notorisch renitenten Fahrstühle vernünftiges Arbeiten in Frage stellten, der Glaskasten, mit dem charmanten runden Fensterchen in der Frontscheibe für Durchreichen aller Art oder für den kurzen Tratsch bei lärmender Kulisse, war Schaltzentrale und Anlaufstelle für den allgemeinen technologischen Kummer. Vermissen werde ich eine sympathische Lebenswelt, die mich über die Jahre hinweg freundschaftlich, statusneutral, respektvoll und ohne falsche Jovialität als Gast aufgenommen hat, ein vorübergehender Aufenthalt bei den Insassen dieser kühn-transparenten Mischung aus Tauch- und Raumstation. Kollegen aus Orten, die nach Urlaub klingen, die in ihrer Herkunftsmischung mit Italien, Griechenland, der Türkei oder Marokko eine Art Frankfurt auf engstem Raum bildeten. Postfachkundig, schlüsselgewaltig, ausgestattet mit Tricks und Kniffen für das Durchstarten der Fahrstühle, auskunfts- und hilfsbereit, setzten sie in erfinderischer Hilfestellung den oft auch sterilen Aufgeregtheiten des Wissen-

---

* s. S. 19

schaftsbetriebs, der an ihre Scheiben klopfte, eine kräftige Portion Gelassenheit entgegen. Während so manchen Statusträgern des wissenschaftlichen Fortschritts eine Welt zu entgleiten drohte, wenn einmal ein Brief unauffindbar war, die Türen verschlossen und partout nicht zu öffnen waren, kultivierten die Hausmeister eine Kunst der »tension release«, aus Erfahrungen in ihren Heimatländern vertraut im Umgang mit Ankündigungen und Verabredungen, die sich durch nicht zurechenbare Kontingenz in nichts auflösen, schicksalserfahren und insofern durch keine Krise zu erschüttern. In ihrer Berufsauffassung haben sie stets vermocht, der schnell in die Jahre gekommenen technischen Infrastruktur des Turms auf die Schliche zu kommen, mit der Zuversicht eines Sisyphos entschlossen, auf ihrem Gebiet den Anforderungen des Tages nachzukommen. »Thyssen« war auch ihr Stichwort, jedoch nicht für eilige Forschungsanträge, vielmehr für kaputte Fahrstühle.

Dabei hat es in dem kleinen Glaskasten, der multikulturell besetzten Conciergerie der akademischen Community, des Öfteren gebrodelt. Die Hausmeister, mit entweder selbst oder von ihren Angehörigen erlebten traumatisierenden Erfahrungen im Gepäck, mit dem sie in das Deutschland als Land der unbegrenzten Möglichkeiten zugewandert waren, sie trugen Weltgeschichte in den Turm: Südeuropa und der maghrebinische Gürtel, der Nahe Osten, Afghanistan, die arabische Rebellion, Kriege und Friedensschlüsse, sie begründeten Themen unserer allmorgendlichen Begegnung. Ja, während in den oberen Etagen des Turms in den vergangenen Jahren kapriziöse, mit der Abkürzung »IB« Respekt heischende, sogenannte neue Ansätze um Anerkennung in ihren Mutterdisziplinen Soziologie und Politikwissenschaft rangen, waren im Glaskasten des Turms »Internationale Beziehungen« längst kommunikativ präsent, naturwüchsig streitend vertreten, in einer für Frankfurts Metropolensituation typischen Vitalität: In der Nachbarschaft von Brauch, Sitte und Konvention lernt man die Differenz zu artikulieren, aber auch zu tolerieren, gelegentlich unter der klugen Moderation von Ilias, dem Elder Statesman unter seinen Kollegen, dem »Spiegel«-Leser, dem UN-Botschafter des Glaskastens. Sorgfältige Anstreichungen mit orangenem oder gelbem Filzstift in den Artikeln der »Frankfurter Allgemeinen« oder »Süddeutschen Zeitung« hatte er zur Einleitung vieler Stegreifgespräche, unserer »Lage«, wie ich sie zu nennen begann, parat oder wusste sie mit mahnenden Worten – »Lies das doch mal« – unter seinen gelegentlich diskussionsmüden oder auch einfach starrköpfigen Kollegen zu verteilen. Die weltgeschichtlichen Ereignisse, oben im Turm zu Seminarthemen abstrahiert, wurden in der Kabine der Hausmeister kleingearbeitet, gefiltert, in kaum vernommener intellektueller Komplexität überprüft und im strittigen Gespräch nach den allgemeinen Prinzipien des Zusammenlebens einem Bewährungstest unterzogen. Kein Wunder, dass das Papsttum, als Amt und in den wechselnden Personen der Amtsträgerschaft, übergreifende Anerkennung genoss. Die moralische Instanz war unstrittig, und jenseits jeder Grummelei wurde der ästhetische Mut des Joseph Ratzinger bewundert: »Professore, der Papst trägt Prada!«, so wurde eines Morgens das Foto von den roten Pontifikalschuhen herumgereicht.

Hausmeister in Frankfurt, welch ein Unterschied zum autoritären Gehabe katzbuckelnder Pedelle, die sich den Statusstolz der Ordinarienuniversitäten wie etwa Tübingen herbeischimpfen. Welch ein Unterschied auch zum Ordnungssinn der alten Mütterchen, die an Georgiens oder Armeniens Universitäten fluchend mit Besen den Studenten hinterherfuchteln, im ewigen Neid der Alten auf die Unbekümmertheit der Jugend. Die Hausmeister der Goethe-Universität, sie sind bei aller Unterschiedlichkeit erhaben über jeden Dünkel; weder sich selbst noch die sie umgebenden Akademiker halten sie wegen deren intellektuell aggregierter Bedeutsamkeit für bessere Menschen. Im Turm wird gearbeitet, das war ihre Prämisse, nicht mehr und nicht weniger. Streiken, wenn man den Luxus der akademischen Bildung genießen darf, das fiel ihnen schwer nachzuvollziehen. Dagegen haben sie sich über die Mentalitäten ihrer Herkunftsländer in ihrem gelassenen Pragmatismus der Diensterfüllung ihr Vorrecht auf eine beherzte Männlichkeit bewahrt. Ihr Arbeitsplatz, eine Loge für den Blick auf die Anmut von Haltung und Gang, war disponiert für eine Art tägliches Casting, als das sie den Catwalk der Studenten zum Fahrstuhl verstanden. Eine Jury, die darauf bestand, den klassischen Kriterien menschlicher Schönheit Aufmerksamkeit zu schenken – auf die Erscheinung kommt es an. Und wie sie strahlten, wenn die Götter der Bildung ihnen eine atemberaubend hübsche Aphrodite vorbeischickten! Kaum sichtbar war der leise Triumph der wie Angewurzelten, mit dem das verstohlene, doch dankbare Lächeln der außergewöhnlichen Erscheinung, der alle Blicke zum Fahrstuhl gefolgt waren, registriert wurde, und erst recht wenn Aphrodite vorm Fensterchen der Kabine, das stets offen stand, erschien und sich nach Büro, Seminarraum, Briefen für den Lehrstuhl oder dergleichen erkundigte und somit anschaulich, mit Duft und Stimme, gegenüberstand. »Gender Mainstreaming«, das war ihre Sache nicht. Die Hausmeister, Söhne eines Südeuropa, über dessen Mentalität und Lebensstil die nordeuropäische Vernunft seit Monaten den Kopf schüttelt, geübt darin, sich dem Schicksal zu stellen, bildeten eine Gemeinschaft von Stoikern und über die Zeit die subtilsten Beobachter des akademischen Milieus, allesamt Soziologen avant la lettre, Ethnographen des sozialen Geschehens, ohne credit points. Und gibt es einen überzeugenderen Ausweis ihres Würdegefühls als die Tatsache, dass man sie in der alljährlich veranstalteten, diktierten Gemeinschaft, dem Stadtmarathon von J. P. Morgan, nie hat mitlaufen sehen?

Ich werde sie vermissen, Anwar aus Algerien zum Beispiel, sein strahlendes Lächeln, als sei er Dauergast auf Albert Camus' »Hochzeit des Lichts«. Salvatore, dessen Vater als Koch in den Küchen des Vatikans arbeitet – unvergesslich bleibt sein herrlich respektloses »Schöne Urlaub, Professore«, mit dem er über die Sprechanlage ankündigte, er komme vorbei, um den Fahrstuhl wieder flottzumachen. Franco, der sich beharrlich weigerte, auch nur einen einzigen Brocken Deutsch zu lernen, ein Sizilianer mit ungebrochenem Stolz auf alles, was auf italienischem Boden steht, wächst und gedeiht, das Papsttum, und gerade das, eingeschlossen. Vermissen werde ich Ilias, den Philosophen der Conciergerie, ein gelernter Kürschner, dessen Weltkundigkeit so manchen Seminarteilnehmer aus den oberen Etagen erblassen ließe. Vermissen werde ich die deutschen Kollegen Toni, Jupp und Lothar, sie gehörten zum verlässlichen Rückgrat der versammelten technischen Expertise, und besonders Schorsch, der viel zu früh verstorbene Kollege. Unvergesslich sein eigenes Vergnügen an der großherzigen Geste, mit der er immer wieder mit den leckersten Orangen dieser Welt seinen Kollegen den Alltag versüßte, reichlich, frisch wie eben geerntet, geschält und mundgerecht in Stücken aus der großen Tupperbox serviert. Victor aus Portugal werde ich vermissen, dem die kleine Gemeinschaft die in den letzten Jahren größte Errungenschaft verdankte: Estrella, »die von den Sternen kommt«, eine verwegene Pinschermischung, der kleinste Hund der Welt, mit großen neugierigen Augen wie die von Adorno. Kaum dem

Welpenalter entwachsen – Bangemachen gilt nicht –, liebte sie es, zirkusreif, durch das Dickicht wartender Beine hindurchzuflitzen, um vom anderen Ende der großen Eingangshalle her ihren über alles geliebten und für die Schnauze viel zu großen Tennisball ihrem Herrn zu apportieren, in Lipizzanerschritten, unter dem Applaus der Kollegenschaft, dem ihr Finderstolz natürlich nichts als ein »da capo« entnahm. Estrella hatte es zuletzt sogar geschafft, den vordersten und privilegierten Sitz im Glaskasten zu erobern. Als Königin der Auskunftsfreude, die charmante Zerbera im knallroten Brustgeschirr, konnte sie es nicht abwarten, den Informationssuchenden entgegenzuhüpfen und am Fensterchen, durch das sie ohne Mühe hindurchgepasst hätte, über die Wangen zu schlecken, zart und unbefangen liebevoll, ein Sternenkuss.

Dass die Lebenswelt, ohne deren Hilfestellung die Wege zu akademischen Weihen unpassierbar geblieben wären, dereinst im gleißenden Licht wissenschaftlicher Leuchttürme übersehen werden könnte, muss niemand befürchten. Die den Turm verlieren, werden nicht heimatlos. Wer sie antreffen möchte, muss allerdings Strecken zurücklegen. An verschiedenen Orten der verzweigten Goethe-Universität gehen sie ihrer Arbeit nach, im Unterschied zu früher in der etwas steifen Livree leichter Erkennbarkeit uniformiert. Atomisierte Subjekte, vereinzelt wie wir alle? So mag es manchem nostalgisch-kritisch erscheinen, wären da nicht die vielen Geschichten, gewoben aus Freundschaft und Wertschätzung. Sie überstehen jede Sprengung.

26

Gamardschobad – Eine Soziologie Georgiens – Unter den Grußformen bildet der georgische Gruß »Gamardschobad!« eine aufschlussreiche Ausnahme. Wie in beinah allen Kulturen der Welt spricht der Grüßende den Wunsch aus, dem Gegenüber möge es gutgehen. Wörtlich übersetzt heißt der Gruß »Ich wünsche dir einen Sieg«, »Du (oder ihr) mögest siegen«. Dieser Verweis auf eine Kampfsituation, in die verwickelt zu sein man sich wechselseitig unterstellt, ist interpretationsbedürftig. Die Begegnung erfolgt gleichsam in einer Kampfpause, das notorische Beschäftigtsein mit dem Kampf wird unterstellt. Beim »Gamardschobad« stehen sich zwei gegenüber, die sich wechselseitig einen Sieg wünschen.

Der Gruß – ein Partikel des Alltagslebens, eine Routine, der Reflexion entzogen und habitualisiert – liefert einen Schlüssel zum Verständnis eines sozialen Kosmos, dem Vorstellungen und Handlungsmuster der gegenwärtigen Konfliktparteien jenseits der weltpolitischen Strategiespiele entstammen: Die Welt der gedachten Bedrohung durch den Nachbarn, die Welt eines heroischen Aktivismus, der Vergeltung sowie der Suche nach dem Stärkeren, hat in der historischen Tiefenstruktur einer Region überlebt. Gerade der jüngste Konflikt, dessen Anlass, der Angriff der Georgier auf den südossetischen Nachbarn, Kopfschütteln und eine große Ratlosigkeit hinsichtlich der Motive ausgelöst hat, liefert ein Beispiel für einen Voluntarismus und eine Risikobereitschaft, die in ihrem anomischen Gefährdungs- und Selbstgefährdungspotential weitgehend unerkannt geblieben sind. Infolge der eklatanten Völkerrechtsverletzung, die Russland sich hat zuschulden kommen lassen, drohen sie erst recht in Vergessenheit zu geraten. Der Kaukasus rückt politisch aus der Situation des politischen Eckenstehers heraus, in der Binnenordnung seiner Völker und Staaten stößt man auf die Wirksamkeit von moralischen Standards, die die für die moderne Gesellschaft charakteristische Trennung von Amt und Person folgenreich überlagern.

Georgien ist eine Gemeinschaft, keine Gesellschaft, zugleich aber eine Welt des Misstrauens und der notorischen Protektionssuche. Im Kern bestimmen auch in der aktuellen Konfliktsituation drei Ordnungsprinzipien das Geschehen: das Rebellentum, die Disqualifikation des öffentlichen Raumes einer einzig auf Familie und Verwandtschaftsbeziehungen basierenden Moralgemeinschaft sowie das Glaubensideal eines religiösen Virtuosentums, das sich indifferent zur Leistungsbereitschaft eines instrumentellen Aktivismus verhält. Diese drei Prinzipien greifen ineinander, bekräftigen sich wechselseitig. Der Opferstatus, auf den Saakaschwili mit der ganzen Macht ihm höriger Massenmedien die Riskanz seines Unternehmens zu transzendieren versucht, gehört systematisch zum Ordnungsgefüge, das dem heroischen Gestus des Kämpfers, der sich des Beistands seines gedachten Beschützers sicher wähnt, umstandslos den fatalistischen Hilferuf des in Not Geratenen folgen lässt.

Georgien, Ossetien, Abchasien erscheinen aus der Ferne wie konsolidierte quasistaatliche Gebilde, sind jedoch nicht mehr als soziale Kosmen, die, was das Kernland Georgien betrifft, in einer nur fragilen staatlichen Einheit organisiert sind. Südossetien und Abchasien muss man sich als infrastrukturell vollkommen unterversorgte Regionen vorstellen, in denen die Mehrheit der Bevölkerung sich über eine Subsistenzwirtschaft ernährt. In der durch Arbeitslosigkeit und Lebensnot bestimmten Sozialstruktur gehören Schmuggel und Waffenhandel zu den wenigen erfolgversprechenden Aktivitäten. Hinter dem Streit um ethnisch homogene Gebiete entfaltet sich die archaische Logik des Bandenkriegs. Man sieht die Leute Fahnen schwenken, vor den Mikrophonen treten Personen auf, die sich als Präsidenten bezeichnen und, ohne die Folgen zu überdenken, als solche anerkannt werden.

Was bei den Freudentänzen übersehen wird, ist der Umstand, dass hier eine Bevölkerung sich der Hilfestellung eines Beschützers versichert und in der Gewissheit seiner Hilfe sich über die Nachbarethnien erhebt. In Sozialstruktur und Mentalität haben wir es mit einer Bevölkerung zu tun, die in der wechselseitigen Abgrenzung voneinander eine Art Selbstrespekt findet, der im Kern ethnisch definiert ist und andere Zugehörigkeiten um ihre Geltungskraft bringt. Hierin, in einer rein ethnisch definierten Gemeinsamkeit, findet das Bewusstsein einer sozialen Ausweglosigkeit ein willkommenes Ventil.

Als einer der Leuchttürme nachsowjetischer Demokratie gefeiert, wird Georgien mit Verweis auf die frühe Christianisierung umstandslos der westlichen Kultur zugerechnet. Darin liegt eine weitere Verkennung der Situation. Die Welt des orthodoxen Christentums hat bekanntlich keine Verinnerlichung in den Dispositionen ihrer Menschen erfahren. Wie schon Max Weber herausgestellt hat, ist die Rationalisierung der religiösen Ethik überall dort unvollständig, wo es nicht zu einer ständischen Entwicklung und Machtstellung des Priestertums gekommen ist. In der Orthodoxie stellt nicht ein zur Rezeption und Auslegung der Lehre verpflichteter Klerus die Weichen, vielmehr ein kontemplatives Mönchstum, das einer mystisch verstandenen Glaubensvirtuosität den Weg bereitet und den kollektiven Habitus der Bevölkerung auf die Erwartung magischen Heils statt auf die aktiv selbstverpflichtete Aktivität einstimmt.

Gastfreundlich, lebenszugewandt, musikalisch und friedliebend – so die gängigen Klischees –, dahinter verbirgt sich ein Rationalitätsdefizit der Binnenordnung, das in seinen dramatischen Konsequenzen nun auf die Weltordnung ausgreift. Man muss nicht der melancholischen Bissigkeit des jungen Schriftstellers Clemens Eich folgen, der im georgischen Trinkritual einen autoritären diktatorischen Geselligkeitszwang entdeckt hat und dessen touristischer Verklärung nichts hat abgewinnen können. Dass hingegen die Solidarbeziehungen, die für einen Zusammenhalt der Bevölkerung und für eine minimale Identifikation mit dem Land sorgen, durchgängig durch einen familialen Partikularismus bestimmt und von einer Logik des Misstrauens gegenüber dem Fremden beherrscht sind, zählt zu den Eigentümlichkeiten einer Streusiedlungskultur, die die bunte Vielzahl von Völkerschaften zur Leiderfahrung einer möglichen Bedrohung hat gerinnen lassen.

Sozialstrukturell steht das Land zudem in einer scharfen Polarität zwischen Eliten und Nichteliten. Es ist ein offenes Geheimnis und hat mit ähnlich anmutenden westlichen Entwicklungen wenig gemein, dass die Lebensverhältnisse außerhalb der Hauptstadt Tiflis nach wie vor desaströs sind.

Vor dem Hintergrund dieser Konstanz der Ordnungsprinzipien wundert man sich über den schnellen Wechsel der Etiketten. Wurde noch vor wenigen Jahren Georgien zu den »failed states« gezählt, wird bis in die jüngste Zeit notorisch hervorgehoben, dass die Geschäftsbeziehungen verlässlicher geworden seien. Zu den positiven Leistungen der Regierung zählt die erfolgreiche Bekämpfung der Korruption. Für einen Besucher, der das Land über die vergangenen Jahre besucht hat, gibt es tatsächlich Evidenzen für eine verbesserte Infrastrukturversorgung. Wodurch Georgien in seiner scharfen Abgrenzung zwischen Armen und einer kleinen Elite von Wohlhabenden aber tatsächlich in einem labilen Gleichgewicht gehalten wird, ist der übergreifende Bezug seiner Bürger auf die ethnische, sprachgemeinschaftliche Herkunft. Ethnische Zugehörigkeit dämpft das Ungerechtigkeitsempfinden und kontrolliert Unmut wie Fatalismus.

Im Muster des realitätsblinden Rebellentums bewegen sich die nun selbständig gewordenen sogenannten Teilrepubliken allesamt. Nicht nur die zahlenmäßige Zusammensetzung der Bevölkerung, sondern vielmehr noch die auf Subsistenzwirtschaft heruntergekommene ökonomische Basis und eine vollkommene Verarmung lassen keinen Zweifel daran, dass diese Gebilde politisch nicht überlebensfähig sind. In ihrer Binnenordnung repräsentieren sie das nämliche Muster stammesförmiger Abgrenzung und Protektionssuche, das nun den Triumph über die vertriebenen Georgier ermöglicht.

Bis auf eine kleine Elite ist die Bevölkerung bettelarm. Und darin liegt die eigentliche Tragödie dieses Kriegs, dass die Ordnungswelt des Rebellentums durch einen von der westlichen Welt in Gang gesetzten Institutionentransfer nicht erfasst wird und aus diesem Grund eine auf ethnische Zugehörigkeit und Abgrenzung abzielende Politik immer die größeren Erfolgschancen haben wird als das hartnäckige Bemühen um die Differenzierung der Loyalitäten. So entsteht im Binnenmilieu der ökonomischen und wirtschaftlichen Eliten die Selbstsuggestion einer Stärke, die nicht in der Minderheiten-Integration, sondern in der Ausgrenzung ihre Erfolge sucht. Ehe die Hilfskonvois anrollen und die westliche Hilfe dazu beitragen wird, das Land an das Niveau infrastruktureller Modernität anzuschließen, das immerhin in den vergangenen Jahren deutlich sichtbar geworden ist, sei an die Zirkularität von Rebell und Opfer, an die Spirale von Vergeltungssehnsucht und fatalistischer Hingabebereitschaft erinnert. Sie gehört zur Struktur einer Sozialordnung, die geschlossen ist, veränderungsresistent, in kumulativer Lähmung und Selbstlähmung. Tragisch ist diese Situation, weil konkurrierende Ordnungsprinzipien nur von außen herangetragen werden können und gerade, indem sie erfolgreich sind, die Voraussetzungen dafür schaffen, auf Eigeninitiative zu verzichten.

Georgien ist ein Land mit zwei sozialen Welten, die seit Jahrhunderten nebeneinanderher existieren: Der öffentliche Raum ist der Raum des Fremden, desjenigen, der das Land besetzt hält, der Raum der Lüge, der Bestechlichkeit, der Rechtlosigkeit, der Brechung des eigenen moralischen Selbstverständnisses. Bei jedem Privatbesuch kann man sich davon überzeugen: Runtergekommene Treppenhäuser, herausgerissene Stromleitungen, im Dunkel kaum zu beschreiben, die Wohnungstür mindestens zweifach mit Stahltüren abgesichert – und in den privaten Räumen entfaltet sich eine je nach Vermögen unterschiedlich möblierte gepflegte Gediegenheit. Der Raum des Eigenen, der Rückzugsort einer Moralgemeinschaft, die unvermittelt mit all dem bleibt, was draußen geschieht, in der Öffentlichkeit, in der Politik, auf den öffentlichen Plätzen.

Übergänge von der einen Welt in die andere, Sozialaufstiege in die so modern klingenden Adressen der wirtschaftlichen und ökonomischen Elite werden nicht etwa eigener Leistung zugerechnet, sondern unbeeinflussbaren Umständen. Es gehört zu den Paradoxien dieser Gesellschaft, dass diese jahrhundertealte Disqualifikation des öffentlichen Raumes mit der Erwartung, geschützt zu werden, verträglich ist. Ja, die Protektionserwartung ist das Komplement des erhabenen Rückzugs in die verschwiegene Welt der Binnenmoral.

Klientelistische Beziehungen und lokal begrenzte einzelne Gemeinden kennzeichnen die Lebensform der Landbevölkerung. Unter diesen Bedingungen eines starr auf die engen Grenzen der Gemeinde fokussierten Lebens wird die Bevölkerung durch generalisierte Ordnungsvorstellungen nicht erfasst. Man ist fürsorgeverpflichtet, erwartet Dankbarkeit, die Idee von Rechten ohne Pflichten, vom Sinn übergeordneter Regelungen des Zusammenlebens, die als solche einen Eigenwert haben, ist nicht ausgebildet. Der Klientelismus unterläuft jede staatliche Ordnungsstruktur, er sorgt für einen sozialen Zusammenhalt, der die scharfen Differenzen von Arm und Reich zu überbrücken vermag.

Die Kehrseite dieses überlebensnotwendigen Schutzes ist eine latente Rivalität und die Unterstellung, jede wahrgenommene Initiative folge der Logik der Bereicherung. Neid und ein endemischer Korruptionsverdacht, der sich gegen jeden einzelnen Versuch richtet, aus dem System auszubrechen, sind an der Tagesordnung. Noch das in jedem Reiseprospekt romantisch verklärte georgische Tischritual mit einem Tischältesten als demjenigen, der in regelmäßigen Abständen mit Trinksprüchen eine Art Gesellikeitszivilisierung in Szene setzt, enthält von seiner Sinnstruktur her eine hohe soziale Kontrolle möglicher abweichender Gesprächsinitiativen – noch in der weinseligen Opulenz des georgischen Tischs steckt die Befürchtung eines möglichen Zerfalls, aber auch das Misstrauen gegenüber der spontanen Unterhaltung.

Im Ergebnis entsteht so etwas wie eine Beziehungsfalle: In dem Maße, in dem das archaische Rebellentum blutige Realität wird, entsteht die Chance, sich in der sicheren Niederlage als

Opfer darzustellen. Der verlorene Kampf und die Demütigung wird paradoxerweise das Bewährungskriterium des Helden, der im Opferstatus eine umso größere Protektionsanstrengung der zu Solidarität verpflichteten Brüder erzwingt. Mit der größten Selbstverständlichkeit wird die Hilfe erwartet, von einem Marshallplan ist nun in Tiflis die Rede, und in der zirkulären Struktur vom Rebellen, der furchtlos gegen den Übermächtigen in den Kampf zieht, und dem Opfer, das sich in der Niederlage nach der schützenden Hand eines Übermächtigen sehnt, öffnet sich das Land für eine gigantische Investition in seine zerstörte Infrastruktur. Die externe Hilfe erübrigt Eigenaktivität, die Binnenmoral kann ihr Gekränktsein pflegen und allenfalls eine neue Runde größenwahnsinniger Kalküle beginnen, wie, wann und in welcher Stärke man die Vergeltungsverpflichtung einlöst und die gekränkte Ehre wiedergutmacht.

Darin liegt die Tragik der westlichen Politik, ihrer endlosen Beratungsbemühungen, dass sie in die Eigenlogik des Zirkels von Ehre und Erniedrigung nicht eindringt, der jede Investitionsanstrengung, jede Modernisierungsinitiative überlagert und auf die Strukturprinzipien des Gebens und Nehmens herunterbricht. Der Westen wird helfen, und in dem Maße, in dem er hilft, kann er zugleich nicht verhindern, diesen Zirkel zu bekräftigen. In diesem Sinn war Saakaschwilis Rebellentum sogar erfolgreich: Die ganze Welt schaut auf den Konflikt, die Großmächte überprüfen ihre strategischen Claims, und die Europäer übernehmen die Reparatur. Man kann nur hoffen, dass ihnen – Sozialarbeitern vergleichbar, die mit ihrer aufsässigen Klientel zwischen dem Augenverschließen und dem Ruf nach der Polizei einen unendlich schwierigen dritten Weg versuchen – eine gemeinsame Anstrengung gelingt, den gordischen Knoten eines tief verinnerlichten, milieuübergreifend wirksamen sozialen Mechanismus durchzuhauen und den Wiederaufbau an größere Selbstverpflichtungen zu knüpfen, als dies bisher gelungen ist. Optimismus aus Mangel an anderen Möglichkeiten und Verhandlungszwang wider besseres Wissen, das scheint ohnehin die einzige Karte zu sein, die die europäischen Staaten in der weltpolitischen Konstellation spielen können.

27

Das Gesicht des Autos – Es ist kein Geheimnis, dass sich die deutsche Gesellschaft in ihrer wirtschaftlichen Leistungsfähigkeit wie im Selbstverständnis aller sozialen Milieus über das Mobilitätspotential, die technologische Raffinesse und das Komfortversprechen des Autos definiert. Dieser Umstand rechtfertigt den Versuch, den symbolischen Raum des Autos in der Moderne zu erschließen und dabei die Frontale der Karosserie in den Vordergrund zu rücken. Die Frage nach dem Gesicht des Autos schließt an beste hermeneutische Traditionen an. Kein geringerer als Erwin Panofsky, Kunstwissenschaftler aus der Hamburger Warburgschule, Emigrant wie so viele, einer, der unseren Zugang zur Kultur der Renaissance erleichtert hat und dazu einer der geheimen Väter von Bourdieus Soziologie ist, er sei als prominenter Zeuge aufgerufen. Panofsky greift in einem seiner weniger bekannten Aufsätze über Renaissance-Adaptation im britischen Empire (»The Ideological Antecedents of the Rolls- Royce-Radiator«) das Palladio-Format vom Kühlergrill des Silver Shadow auf und entschlüsselt kulturgeschichtliche Voraussetzungen von dessen ästhetischer Attraktion.

Wie bei allen Gegenständen hermeneutischen Verstehens beginnen wir mit einer Phänomenologie. Die Metaphorik des Gesichts bestimmt den symbolischen Raum der ersten Begegnung. Beim Auto kommt die Dimension der Wiedererkennbarkeit hinzu, diejenigen Elemente im Gesicht, über die so etwas wie Markentreue oder Firmenkonsistenz initiiert wird, und schließlich lässt sich beides historisieren zum Wandel des Autogesichts: Die Dimensionen, auch das ganz kurz, sind selbstredend analytisch gedacht, empirisch übersetzt, ergänzen sie sich, überschneiden sich korrespondierend oder konfliktiv.

Bei Menschen rückt bekanntlich die Sprache in das Zentrum einer Grenzziehungsartikulation sowie der Überprüfung des Gegenübers, mit dem wir beim Durchschreiten des Raumes in Kollision geraten. Das Sprechen und die über Lautgebung erfolgende Artikulation unseres Standortes machen die Kontaktaufnahme bei aufrechterhaltener Raumdistanz oder doch zumindest Körperdistanz möglich. Das Gehen ermöglicht die Synchronisation mit dem gesamten sensorischen Arsenal: geht das Gehen in einer Temposteigerung in Rennen über, so wird durch die erhöhte Atemfrequenz die Artikulationsfähigkeit der Sprache eingeschränkt, und darüber hinaus wird das motorische Potential der Raumdurchquerung schneller ausgelastet, allerdings um den Preis erhöhter Kollisionsgefahr.

Während wir im Gehen über die Möglichkeit einer begleitenden Situationswahrnehmung und Situationskontrolle verfügen, wahrgenommene Hindernisse relativ schnell in eine Veränderung unserer Motorik, beispielsweise durch Tempodrosselung, übersetzen können, während wir des Weiteren bei dieser Körpertechnik sensomotorisch, olfaktorisch, visuell und akustisch auf variierende Raumsituationen reagieren können, ändert sich die Art und Weise unseres Ortswechsels folgenreich beim Gebrauch von Artefakten. Überspringen wir solche Dinge wie Stelzen, Rollschuhe oder Skier, steigen wir gleich in das Auto. Unter den Artefakten ist das Auto in vielerlei Hinsicht interessant. So verführerisch es ist, David Riesman oder den eigensinnigen Geschwindigkeitsreflexionen eines Paul Virilio zu folgen, eine Kulturkritik des Autos ist nicht angesagt. Über die besonderen Bedingungen und die Sozialitätsform nachzudenken, in denen das Autofahren erfolgt, ist in sich spannend. Eigenartig genug, der »Autofahrer ist vollständig von einem außersozialen Objekt umgeben, von physischem Kontakt mit anderen abgeschlossen und doch völlig von ihnen abhängig und mit ihnen verknüpft. Der Verkehr ist ein Strom, in den er eintaucht, gewissermaßen ohne nass zu werden.« So weit David Riesman.

Autofahren wird grundlegend bestimmt über das Motiv der Raumdurchquerung und konfrontiert die Teilnehmer des Straßenverkehrs mit der Konkurrenz um die Raumnutzung – sie erzwingt einen erhöhten Kooperationsbedarf. Diese Bedingung des Autofahrens wird unterstrichen durch die im Riesman-Zitat erinnerte Einschränkung optischer und akustischer Möglichkeiten der direkten Kommunikation. Die besondere Handlungseinbettung Straßenverkehr erzwingt Abweichungen von der Urform des sozialen Kontakts, der face-to-face-Interaktion, und verlagert den Schwerpunkt des Austauschs auf die Wahrnehmung und Interpretation von Zeichen. Das erhöht die Elastizität und Kurzfristigkeit des Austauschs und macht ihn zugleich extrem fragil, schließlich sind diejenigen, die ein derartiges Artefakt in Anspruch nehmen, in einem viel höheren Ausmaß Kollisionsgefahren ausgesetzt. Beim Autofahren begegnen sich Menschen in einer vereinbarten Fremdheit, und die Art und Weise der Partizipation am Straßenverkehr, die man als einen kontrollierten Nomadismus bezeichnen könnte, verleitet zu Devianzen, Abweichungen, die der Chance nur kurzfristiger Begegnungen entlehnt sind: Der Vagabund, der Abenteurer, der Provokateur sind als Verfallserscheinungen der Fahrermoral vertraut. Sie entstehen hingegen nicht zwingend mentalitätsbedingt, sondern sind der Ausgangssituation Straßenverkehr geschuldet sind – von hier erklärt sich die hohe Rigidität der Verkehrsvorschriften. Sie übernehmen die Aufgabe, Mehrdeutigkeit auszuschließen; sich in der Kurzfristigkeit der Begegnung über Bedeutungen auszutauschen wäre umständlich, hochriskant, möglicherweise tödlich (denken wir an Szenen aus Filmen mit James Dean). Hohe Interaktionsdichte und eingeschränkte Interpretations- und Korrekturmöglichkeiten machen die Verkehrssituation zu einer gefährdungsträchtigen Erfahrungssituation, und das je mehr, je dichter der Verkehr in einem rein quantitativen Sinne wird.

Das Auto ist Teil einer Maske meines Auftritts, und der prominente Teil eines stillen Anspruchs auf Teilnahme am Austausch, am Verkehr, ist die Frontpartie – das Auto hat ein Gesicht. Zweifellos bildet der Kühlergrill dabei die prägnanteste Zone der Selbstmitteilung. Der Kühlergrill, in seiner Form technologisch erzwungen durch die Ventilation, die Luft, die dem Motor als Energiezentrum kühlend zuzuführen ist, versieht die Kommunikationsbereitschaft, die ja beim Autofahren auf die ebenso prägnante wie extrem flüchtige Präsenz beschränkt ist – allenfalls durch variierende und zugleich schnell wieder aufgelöste Distanzen wahrnehmbar –, im begrenzten Angebot der Modelle mit dem Signum der Wiedererkennbarkeit und einer ersten symbolisch aufgeladenen Geste. Der Kühlergrill rauscht als Drohung heran oder als eine Gefälligkeit, als Zurückhaltung oder als Verkniffenheit – der Kühlergrill ist somit der Gruß vor dem Gruß –, wie sich jedes Design kommunikationssoziologisch als Gruß vor dem Gruß darstellen lässt, als visuell artikulierter erster Eindruck, der Präsenz unterstreicht und bekräftigt.

Wie sehen wir das Auto? In der Regel in einer Dualität, auf unserer eigenen Seite fährt es vor uns, wir sehen es von hinten. Komplex wird die Wahrnehmung durch den Blick in den Rückspiegel, über den die Verkehrssituation antizipierend kalkuliert werden kann. Hierbei und erst recht im zwingend gebotenen vorschauenden Blick auf die entgegenkommenden Fahrzeuge wird unsere Aufmerksamkeit sekundenschnell durch das Gesicht des Autos strukturiert. Weitaus tiefgründiger, als eine schlichte Analogiebildung nahelegt, sind es der Kühlergrill und die Stellung der Scheinwerfer, die das situativ, aber auch technologisch unterbundene Sprechen mimetisch substituieren. Wir reagieren unbewusst auf die Verhältnismäßigkeit von Mund und Augenpartie, zwei Regionen des Gesichts, die auch in der face-to-face-Kommunikation die Aufgabe übernehmen, blitzschnell die begleitenden Empfindungen zu markieren, letztlich das Gegenüber im Hinblick auf dessen Vertrauenswürdigkeit und insofern auf sein Handlungspotential einschätzen können.

Faszinierend genug, das ist beim Auto nicht anders, selbstredend mit dem entscheidenden Unterschied, dass wir es mit erstarrten Elementargesten zu tun haben, geronnenen Gesten des Auftritts, in die Frontseite der Karosserie übersetzt. Es handelt sich um eine Demonstration von Territorialansprüchen, und zwar jenseits der technologisch erzwungenen Aufgabe, über die Scheinwerfer die Raumorientierung tageslichtunabhängig zu ermöglichen und minimal Zuvorkommenheit, Warnung oder auch Dank zu signalisieren – Gesten jenseits der Funktion, die heiß laufende Maschine mit hinreichend Kühlluft zu versorgen und dabei zugleich den störungsanfälligen Binnenraum unter der schützenden Motorhaube vor dem Eindringen von Wasser oder Steinschlag zu schützen. Der Kühlergrill als zentrales Element der Frontalität, übernimmt die Aufgabe, erste Eindrücke zu verbreiten, und als Ensemble von Assoziationen wird er zu dem Ornament, über das die relative Schönheit des Fahrzeugs nach außen kommuniziert wird. In seiner Gitterstruktur – davon wissen die Designer in den Autounternehmen ein Lied zu singen – wird der Grill spannungsreich in ein Verhältnis der a) Indifferenz oder b) Korrespondenz zu Stellung und Ausmaß, Fassung und Form von Frontscheibe, Scheinwerfer und Stoßstange gebracht. Was somit in der mehr als nur metaphorischen Auslegung des Anblicks das Gesicht des Autos entstehen lässt, sind Wechselwirkungen, die nur in Grenzen technologischen Erfordernissen genügen, die vielmehr stets auch inneren Stimmigkeitskriterien der Gestalt genügen. Ohne hier eine Systematik vorlegen zu wollen, gibt die in der großen Vielfalt der Gesichter zwischen den beiden Extremen zugespitzter Exzentrizität und scheuer Zurückhaltung eine Reihe von Ausdrucksformen frei: die Fratze, die lächelnde Einladung, die Drohung oder auch distante Zurückhaltung.

Der geronnene Geist der Front gewinnt an Tiefe, wenn wir die zweite Dimension hinzufügen, die angesichts der Markenkonkurrenz zwingend ist: Notwendig ist es, Wiedererkennbarkeit im Gesicht unterzubringen. Wenn wir auf der ersten phänomenologischen Ebene die Frontansicht eines Autos als erstarrte Geste interpretieren können, etwas, das markenübergreifend zu beobachten ist, das die Gestalt des Fahrzeugs ausmacht, so tritt mit dem Logo des Unternehmens eine Besonderheit hinzu, ein Ornament, das unter dem ökonomisch gebotenen Zwang zur Standardisierung der Modelle die Einzigartigkeit zu unterstreichen hat, gleichsam das Rouge des Fahrzeugs – auch dies mit der doppelten Aufgabe, Ansprüche auf situative Präsenz im knappen Raum zu markieren, zugleich für Minimalvergemeinschaftung zu sorgen, die dem Fahrzeugbesitzer das Gefühl vermittelt, sich richtig entschieden zu haben. Denken wir an die hohe Bedeutung der Logos gerade deutscher Autofirmen für das Kollektivgefühl der Nation, oder denken wir an die notorischen Kopfschmerzen des VW-Konzerns, der das

Modell »Phaeton« deshalb nur mit Mühen unter die Leute bringt, weil sich das VW-Symbol gegenüber dem Wunsch nach Oberklassen- Distinktion immer wieder als sperrig erweist.

Vom Gesicht ausgehend, im Logo kommentiert, werden latent Weichen gestellt für die Markentreue und für Identifikation, die sich vom Gegenstand, dem Artefakt Auto, entfernen und auf weitreichende kulturelle Traditionen, im Unbewussten bis auf Vorstellungen über National- oder Arbeitsstolz, ausgreifen. Dem französischen Strukturalisten Roland Barthes verdanken wir den Vergleich des Autos mit den großen gotischen Kathedralen. Er greift auf das Bild einer großen »Schöpfung der Epoche, die mit Leidenschaft von unbekannten Künstlern erdacht wurde und die in ihrem Bild, wenn nicht überhaupt von einem ganzen Volk benutzt wird, das sich in ihr ein magisches Objekt zurüstet und aneignet« zurück. Fragt man nach dem Medium dieses wahrhaft magischen Verhältnisses, dem Kristallisationspunkt der hohen kulturellen Bedeutung, so stößt man jenseits der technischen Funktion, die Raumdurchquerung zu beschleunigen, auf die Frontalität des Autos, auf sein Gesicht.

Resümierend ein Blick auf den historischen Wandel: Schaut man sich die Modelle an, die auf Oldtimertreffen vorgeführt werden, so fällt auf, dass im Outfit der Fahrzeuge die Dekoration überwiegt – die angesprochenen Teile, Scheinwerfer, Kühlergrill, Stoßstange werden nicht unter das Diktat technologischer Erfordernisse gestellt.

Unter dem Gebot der Anpassung an die Aerodynamik, das wiederum auf die Knappheit der Energieressourcen reagiert, die die Reduktion des Benzinverbrauchs zum obersten Gebot werden lässt, verschwindet seit einiger Zeit die markante Besonderheit des Autogesichts unter einer integralen ästhetischen Konzeption, die dem Fahrzeug das Kantige nimmt und es markenunabhängig geschmeidig werden lässt. Diesen Vorgang als einen gleichsam eigengesetzlichen Zwang zu deuten wäre schlechte Soziologie. Vielmehr unterliegt auch diese Inkorporierung früher einmal eigenständiger Teile in eine alles schluckende windschlüpfrige Schale einem ästhetischen Wandel, der durch kulturelle Dimensionen, durch Bedeutungszuschreibung vermittelt ist. Das Schicksal, das dem Auto hier widerfährt, lässt sich als Prätentionsverzicht bezeichnen. Folgt man einigen Zeitdeutungen, so kommt darin möglicherweise zum Ausdruck, dass das Auto seine Funktion als Statussymbol eingebüßt hat, zum fahrenden Arbeitsplatz avanciert und dabei in einer wesentlich kommunikationsmobilen Gesellschaft zunehmend symbolisch trivialisiert wird. Dies mag daran sichtbar werden, dass die Autofirmen, die in ihren Angeboten natürlich nach wie vor einem Distinktionszwang folgen, das Firmenlogo zunehmend grell und opulent in die Frontalität ihrer Modelle setzen. Verglichen mit früheren Autogesichtern, begegnen uns die Fahrzeuge der Gegenwart, die technologisch raffiniert den genannten Gestaltungszwängen gerecht werden, in veränderter Frontalität. Es ist das Blinzeln hinter der Schanze, in die sich das gut gepanzerte Fahrzeug verwandelt hat, die Scheinwerfer schrumpfen auf grelle Streifen zusammen, so als gelte es, mit dem Fahrzeug die Augen zuzukneifen. Das Design ist einheitlicher geworden, die frühere Unbekümmertheit gegenüber dem Luftwiderstand hat dem Gebot einer größeren Rücksicht auf die Knappheit der Ressourcen Platz gemacht. Unter dem übergreifend funktionalen Format scheinen es beinah nur die Gesichter vom Mini und dem Fiat 500 zu sein, die sich gegen die schwere Behäbigkeit der gepanzerten Limousinen behaupten, auffallen und – was im Einzelnen genauer zu erforschen wäre – natürlich vielen gefallen.

Wie die Kinder, die sich in riskanten Manövern unbekümmert und mit weiten, neugierigen statt verschlitzten Augen im Straßenverkehr tummeln. Nicht unwahrscheinlich ist es, dass Archäologen und Kulturwissenschaftler, die dereinst in den Überresten der von uns zurückgelassenen Artefakte nach Bedeutung graben und in Forschungsprojekten über die Kulturbedeutsamkeit derartiger Technologien nachdenken werden, aus diesem Ensemble von Schwergewichtigkeit und quirliger Wendigkeit Schlüsse ziehen werden über die Raumwahrnehmung der Menschen hochmobiler Gesellschaften, über das Verhältnis von Vertrauen und Misstrauen in kontingenten Sozialsituationen wie dem Straßenverkehr.

Kommen wir vom Gesicht des Autos auf die Physiognomie der Fahrer. In seiner Abhandlung zur »Ästhetischen Bedeutung des Gesichts« heißt es bei dem Soziologen Georg Simmel: »Es gibt innerhalb der anschaulichen Welt kein Gebilde, das eine so große Mannigfaltigkeit an Formen und Flächen in eine so unbedingte Einheit des Sinnes zusammenfließen ließe, wie das menschliche Gesicht. Das Ideal menschlichen Zusammenwirkens: dass die äußerste Individualisierung der Elemente in eine äußere Einheit eingehe, die, aus den Elementen freilich bestehend, dennoch jenseits jedes einzelnen von ihnen und nur in ihrem Zusammenwirken liegt – diese fundamentale Formel des Lebens hat im Menschenantlitz ihre vollendetste Wirklichkeit innerhalb des Anschaulichen gewonnen.« Das Gesicht erscheint als der Schauplatz seelischer Prozesse und als ein Sinnbild einer unverwechselbaren Persönlichkeit, ja Einzigartigkeit, und dieses gesteigert dank der Tradition der Verhüllung des Leibes, die – wie Simmel ausführt – die ästhetische Privilegierung des Gesichts außerordentlich begünstigt. Der Sonderstellung des Gesichts kommt zweifellos der Umstand entgegen, dass wir mit der Symmetrie ein Gestaltungsmittel am Werk sehen, das gleichsam universal ist – genaugenommen ist die Symmetrie der für das Gesicht grundlegenden Individualität gegenläufig: Es gibt zwei Gesichtshälften, die als solche in ihrer Verwiesenheit aufeinander eine Balance in die anschauliche Objektivation der Einzigartigkeit einführt, und, um Simmel noch einmal aufzugreifen, aus diesen Spannungselementen der Symmetrie und Besonderung entsteht die für die westliche Kultur bestimmende Idee, im Gesicht den »geometrischen Ort der inneren Persönlichkeit« zu verherrlichen – ungeachtet der symbolisch in der körperlichen Bewegung zum Ausdruck gebrachten Anmut des Gangs, der Bewegung von Armen und Beinen, des Schaukelns des Oberkörpers. Im Lichte einer derart herausgehobenen Stellung des menschlichen Gesichts erreicht das Gesicht des Autos natürlich nicht mehr als den Status eines allenfalls zur Ikone erstarrten Stils, in dem zeitgeistspezifische Darstellungsimpulse mit technologischen Erfordernissen kombiniert sind; angekündigte oder allenfalls demonstrative Individualität wäre das Äußerste, was man dem Gesicht des Autos zuschreiben würde. Wie in jeder Ausdrucksform menschlicher Sozialität ist es hingegen die Kommunikation, d. h. die Wechselwirkung der Akteure, das Geben und Nehmen im Sprechen, über das Individualität in ihrer Würde wechselseitig bewahrt wird. Um das zu genießen, muss man aussteigen.

28

Meerjungfrauen – Wer das Schwimmbad als bevorzugtes Soziotop von Wassersportlern kennt – in aller Herrgottsfrühe gut trainierte Schwimmer auf reservierten Bahnen sowie des Abends, seltener schon mal des Morgens, Senioren im behäbigstoischen Schildkrötentempo –, dem fällt seit einiger Zeit eine kulturelle Bereicherung auf, die sich vornehmlich in Regionen mit großer Entfernung zur Küste ausbreitet. Als Trendsportart betitelt, mit einer ganzen Serie von Veranstaltungen am Beckenrand, macht das Meerjungfrau-Schwimmen, auch Mermaiding genannt, auf sich aufmerksam. Es handelt sich um ein Angebot, das sich – untypisch für die moderne Gesellschaft und ihren jubelnd inszenierten Abschied von der »Heteronormativität« – in erster Linie an junge Mädchen richtet. Nur hat es die Eingrenzung aufs Alter der Teenager längst hinter sich gelassen. Mit Fotoshootings unter Wasser, aufwendigen Mermaid-Kostümen inklusive Schwanzflosse sowie Schwimmkursen für Anfänger und Fortgeschrittene bis hin zur alljährlich stattfindenden Wahl der Meerjungfrau präsentiert sich eine Lebenswelt eigener Art. Nichts Besonderes, ließe sich mutmaßen, die einen sammeln Briefmarken, andere treffen sich zum Skat, Kochen, Radeln oder Wandern. Die Anstrengungen des beruflichen Lebens scheinen bekanntlich wie weggeblasen, wenn es um die Freizeit geht, und die drängt sich seit jeher bunt und erfinderisch den nach Abwechslung Hungernden auf. Allerdings verweist die Aussicht, eine Meerjungfrau zu sein, geschickt vermarktet mit einigen Versatzstücken von Walt Disney und Hans Christian

Andersen, auf einen mythischen Ursprung und somit auf ein menschliches Entwicklungsdrama. Auf den glanzvollen Fotos vom Shooting unter Wasser ist davon kaum etwas zu sehen. Mögen mittlerweile auch Ältere ihre Freude an der Verwandlung haben, genaugenommen findet hier die Phantasie pubertierender Mädchen eine Ausdrucksform, wie dem Zauber eines Harry Potter nachgebildet, ein sportiv eingefangener Zweifel an der notorisch ausposaunten Litanei der Erwachsenen von den »toughen« Mädchen, denen angeblich niemand etwas vormacht.

Nichts ist anstrengender und aufregender für Kinder als die Krise, die das Erwachsenwerden begleitet. Ein Vorgang, unhintergehbar, mit dem der eigene Körper sich zu Wort meldet und neue Antworten auf die ewige Frage nach dem »wer bin ich?« erzwingt. Die äußeren Anzeichen der Sexualreifung, herbeigesehnt und zugleich gefürchtet, das schüttere Bärtchen bei den Jungen, die Irritation der ersten Monatsregel bei den Mädchen, Pickel auf der gewohnt zarten und glatten Haut des Gesichts, all dies beunruhigt zutiefst und macht den Spiegel im häuslichen Badezimmer zum exklusiven Zeugen anhaltender Selbstprüfung. Die Tür bleibt verschlossen, Geschwister und Eltern müssen lange Wartezeiten in Kauf nehmen. Pubertierende empfinden sich im Strudel ihrer Entwicklung, in der sie nicht mehr Kind und noch lange nicht Erwachsene sind, als unbeholfen, tölpelhaft, in ihrem Sprechen wie in ihren Bewegungen erkennen sie sich selbst nicht wieder. Sie versinken in einer selten nach außen zugegebenen Scham, die kaum gemildert wird durch den Rückzug in die Gesellschaft von ihresgleichen, zu den Peers, deren nicht selten drastisch offene Kommentare nur das unterstreichen, was ihnen allen widerfährt. Es geht um den schmerzlichen Abschied vom Leben als Kind, um das untrügliche Heranreifen der Frau und des Mannes, die Entwicklung der eigenen Person als Attraktion für ein Gegenüber. Ein seelischer Vorgang, der derzeit mit abstrus sexualaufklärerischen Bildungsplänen in ein pseudolässiges Unterrichtsgerede gezerrt wird. Not macht erfinderisch, die Entwicklungsnot erst recht, davon kündet der Reichtum der Vorkehrungen, Verkleidungen, mit denen Heranwachsende ihr inneres Drama nach außen kaschieren.

Vergegenwärtigt man sich diesen Hintergrund, dann wird das Abtauchen, ja das Leben in einem ganz anderen Element als die große unbewusste Wunschphantasie erkennbar. Im Wasser bin ich geschmeidig, gleite durch eine Welt ohne Hindernisse, bin schneller als die Leute auf dem Land, bleibe unerreichbar, sprechen muss ich nicht, und dem Gegenüber, dem zu begegnen alle Anstrengung der verwandelten Form gilt, erscheine ich im Vorüber eines Augenblicks, der leibliche Ort meiner großen seelischen Unruhe bleibt durch die Schuppenhaut geschützt – in der Wahrnehmung statt in der Kommunikation. Die eigene Person als eine ephemere Erscheinung, die geheimnisvoll auftaucht und wieder verschwindet, diese grandiose Sehnsucht nach Selbstvergessenheit, das, was einen leiblich wie seelisch beschwert, hinter sich zu lassen, macht die Meerjungfrau zu einem Objekt der Identifikation, und zwar derart wirkungsvoll, dass Kinder wie Eltern für Kostüme, Schwimmkurse etc. zu zahlen bereit sind, und das nicht zu wenig. Elegant, traumhaft, nur schemenhaft präsent zu sein, dergleichen Wünsche dringen aus den Gesichtern der Kinder, die am Rand der Schwimmbecken im Schuppenkostüm kichernd für ihre Selfies posieren.

Aber warum imponiert die Meerjungfrau als Verkleidungssuggestion gerade in jüngster Zeit, wieso ein derartiger Rummel, dem sich sogar Erwachsene angeschlossen haben, wenn dem Ganzen doch motivisch nicht mehr als eine Pubertierenden-Phantasie unterlegt ist? Die Antwort stellt sich dem ein, der im Spiegel der elegisch dahingleitenden Nixen, im steten Wechsel von Auftauchen und Verschwinden, im Transitorischen ein Stück eigene Gegenwart erkennt: die Lebensform der Moderne prämiert die Erscheinung, sie stellt die Verortung in Raum und Zeit in Frage und abstrahiert vom Vorher wie vom Nachher. »Für alle, die überall sind, sind wir jetzt überall« – so lautet etwa die jüngste Werbung einer Hotelkette. Wir sind anwesend und zugleich abwesend, im öffentlichen Raum tauchen die Körper auf, kommunikativ sind sie woanders. Wir erzeugen technologisch eine ewige Elastizität, eine Ubiquität der abwesenden Anwesenheit. Beruf und Arbeit, Anstrengung und Entscheidung, Partnerschaft oder Elternschaft? Selbst das Geld scheint ewig verfügbar, es taucht auf, so haben wir uns daran gewöhnt, einer Erscheinung gleich, im Diesseits der fernen Realwirtschaft. Wir schwimmen darin, Schnäppchen nennen wir, wonach wir haschen. Die pubertierenden Mädchen führen vor, was vertraut ist, Nymphen in der nachhistorischen Zeit des Abenteuers. Ihr Wunsch nach Regression folgt der Sehnsucht, sich den Perfektionserwartungen der erwachsenen Welt zu entziehen. In den Wasserspielen unter Tausenden glitzernder Schuppen artikuliert sich der Widerstand gegen die Zumutungen der Realität – zarte Avantgardisten des Zeitgefühls, die noch nicht erkennen, dass ihnen die Erwachsenen im Strom längst voraus sind.

29

Die Namen meines Vaters – Mohammed hatte keinen Sohn, Allah hat keinen Sohn, so lautet eine heilige Botschaft des Korans. Der religiöse Gedanke an den Vater als eine Art irdische Vorlage des Göttlichen ist im Islam nicht vorgesehen, und so bleibt für den Gläubigen die göttliche Instanz noch eine ganze Strecke weiter entfernt, als dies bei ihren monotheistischen Himmelsnachbarn der Fall ist. Dass der Allmächtige im Irgendwo gelegentlich vor lauter Transzendenz seine Geschöpfe aus den Augen verliert, das steht am Anfang der Geschichte, die hier zu erzählen ist. Es ist die Geschichte von Mikail Allahwerdi, einem schiitischen Muslim, einem deutschen Staatsbürger aus bildungsferner Schicht, meinem Vater.

Allahwerdi übersetzt man am besten mit »von Gott gegeben«. Mikail, der Gottgegebene, wurde 1897 als jüngster Sohn eines Bäckers in Schuscha geboren. Die Stadt, nicht weit von Baku in Aserbaidschan gelegen, ist heute menschenleer, im ewigen Kampf der Völker des Kaukasus in Schutt und Asche gelegt. Um die Jahrhundertwende waren Mikails Eltern in die Stadt Wladikawkas im Nordkaukasus übergesiedelt, wo sie ein schnell florierendes Handelsunternehmen aufbauten. Die Familie war glaubensfest, alle sieben Kinder hatten die Koranschule besucht, und Mikails Vater durfte sich Allahwerdi Kerbela nennen – was denjenigen vorbehalten ist, die den schiitischen Wallfahrtsort Kerbela aufgesucht hatten, den legendären Ort der verlorenen Schlacht von Mohammeds Enkel Hussein, die zum Ursprung der Feindschaft zwischen Sunniten und Schiiten wurde.

Mein Vater war nie in Kerbela; für ihn lagen die heiligen Orte im Westen, sein Mekka war die deutsche Universität. In Deutschland wollte er Medizin studieren, sein Vorbild war der ukrainische Hausarzt der Familie. In jahrelangem Privatunterricht bei einem russischen Repetitor erarbeitete Mikail sich das Pensum, mit dem er 1917, im Jahr der Revolution, am zaristischen Knabengymnasium von Wladikawkas extern (er war schließlich Muslim) das Abitur bestand.

Revolutionen waren im Weltbild der Familie nicht vorgesehen. Die Flamme des Umsturzes griff schnell auf die Länder des Kaukasus über und zwang zur Flucht in den Süden, Tiflis wurde die neue Heimat. Mikails Bildungswunsch überstand die Aufregungen um Flucht und Vertreibung unbeschadet, nun kamen noch äußere Anlässe, das Land zu verlassen, hinzu. Somit gab er auf, was ihm vertraut war: seine Familie, die Berge des Kaukasus, die Karawanserei von Tiflis, die Trauben, Pfirsiche und Nüsse. Und noch anderes sollte auf dem langen Weg vom Orient in den Okzident verschwinden: Als er im Herbst 1921 in Berlin seine erste Unterkunft fand, war bis auf die beiden ersten Buchstaben von seinem ursprünglichen Familiennamen nichts übrig geblieben.

Die bolschewistische Tscheka, die, wie bei Revolutionären üblich, auf den Rausch die Pedanterie folgen ließ, hatte nach der erfolgreichen Eroberung Georgiens dessen muslimische Bevölkerung russifiziert und meinem Vater den Namen »Alieff« aufgezwungen. Als Mikail Alieff wäre er aber erst recht in die Bredouille geraten. Als er Georgien verlassen wollte, waren die Grenzen geschlossen. Mit dem russischen Namen hatte er keine Chance gehabt, herausgelassen zu werden.

Zu seinem Glück war sein kühnes Bildungsprojekt mittlerweile eine Familienangelegenheit geworden; die Geschwister, die längst im väterlichen Betrieb arbeiteten, waren stolz auf den strebsamen Jüngsten. Mikails Bruder Mustafa verkaufte die große Teppichsammlung, einen persischen Pass zu besorgen war dann kein Problem mehr. Als Mikail Alizadeh, geboren in Täbris, verließ mein Vater im Oktober 1921 seine Heimat. Von Tiflis aus ging er nach Batumi, eine Hafenstadt am Schwarzen Meer, das Casablanca des Ostens. Tausende von Revolutionsflüchtlingen, Reichen, Adeligen, Glücksrittern und Verfolgten aus den Kaukasusländern, die unter bolschewistische Herrschaft geraten waren, drängten dort auf die Schiffe. Istanbul war das begehrte Ziel, die Türkei das gelobte Land des Exils, das die überfüllten Frachter, die meisten unter italienischer Flagge, ansteuerten. Mein Vater setzte an Bord der »Korinthia« über.

»Die Engel legen Flügel um den, der sich um das Wissen bemüht«, so lehrt der Koran. Mein Vater kam über die Türkei in Deutschland an. Er war Muslim, er war scheu, er versteckte sich. Bei seinem Gott scheint er keinen Schutz gefunden zu haben. »Islam« bedeutet Hingabe, und gerade diese Haltung war der weltliche Ausdruck seiner Einstellung zum Beruf wie zu den Menschen seiner Umgebung: Er studierte Medizin. Als Muslim lebte er wie gottverlassen – Allah ist ein Erbarmer, aber man muss Glück haben, dass einen das Erbarmen erreicht. Vielleicht kam meinem Vater nicht in den Sinn, Trost zu suchen. Deutschland, in das er sich als junger Mensch aufgemacht hatte, war damals ein Land ohne Moscheen, es gab keine Islambeauftragten. Aber es gab die Universitäten; Berlin, Münster und Göttingen bildeten die Stationen seines Studiums, das er mit dem Doktor der Medizin Ende der zwanziger Jahre bravourös beendete.

Meine Eltern lernten sich zu einer Zeit kennen, als Mikail in einem liberalkatholischen Stiftskrankenhaus in Bremen arbeitete, in dem er Ende 1929 eine Anstellung gefunden hatte und nach kurzer Zeit zu dem Kollegium zählte, das sich für die Modernisierung der ärztlichen Versorgung einsetzte. Er war Oberarzt der Abteilung für Innere Medizin, sein Ruf als sorgfältiger Diagnostiker hatte sich herumgesprochen, klinische Demonstrationen auch für Ärzte außerhalb der Klinik wurden auf seine Initiative hin eingeführt, öfters wurde ihm vertretungsweise die Klinikleitung übertragen. Eine göttliche List – wer weiß, welcher Allmächtige das gewesen ist? – muss im Spiel gewesen sein, als meine Mutter mit hohem Fieber als Patientin auf Vaters Station eingewiesen wurde. Annemarie war die jüngste von fünf Schwestern aus der Familie eines Domänenverwalters. Ihre Kindheit und Jugend hatte sie auf einem großen Gut der Harpener Bergbau AG an der deutsch-holländischen Grenze verbracht. Was von einigen Großbetrieben des Ruhrgebiets für die Versorgung der eigenen Arbeiterschaft angelegt war – riesige Teiche für die Karpfenzucht, eine Pferde- und Rinderzucht, Yorkshire-Schweine –, bot der Mutter, ihren vier Schwestern und ihrem Bruder das paradiesische Panorama einer behüteten vorbürgerlichen Welt.

Bei hohem Fieber geschehen bekanntlich die merkwürdigsten Dinge. Mikail wusste als behandelnder Arzt dem Zustand seiner bildhübschen Patientin neben all der hippokratischen Klugheit, mit der er ihr imponierte, noch eins draufzusetzen: das Fieber eines jungen Doktors, der sich in seine Patientin verliebt hatte. Als die Fieberkranke geheilt war und somit ihre Entlassung anstand, wurde die bisherige Visite kurzerhand zum Rendezvous verlängert. Es dauerte nicht lange, bis sich die beiden ewige Treue versprachen – Annemarie gegen die Unkenrufe ihrer Verwandtschaft, die jedoch gedämpft wurden durch die Ungeduld, endlich auch die jüngste der ansonsten längst verheirateten Schwestern unter die Haube zu bringen. Mikails Entschluss hatte auf verwandtschaftliche Einwände keine Rücksicht zu nehmen; er stieß auf Bedenkenträger in seiner ärztlichen Umgebung: eine Deutsche und ein Muslim – man ahnt es schon.

Die beiden setzten sich durch. Die Ehe wurde nach persischem Ritus geschlossen. Dazu gehört der Brautpreis, den der Geistliche der iranischen Botschaft, der für derartige Anlässe einbestellt wurde, noch kräftig in die Höhe trieb, nachdem er erfahren hatte, dass es sich bei dem Bräutigam um einen Herrn mit Doktortitel handele. So befremdlich die Zeremonie war, zu der das Paar aus Bremen nach Berlin reisen musste, so entschlossen schienen die beiden, in der frohen Unbekümmertheit ihrer Seelenlage mit ihren beiden Allmächtigen schon irgendwie klarzukommen. Wer eine Familie gründen will, hat schließlich, ganz gleich bei welchem Gott, schon mal einen dicken Stein im Brett.

Als dem Eheversprechen der Antrag auf die deutsche Staatsbürgerschaft folgen sollte, war wieder einmal eine Revolution davor, diesmal die nationalsozialistische. Noch in den dreißiger Jahren veröffentlichte Vater unter seinem russischen Namen wissenschaftliche Aufsätze, und Mikail Allieff – so die eingespielte Orthographie auf dem Vordruck seines Rezeptblocks – arbeitete weiterhin am Bremer Krankenhaus. Die Toleranz, mit der man ihm als Ausländer begegnete, und die Wertschätzung, die man seiner Professionalität entgegenbrachte, trübten sich aber von 1933 an ein. Im Kollegium wurden Zweifel gegenüber der Klinikleitung laut, ob man in Zeiten des nationalen Aufbruchs einem Ausländer die Leitung einer Abteilung anvertrauen könne.

Von dem Moment an, als die Eltern die standesamtliche Heirat beantragten, begannen Nachfragen im Hinblick auf Mikails Vergangenheit. Er hatte keine Papiere. Ariernachweis? Fehlanzeige. Also musste er zur Schädelmessung zum Reichsgesundheitsamt nach Berlin. Noch bedrückender war, dass die nationalsozialistische Ärztekammer drohte, ihm die Approbation zu entziehen – eine Drohung, die meine Eltern an Auswanderung nach Ankara denken ließ. Spuren ihrer Ratlosigkeit sind in den Namen ihrer ersten beiden Kinder wiederzufinden, die Ende dreißig und Anfang vierzig zur Welt kamen: Mustafa lautet der zweite Vorname meines Bruders Utz, bei meiner ältesten Schwester Ursula entschieden sie sich für Fatima. Anfang September 1939, ein paar Tage nach Beginn des Zweiten Weltkriegs, erhielten sie doch noch die ersehnte Einbürgerungsurkunde.

Mit Beginn des Kriegs wurde das Krankenhaus als Reservelazarett eingerichtet. Der dringenden Empfehlung, sich des ausländisch klingenden Namens zu entledigen, brachten die Eltern nach all ihren Erfahrungen keinen Widerstand entgegen, und so wurde aus Mikail Allieff nunmehr ein Michael Allert. Während des Kriegs kam noch ein Kind zur Welt, meine Schwester Ruth. Und mit der Geburt zweier weiterer Kinder sollte nach 1945 ein neuer Anfang versucht werden, als meinem Vater nach dem Krieg die Leitung eines Krankenhauses im Ostwestfälischen angeboten wurde. 1946 zog die Familie in eine Stadt am Wiehengebirge, die Gegend meiner Kindheit und Jugend.

Von seinem Namen machte der neu zugezogene Arzt kaum Gebrauch, so wenig wie seine Patienten und die Leute in der Stadt: Sie nannten ihn »Herr Doktor«. Und diejenigen, die ihn aus Höflichkeit persönlich ansprechen wollten, packten phonetisch ein »h« zwischen das »A« und das »l« und machten ihn, lautlich gesehen, zu einem der Ihren. Das passte in die Region, in der das Schnellsprechen bekanntlich nicht erfunden wurde. Ja, im Nachklang dieser ostwestfälischen Aussprachebrücke fiel überhaupt erst auf, dass das »Al«, das auf seiner Stolperei durch die Diktaturen des 20. Jahrhunderts als letzter authentischer Rest vom Familiennamen übrig geblieben war, mit den vier neuen Buchstaben nicht recht zusammenpasste – klanglich ein Riss, ein notorisches Anspracheindernis.

Dass Vater ein Muslim war, haben wir Kinder nicht bemerkt. Die deutsche Grammatik war nicht seine Stärke, sein Sprechen in abenteuerlichen Satzstellungen hielten wir für eine Marotte. Am Telefon meldete er sich stets mit »Bin ich am Apparat«. Er vertraute darauf, dass der Anrufer ihn an seiner Stimme erkennen werde. So holprig und umständlich das war, er umging auf diese Weise auch die Nennung des Namens.

Vaters Geschichten waren aufregend. In den seltenen Momenten, in denen er uns zu den Schätzen seiner kaukasischen Vergangenheit führte, hingen wir an seinen Lippen. Da war die georgische Heerstraße, auf der er eines Abends im tiefen Winter auf dem Weg nach Wladikawkas in einen Hinterhalt geriet und erfroren wäre, hätten ihn nicht Reiter, die zufällig des Wegs kamen, auf ihr Pferd gegurtet und nach Hause gebracht. Oder die Geschichte von dem Braunbären, den seine Eltern für ihre Kinder angeschafft hatten: Kein Steifftier, sondern ein echter Bär. Oder die nächtlichen religiösen Geißelungen, die schon während der Zarenzeit verboten waren – die kaum sichtbaren Narben auf seinem Hinterkopf wollten wir, neugierig und in kindlichem Schauer gebannt, immer wieder mit unseren Fingern nachspüren. Dass seine Erzählungen stets in einem Sturzbach von Tränen endeten und ein hektisches Arrangement der Tröstung nach sich zogen, verstanden wir nicht.

Es war die Erinnerung an den Abschied von zu Hause, die ihn ins Stocken geraten ließ. Sie mischte sich irgendwann in sein Erzählen und überschwemmte alles. Die Nacht über hatte seine Mutter gewacht, und als sich ihr Jüngster dann am Morgen auf den Weg machte, hielt sie den Koran über seinen Kopf und goss eine Schale mit klarem Wasser in den Staub der Straße, die Mikail, vom ältesten Bruder begleitet, hinabging. So klar und ohne Hindernisse wie das Wasser sollte sein Lebensweg sein, der ihn fortan in die Fremde führte.

Wie gern hätten wir mehr gehört über seine Geschwister, die Brüder Mustafa, Nowrus und Ismail, seine Schwestern Fatima und Sadiyya, seine Freunde in Wladikawkas. Von seinem Gott hat Vater selten gesprochen, es schien ihm leichtzufallen, auf seinen Glauben zu verzichten. Er hatte eine deutsche Protestantin geheiratet; Ostwestfalen, die Gegend, in die es die Familie verschlagen hatte, war durch und durch evangelisch. Dass die Kinder im Glauben der Umgebung aufwachsen sollten, schien ihm so selbstverständlich geboten wie seinerzeit das Erlernen der deutschen Sprache. »Komm Herr Jesus, sei unser Gast und segne, was du uns bescheret hast« – wir Kinder beteten reihum und unabhängig von der Tagesstimmung. Manchmal hat unser Vater übernommen, die kräftigen Hände gefaltet. Zur Kirche ging er selten mit, ich kann mich nicht daran erinnern, dass er je einen Gottesdienst besucht hätte. Vielleicht gerade einmal zur Konfirmation seiner Kinder. An Weihnachten schlossen wir Geschwister Wetten ab, wann er fragen würde: »War gut besucht?« Jenseits dieser Neugier auf die Besucherstatistik blieben große Fragen aus.

Der islamische Gott hatte in seinem Lebensgefühl eine eher unheimliche Präsenz. Für den Hausgebrauch ist Allah schwer geeignet. Vielleicht hat mein Vater deshalb wenig Aufhebens um ihn gemacht, vielleicht war er auch froh, die Zeiten mit den nächtlichen Selbstgeißelungen zu Ehren Husseins, an denen er sich in Wladikawkas im jugendlichen Gefühl der Auserwähltheit beteiligt hatte, hinter sich zu wissen. Thema wurde sein Gott eigentlich nur, wenn wir dessen Namen falsch aussprachen. Wenn der Name seines Gottes ihm so zu Ohren kam, als sei von »Halla«, dem berühmten Sprungpferd von Hans Günther Winkler, die Rede, dann wurde ihm die sternenferne Ungebildetheit seiner Kinder doch etwas zu strapaziös. Eher aus väterlichem Erbarmen als aus väterlicher Zucht setzte er daraufhin an zu einer Lektion in Sachen Glottisverschluss. Das tat er mit Inbrunst, wir mussten wiederholen: »Al-lah«, der Mund bleibt offen wie bei einem staunenden Kind. Oder der arabische Kehllaut, das »ch«, auf das wir vom Westfälischen her gut vorbereitet waren. Verblüffend, wie weit sich ein »ch« nach hinten in den Rachen schieben lässt. Vom Okzident in den Orient? Nichts leichter als das, rein sprachlich gelingt es mühelos. Das Sprechen hat Spaß gemacht, damit waren wir ihm nah, und er spürte das.

Diejenigen, die aus der Fremde kommen, leben gern im Versteck, und nach seinen Erfahrungen hatte Mikail gute Gründe dafür. Aber es gab Ausnahmen, am Sonntagmorgen zum Beispiel, wenn Vater die Eröffnungssure, die Fatiya sang. Dann hörte man ihn, der über lange Jahre geduldig und respektvoll den Sonntagskonzerten der Krankenhaus-Diakonissen gelauscht hatte und der den einen oder anderen Kirchenklassiker wie »O Haupt voll Blut und Wunden« sogar mitgrummeln konnte, »Bismillahir Rahmanir Rahim« intonieren. Er sang die Fatiya mit einer Hingabe und in virtuosen Kantilenen, als hätte er einen Missionsauftrag einzulösen, als sollte das westfälische Städtchen, das ihm so lieb geworden und doch so fremd geblieben war, zum Gebet gerufen werden. Das Bad, in das er sich zum Rasieren zurückzog, wurde sein Minarett, und wir Kinder standen vor der Tür, Zeugen des Lobgesangs, der durch die Tür wie aus einem fernen Winkel der Welt an unsere Ohren drang.

Ja, sein Gott musste schön sein, das »Bismilla« haben wir gelernt – wir hatten schnell gemerkt, dass bei Vater punkten konnte, wer die Fatiya auswendig kannte.

Seinen großen Auftritt in Sachen Kaukasus hatte er, wenn beim Kauf eines Perserteppichs Rat gefragt war. Aus Hamburg, in dessen Speicherstadt alle Perserteppiche der Welt gelagert schienen, fuhr ein großer Lastwagen vor, und ein Teppich nach dem anderen wurde im Damenzimmer ausgerollt, dessen Möbel für diesen Tag komplett ausgeräumt worden waren. Ghom, Isfahan, Keshan, Täbris, der Kirman, Kasak oder Buchara – in der Fülle der Muster und Farben gab es nur einen, der sich auskannte. Vater kniete an einer Ecke des Stapels, bog eine Teppichspitze hoch und fuhr mit den Fingern über die Knüpfung, in den Knoten auf der Rückseite spürte er dem Geheimnis der Güte nach. Während die versammelte Nachbarschaft, Freunde der Eltern und Bekannte aus der Oberschicht des Städtchens, bis zu denen sich das Ereignis herumgesprochen hatte, pragmatisch, sozusagen einrichtungsbezogen, fachsimpelten (»Das Blau ist schön, aber wer kauft mir jetzt neue Gardinen dazu?«, »Mit den Fransen? Auf keinen Fall!«, »Geh da mal mit dem Staubsauger drüber!«, »Staubsauger? Ich nehme nur Teppichklopfer!«), sah man Mikail unten am Rand des Stapels in den Spuren seiner Heimat verschwinden.

Er schien bei der Begutachtung irgendwie entrückt, ein Paket aus der Heimat lag vor ihm. Kaum verständlich murmelte er gelegentlich etwas zu dem aus Hamburg angereisten Geschäftsmann, einem Iraner, dem Vaters Kommentare sichtbar willkommener waren, als selbst von Teppich zu Teppich Auskunft zu geben.

Irgendwann kommt der Tag, an dem Allah nimmt, was er gegeben hat. Vater starb am Tag meines ersten akademischen Examens, es war ein Freitag im Oktober. Nur seine Annemarie war bei ihm, als der Infarkt, ein Wunschtod der Ärzte, eintrat. Am frühen Morgen holte mich der Anruf meiner Mutter aus dem Schlaf. Die für den Vormittag angesetzte Klausur (»Das moralische Urteil beim Kind«, ein Vergleich zwischen Piaget und Kohlberg) habe ich geschrieben, an die Möglichkeit sie zu verschieben nicht einmal gedacht. Hätte ich ihn gefragt, mein Vater hätte mir auch geraten, es so zu halten, es wäre in seinem Sinne gewesen – allen Kindern hatte er das Studium ermöglicht, unserer Bildung galt sein Stolz.

Vaters Tod brachte paradoxerweise die letzte Wende in seinem Leben, beinahe eine dritte Revolution. Die evangelische Obrigkeit weigerte sich, den Doktor, der ein Muslim war, zu Grabe zu tragen. Unsere Mutter war schockiert und ratlos. Von dieser Katastrophe erfuhr ich erst später, nur ihren ältesten Sohn, Utz Mustafa, hatte sie eingeweiht. Am Ende von Vaters Leben schien es zu einer Kontroverse unter den Allmächtigen gekommen zu sein.

Ein junger Vikar der evangelischen Gemeinde befreite unsere Mutter von der bedrückenden Last, die ihre Trauer zu verstellen drohte. Mutig geworden durch den Geist der Obrigkeitskritik, der Ende der sechziger Jahre durch die junge Republik wehte, nahm sich der Vikar des Falles an und fand eine Lösung, die dem weisen Salomon gefallen hätte: Ohne Talar sprach er die Rede auf unseren Vater. Im Gleichnis vom barmherzigen Samariter tauchte die Würdigung seines ärztlichen Wirkens auf, und was den Muslim betraf, als der der Verstorbene – für manche aus dem Ort zum ersten Mal – plötzlich bekannt wurde, so sprach das schöne Wort von Gottvaters Haus, in dem es viele Wohnungen gebe, den Trost, der die vielen Tränen linderte. Ein Muslim, ein geliebter und verehrter, »der ein Stückchen von Jesus als dem Grenzgänger der Liebe und des Friedens zwischen den Rassen und den Religionen zu den Menschen gebracht hat, ist von uns gegangen«. Wer den Vater hat, hat den Sohn, und wer den Sohn hat, hat den Vater, heißt es im Evangelium des Johannes. Als sollte Allah an einen vergessenen Sohn erinnert werden, löste sich für den kurzen Moment der Ansprache am Sarg des Verstorbenen der Himmelsdünkel, der ewige Schlamassel um den Schöpfer aller Dinge, in Trauer auf.

Annemarie hatte einen Teppich aus Rosen flechten lassen. Die Damaszener, von deren Duft unser Vater schwärmen konnte – nirgendwo in Ostwestfalen hätte sie welche bekommen. So wurden es tiefdunkelrote Rosen einer großen Liebe, ein letzter Gruß an ihren Fiebertraum aus Tausendundeiner Nacht, an ihren Mikail, mit dem sie nach Ankara gezogen wäre, den sie zur Schädelmessung begleitet hatte, über dessen Clownerien sie sich ausschütten konnte vor Lachen, dessen muslimische Eifersucht sie unerträglich fand und an dessen Seite sie dankbar über das Geschenk staunen konnte, mit den Kindern in einer Zeit ohne Krieg angekommen zu sein.

Dreißig Jahre nach seinem Tod entdeckte ich in Tiflis, anlässlich eines Vortrags am Goethe-Institut, das Haus der Familie meines Vaters im armenischen Viertel am Hügel liegend, unweit von den Schwefelbädern, in der schönsten Gegend der Stadt. Er hatte die Stadt seiner Jugend nie wiedergesehen. Der Name der Straße war – wie ich mit Hilfe meines Freundes Lascha in der kartographischen Abteilung der Nationalbibliothek herausgefunden hatte – achtmal geändert worden.

Nach meiner Rückkehr suchte ich meine Mutter auf, um ihr von meiner Entdeckung zu berichten. Als ich ihr die Fotos zeigte – die alte Karawanserei an der Kura, Vaters Elternhaus in der Schurparschiskaja, die ewig verschneite georgische Heerstraße, die ich bis hoch an die russische Grenze gefahren war, der mächtige Kasbek –, huschte ein verliebtes Lächeln über ihr alt gewordenes Gesicht. »Hast du die Kiste mit dem Gold gefunden?«, unterbrach sie mich ungeduldig – aus der Zeit der Treueschwüre musste zwischen den beiden noch etwas offengeblieben sein. Und als hätte sie mein verdutztes »Nein« überhört und als gälte es, die Exklusivrechte auf ihren Liebsten gegen einen bevorstehenden Ansturm orientalischer Großverwandtschaft abzusichern, verblüffte sie mich mit der Frage: »Du hast doch hoffentlich keine Verwandten getroffen?!«

Zweimal nein: kein Gold und auch keine Verwandten. Dass ich seine Geschichte gefunden hatte, schien sie nicht sonderlich zu interessieren. Warum auch? Sie kannte sie. Sie war ihr Märchen geworden, und Märchen kommen ohne Fotos aus.

30

Liebe zur Sache – Im Sog der zurückliegenden Skandale droht eine ebenso triviale wie elementare Einsicht in die Kultur der pädagogischen Kommunikation in Vergessenheit zu geraten. Angesichts der folgenreichen Überzeichnung, die in einer Reihe von Internaten Kinder zu Opfern degradiert hat, gilt es daran zu erinnern, dass Zuwendung als das Medium eines gelingenden Umgangs mit der Neugier des Kindes nötig ist. Alle Zuwendung ist ambivalent, sozial fragil und psychisch durch Polarität bestimmt.

Der Streit um die Odenwaldschule betrifft ein Problem der Elitenerziehung. Die Motive von Eltern, die ihre Kinder der Obhut einer erzieherischen Stellvertretung anvertrauen, sind vielschichtig und noch lange nicht hinreichend erschlossen: Statusprätention, das Beste für die Besten, zu denen man die eigene Familie zählt, mischt sich mit dem Wunsch, sich den Zumutungen affektiver Ambivalenz zu entziehen und die Kinder Experten zu übergeben. Von Ihnen wird Affektkontrolle und Leistungsfähigkeit in erzieherischer Perfektion erwartet. Dass den jüngst bekanntgewordenen Geschichten zu Übergriffen erst nach Jahren des Schweigens Glauben geschenkt wurde, ist nicht so verwunderlich, wie es der öffentliche Aufschrei nahelegt. Die Schuldgefühle von Eltern, die ihre Bedeutsamkeit in den eigenen Kindern fortsetzen wollen, den trivialen Alltag mit ihnen jedoch meiden, sind nur dadurch zu mildern, dass die Eltern von der Güte der delegierten Erziehung fest überzeugt sind.

Das soziale Exklusivitätsversprechen der Einrichtungen und

deren erhabene Distanz zum vermuteten Trübsinn der Normalschule tun ein Übriges, um eine kümmernde Nachfrage oder ein Staunen gar nicht erst aufkommen zu lassen. Was teuer ist, muss bekanntlich auch gut sein, schließlich lässt man sich die Bildung viel Geld kosten, und am Ende steht der sportlich trainierte, moralisch geschulte und versuchungsdistante junge Erwachsene vor der Tür, bereit für das Leben. Ein für die deutsche Oberschicht typischer antiinstitutioneller Affekt, amalgamiert mit Zivilisationskritik, liegt verklärend der Entscheidung zugrunde, die Kinder einer Art professionalisierter Überbehütung anzuvertrauen.»Adel durch Bildung« ist das Ziel, dessen geistigen Vernetzungen mit dem Bildungsprotestantismus Friedrich Wilhelm Graf nachgespürt hat. Für den deutschen Liberal-Katholizismus gelten ähnliche geistesaristokratische Missionsideen. Die Lebenserinnerungen Golo Manns, Schüler des Internats zu Salem, veranschaulichen biographisch das pädagogische Ideal delegierter Elternschaft. Doch derartige Bezüge lassen nur anklingen, dass es bei der »zivilisierten Nettigkeit« (Golo Mann) der Gemeinschaftserziehung um mehr geht als um Pädophilie und unbewusste Komplizenschaft. Das Thema, das im Lichte der Internatsschulen, ihrer erzieherischen Programmatik aufgeworfen wird, ist weitreichender, denn es betrifft die Institution der Familie in Deutschland, ihr Verhältnis zur Abstraktionszumutung der modernen Gesellschaft und die Bereitschaft der Eltern, auf die Naturwüchsigkeit kindlicher Neugier und Erkenntnislust eine Antwort zu finden und bei dieser Aufgabe mit der Schule zu kooperieren.

Was die Schule anbetrifft, sollte man im Strudel der Debatte die Dinge auseinanderhalten. Keineswegs handelt es sich bei der Reformpädagogik um eine Leitidee, die Perversionen begünstigt. Auch das Zölibat zieht nicht zwangsläufig seelische

Monstrosität nach sich, sondern bezeichnet nicht mehr als ein Element in der Ausbildung und Praxis des Priesterberufs. Perversionen gehen von Einzelpersonen aus. Deren seelische Verklemmtheit kann sich unter den Gegebenheiten eines Handlungsraums austoben, das können Prügel sein, sexuelle Verführungen oder deren perverse Kombination.

Um diesen Handlungsraum geht es, und zwar jenseits der zurückliegenden Aufgeregtheiten. Der sogenannte pädagogische Eros, ein inzwischen beschädigter Begriff, zählt dazu. Dass der Eros nicht der Person, sondern der Sache gilt, dass nicht etwa erotisierte pädagogische Beziehung gemeint ist, sondern eine sublimierte Hingabe an die Sache, die der Lehrer stellvertretend erläutert, droht bei der Kritik an den folgenreichen Konkretismen eines falsch verstandenen Umgangs mit Schulkindern, mit Kindern überhaupt in Vergessenheit zu geraten. Schüler sind abhängig und haben nur eingeschränkte Chancen, den Handlungsraum der Unterweisung zu verlassen. Die Schule begründet ein Machtverhältnis, das in der Asymmetrie von Wissen und Erfahrung Gestalt annimmt. Im Kommunikationsgeschehen unterliegt die Begegnung jedoch einer stillschweigenden Prämisse der Symmetrie: Bezogen auf die Sache und die durch ihre Rätselhaftigkeit provozierte Herausforderung, ihren Geheimnissen auf die Spur zu kommen, begegnen sich Lehrer und Schüler als Gleiche, die Neugier und Erkenntnislust zusammengeführt hat. Nicht der Statusunterschied zwischen Lehrern und Schülern entscheidet über den Ausgang der großen Erkenntnissuche, sondern die Plausibilität des Arguments.

Im Horizont der Sache als einem Problem des Erkennens stehen sich in der pädagogischen Kommunikation Lehrende und Lernende somit als gleich und ungleich gegenüber, und es ist genau diese Synchronizität von sich gegenseitig ausschließenden Zugehörigkeiten, vor der manche Pädagogen die Flucht ergreifen. Die einen, indem sie sich ihrer Pflicht entziehen, die Ungleichheit in Erinnerung zu rufen und ihr durch Notengebung und Leistungsdifferenzierung Ausdruck zu verleihen. Sie missverstehen die Gleichheit, die nicht mehr als eine produktive Fiktion darstellt, indem sie diese kumpelhaft aufladen. Die anderen fliehen die bedrohliche Fiktion der Gleichheitsprämisse, indem sie ihre Differenz zu den Schülern mit Härte, mit dem Rohrstock, mit zynischer oder blasierter Distanz als unüberwindbar zu unterstreichen versuchen.

Mit der Gleichheit aller Neugierigen ist die Ungleichheit derjenigen verbunden, die sich – wiederum sachvermittelt – voneinander unterscheiden und nach ihren Beiträgen zu beurteilen sind. Die Schulklasse bildet eine Leistungsgemeinschaft, die sich in der Art und Weise, wie sie sich die Sache erschließt, in sich unterscheidet und die sich in diesen Unterschieden zu artikulieren und anzuerkennen lernt. Diese elementare Funktion der Anerkennung von Unterschieden in der erreichten fachlichen Kundigkeit und das gleichzeitige Zusprechen eines Würdeanspruchs als Mitglied der Klasse als einer Gruppe Gleicher zählen zu den wichtigsten Basiserfahrungen des Schulunterrichts: Zugehörigkeit zu einer Gemeinschaft von Ungleichen, aber um die Sache in der Fiktion der Gleichheit versammelt, dieses Elixier für den Eintritt in Beruf und bürgerschaftliche Verantwortung wird fächerübergreifend in den Schulen mitgegeben. Die Sache – und nicht die Personen – ist systematisch die Verführerin.

Pädagogische Kommunikation bezieht sich auf eine Kunst des Umgangs. Kriminell wird es in dem Moment, in dem die Beteiligten, Lehrer oder Schüler, das Potential an Bindungen, das die Beziehung aufrechterhält, also Zwang, Zuwendung,

Gleichheit und Ungleichheit, wörtlich nehmen. Die Kommunikation zerfällt, wenn das Dritte – die Sache – verabschiedet wird, seine sublimierende Funktion einbüßt.

Lehren bedeutet, daran ändert die gegenwärtige Aufregung nichts, nicht mehr als sachvermittelte Zuwendung zum Kind, und diese geschieht in einem Kommunikationsraum, der fragil und gefährdet ist, also in hohem Maße ambivalent.

Haarsträubende Übergriffe in einem gefährdeten Raum gelebter erzieherischer Praxis weisen darauf hin, dass Institutionen zu schützen sind, dass insbesondere Institutionen der intellektuellen Schulung und moralischen Reifung einer Pflege bedürfen und auf eine kontinuierliche Bewahrung angewiesen sind. Das geschieht nicht durch Lässigkeit, auch nicht durch Überwachung, nicht durch einen Bildungsheroismus und strapaziöse Perfektionserwartungen und auch nicht durch das Plädoyer, die Rollendistanz gegenüber dem prinzipiell ambivalenten Bildungsprozess junger Menschen zu kultivieren, sondern durch kontinuierliche Professionalitätsschulung – anders als es im Portfolio-Wahn der gegenwärtigen Lehrerbildung geschieht.

Wenn die Sache als solche Entfaltungschancen durch die konzentrierte Arbeit einer Gemeinschaft von Neugierigen hat, dann tritt, in der schönen Formulierung Luhmanns, die Organisation zurück, dann wird das in die Begegnung eingelagerte affektive Potential sublimiert und gibt den Weg frei auf das Ziel, zu dem man in einer Klasse überhaupt zusammengekommen ist: Erkenntniszuwachs. Institutionen ist eine Ambivalenz eigen, die es zu erkennen und im eigenen Handeln zu berücksichtigen gilt – Ambivalenz kann nicht beseitigt werden, sie bedeutet nicht etwa Gefahr, sondern sie bildet, so gefährdet sie ist, das höchste Gut der Moderne: An ihr und in ihr eröffnen sich Gestaltungsspielräume, die als solche zu erhalten sind. Hieran soll erinnert werden, ehe irgendjemand auf die Idee kommt, die Schulen nicht nur mit Computern zu bestücken, sondern die Unterrichtskommunikation durch videogesteuerte Unterweisung zu ersetzen. Zentral ist daher nicht so sehr der Umgang der Lehrer mit neuen Medien, der derzeit im Taumel der Wissensgesellschaft allseits gefordert wird, sondern vielmehr das Verständnis und der kundige Umgang mit dem alten, aber elementaren Medium des Erziehens: dem Sprechen mit dem Kind über das Unbekannte, das die Welt ist.

31

Clouds – Die Soziologie hat es mit Voraussetzungs- und Folgen-Überprüfung menschlichen Handelns zu tun. Empfehlungen sind von ihr nicht zu erwarten, sie skandalisiert nicht, aber ebenso wenig huldigt sie. Die Rufe der Kassandra sind ihr fremd, sie de-trivialisiert alltägliche Erfahrungen und macht es sich zur vornehmen Aufgabe, analytisch entschlüsselte Komplexität zu re-trivialisieren. Die Perspektive des Faches entwirft eine Art zu denken, hat somit mit den Menschen, die sie vertreten und die sich die ewigen Kalauer anhören müssen, nicht praktisch zu sein, wenig zu tun.

Das Denken übernimmt die Aufgabe, Gelassenheit zu provozieren, eine Haltung, die vergleichsweise selten geworden ist, aber sich affektiv empfiehlt, wenn kognitiv Unverständnis verbreitet ist; dann etwa, wenn Wolken im Anmarsch sind. Die Cloud, folgt man der gängigen Version der Wortbedeutung, umschreibt zunächst einmal nicht mehr als eine technologische Innovation, die die Industrieproduktion ebenso erfasst hat wie die Buchhaltung. Die eingebauten Verheißungen und Innovationsversprechen – wieder einmal höhere Rechen- und Datenverarbeitungskapazitäten – stellen zur Gewohnheit gewordene Statusgefüge in Frage. Clouds kollidieren mit dem Konservatismus der Mentalitäten und Legenden, in denen die Menschen der modernen Gesellschaft ihre beruflichen Engagements, Erfolge und Misserfolge deuten.

Auch die neueste Innovation bricht sich somit an der Wetterfühligkeit des Menschen, an seiner Behäbigkeit. Die Wolke als technologische Innovation lässt die grundlegende Differenz zwischen Avantgardisten und Skeptikern aufleben, sie verschiebt die Hierarchien; das betriebsinterne Gefüge von Zauberern – das sind in der Regel die IT-Leute –, von Propheten und Priestern, den Visionären und Routiniers wird neu gewürfelt, so wie allem Kommunikativen eine innewohnenden Destruktivität eigen ist. Eine Erfindung, die das Ständische in Frage stellt – und das Ständische bezieht sich stets auf die erworbene Kompetenz, auf die großen und kleinen Differenzen in Anerkennung und Ehre und selbstredend auf die materiellen Gratifikationen, die dem Statusgewusel eines Betriebs die nötige Würze von Neid, Bewunderung, Gehabe und Dünkel verleihen. So hält die Dynamik der Kooperation, der sich alle normativ verpflichtet haben, den Betrieb am Laufen.

Aber mit der Cloud ist es doch wiederum ganz anders, und das hängt mit der Semantik zusammen, mit der Intransparenz und dem Unheil, welches im Konnotationsraum gemeinhin als Erstes auftaucht. Eine Gruppe Finanzbeamter aus Schleswig-Holstein nähert sich auf einem Tagesausflug einem der touristischen Highlights der Stadt Wiesbaden, dem Neroberg, auf dem die in hellem Gold glänzenden Zwiebeltürme der russischen Kapelle an glorreiche Zeiten eines entspannteren Verhältnisses zwischen Russen und Deutschen erinnern. Die letzten Meter legt man zu Fuß zurück, zögert jedoch, und das binnen kurzem gruppenweit, als jemand der dunklen Wolke eines bedrohlich nahen heraufziehenden Unwetters gewahr wird. Die Option, in den Bus zurückzukehren, wird ernsthaft erwogen und erleichtert aufgegeben, nachdem einer aus der Gruppe mit seinem iPhone mit Wetterkarte die Zeit der in Kauf zu nehmenden Verdunkelung sowie die Richtung der Wolke exakt umriss, und nun der Aufstieg zur Kapelle, nachdem der Wolke gleichsam von oben auf die Finger geschaut worden und ihre Ballung als ungefährlich erwiesen war, im geschwätzigen Optimismus von Reisenden fortgesetzt werden konnte.

»Über den Wolken muss die Freiheit wohl grenzenlos sein«, so wurde in dem berühmten Song noch vermutet – in der Wolke jedoch sieht das anders aus. Die Wolke ist konnotiert mit Intransparenz, Verdunkelung, Unheil und Blicktrübung, soziologisch formuliert, mit dem Verlust der Situationswahrnehmung. Die phänomenologisch bestimmenden Merkmale der Wolke sind seit Menschengedenken vertraut, Hans Magnus Enzensberger huldigt ihr in einem phantasievollen Gedichtband. Die Wolke ist geräuschlos präsent, sie ist unirritierbar durch menschliches Tun, sie ist flüchtig, verstellt den Blick zur Sonne, zu den Sternen, die Wolke kann sich aggregieren zu unbändiger Gewalt, so schnell wie sie kommt, so schnell kann sie verschwinden, sie ist eine Formation von ewiger Dauer ebenso wie sie von der Kunst der Selbstauflösung beseelt zu sein scheint.

Legt man nun die Phänomenologie im Hinblick auf die ihr inhärenten Implikationen, also die Handlungszumutungen, weiter aus, so zeigt sich, dass wir es bei der Cloud mit einer latenten Spannung zwischen Innovationsversprechen und deren semantischer Verkleidung zu tun haben. Die vielerorts gewünschte höhere Akzeptanz, etwa bei der mittelständischen Industrie, wäre längst eingetreten, hätten wir es nicht mit einem Mythenstau zu tun. Die Zentralmythen der menschlichen Gesellschaft, die Anfänge von Astrologie und Astronomie, die großen Erfindungen, die sich mit den Namen Kopernikus und Galilei ins Kollektivgedächtnis eingegraben haben, sie setzen die Erkennbarkeit der Gestirne voraus, wenn man so will; Wolkenfreiheit, Transparenz. Sonne, Mond und Sterne kennen wir nicht nur als die Gewissheit versprechenden Begleiter aus früher Kindheit, letztlich alle religiösen Mythen menschlicher Kulturen gründen auf der Idee eines symbolischen Dauerkontakts mit dem Firmament, niemals jedoch mit Kontaktbruch, also mit den Wolken. Der Skarabäus wird verehrt, weil er stärker scheint als die Kugel, die er schiebt und die als Kugel an die Kausalitätswirkung der Sonne erinnert.

So überraschend es klingt, semantisch stehen wir mit der Cloud in einer Sackgasse, eine schier unüberwindbare Kluft, vergleichbar den Irritationen, die etwa der »Phaeton«, das Flaggschiff von Volkswagen, bei der Kundschaft auslöst, die mit einem Fahrzeug der Premiumklasse vorfahren will, die diesen Auftritt als unverträglich mit dem Firmenzeichen »VW« empfindet und deswegen öfter, als dem Unternehmen lieb sein kann, von einem Kauf des Modells absieht. Der Cloud, unverzichtbar, doch ausgestattet mit einem semantischen Stigma, geht es ähnlich. Gibt es eine Alternative, Positivierung der Intransparenz und insofern eine freundliche Auslegung des Aggregationspotentials der Wolke, ihrer Wirksamkeit, ihres Leistungsversprechens? Führt man sich die Klarheitsfixierung menschlicher Erkenntnisbildung, ja menschlicher Weltorientierung vor Augen, wird schnell klar, dass nur ein Umweg weiterhilft. Der Umweg, möglicherweise mit Bildungseffekt für die betroffenen Abteilungen in Organisation und Unternehmen, liegt in der impressionistischen Malerei. Der Impressionismus, in Musik, Malerei, Skulptur, hat bekanntlich den rasanten Übergang in die Daseinsgestaltung der Moderne ästhetisch begleitet. Atemberaubend raffinierte Versuche, die Realitätswahrnehmung vom kruden Konkretismus der Ding- oder Personenauffassung zu befreien und den Betrachter, Zuhörer auf eine Einstellung zur Welt vorzubereiten, die durch die Sensibilität für das Dazwischen, für die Bewegung statt für das Konventionalisiert-Starre, für die produktive Wirkung einer Anarchie von Farben, Formen und Tönen ausgezeichnet ist. Impressionismus ermöglicht Erfahrungszuwachs, letztlich Innovation durch Intransparenz-Akzeptanz, und in dieser umfassenden ästhetischen Provokation liegt der Schlüssel zum Verständnis der Cloud.

Die Wolke als Technologie greift die anthropologisch tief verankerten Basisorientierungen in Zeit und Raum an und symbolisiert einen umfassenden Verortungsverlust. Nicht nur die Raumüberschreitung wird versprochen, vielmehr die Zeitüberschreitung. Simultanpräsenz ist das Versprechen der Gegenwart, und diese Semantik impliziert die räumliche und zeitliche Maximalverfügbarkeit, ein technologischer Avantgardismus, der mit erheblichen Anforderungen an die Vertrauensbereitschaft verbunden ist, mit der Anforderung, sich von der Wetterfühligkeit freizumachen. Für das Kooperationsgefüge von Teams und Abteilungen erzwingt diese eine Bereitschaft, Intransparenz als das Normale zu verstehen, sich mit Diffusität zu arrangieren, eine Fähigkeit, die zwangsläufig gefragt ist, wenn es heißt, Kompetenzen abzugeben und auf den Narzissmus der Allzuständigkeit zu verzichten. In diesem Sinn symbolisieren Wolken eine Einladung, sich mit Ungewissheitstoleranz vertraut zu machen. Irgendwann gelingt der Durchblick.

32

Fotos in unruhiger Gegenwart – Blitzlichtgewitter gibt es nicht nur bei Staatsbesuchen oder auf dem roten Teppich der Berlinale – bei Eheschließungen sind die Hauptakteure ebenso wie die, die das Geschehen als Zeugen begleiten, von einer ähnlich grellen Aufmerksamkeit umgeben, besonders in dem Moment, in dem das Sakrament der Ehe vollzogen, das Jawort gesprochen, dem Paar der Segen erteilt wird. Von allen Seiten, in wechselnden Zooms richten sich die Objektive der Kameras auf den sakralisierten Augenblick, möglichst punktgenau, als sei das magische Moment des Aktes von der Möglichkeit des Zweifels unterlegt, gegen den das Foto mit einem untrüglichen »So war's« beikommen soll – ein Beispiel für »unruhige Gegenwart«? Über die Kasualfotografie wird ernsthaft theologisch gestritten, in beeindruckend komplexem Für und Wider diskutieren die fürs Sakrament Zuständigen die Frage, ob es zulässig sei, einen Akt zu fotografieren, der als einmalige und geweihte Exklusivität einer technischen Reproduzierbarkeit entzogen sei.

Was liegt dem zugrunde? Gibt es eine Erfahrung der Gegenwärtigkeit, die mit fotografischer Objektivierung unverträglich erscheint, deren Unruhepotential darin zum Ausdruck kommt, dass sie im Hier und Jetzt des Erlebten erhalten ist, sich magisch den Beteiligten einsenkt und allenfalls in der nachträglichen Sinnzuschreibung über Geschichten, über das Sprechen zugänglich bleiben soll? Unruhe, die begrifflich auf die Ruhe als ihr Komplement verweist, scheint nur einem vergleichenden Bewusstsein gegeben zu sein. Sie ist gedächtnisabhängig und entsteht somit in einer Zeitstruktur, in der eine Gegenwärtigkeit über eine Vergangenheit perspektiviert und auf eine Zukünftigkeit hin entworfen wird. Darüber erschließt sich die zentrale Wechselwirkung zwischen dem Sprechen und dem Zeigen, dem Wort und dem Bild, im Zeitbezug unterscheiden sie sich.

Das Miteinander, die Sozialität, in der Menschen sich artikulieren, stellt man sich am besten als eine Sammlung von Plaudertaschen vor – die erzählte Geschichte liefert das Material für Identitätskonstruktionen von Hinz und Kunz, von Jung und Alt, von Milieus und Nationen. Geschichten eröffnen die Möglichkeit, sich in Zeit und Raum zu verorten. Und diese basale Verortungsofferte grundiert die Wirklichkeitserfahrung. Über die Anstrengung des Sprechens entstehen Antworten auf die Frage, wer wir sind. »Auf der Suche nach der verlorenen Zeit« erzählen Menschen Geschichten, Bilder zeigen sie selten – zunächst einmal jedenfalls. Wie unruhig auch immer die Lebenssituation und das sie umgebende Zeitgefühl, ob es Kriege oder Krawalle sind, die die Menschen erleben, einen Autounfall, einen ans Ufer geschwemmten Pottwal, den Tod oder die Erkrankung der Nächsten, das triviale Glück einer guten Note – stets erhalten derartige Erfahrungen Gestalt, wenn sie in die narrative Struktur einer Geschichte eingewebt werden.

Sprechend kommen Menschen durch die Welt, wenngleich die suggestive Evidenz eines pausenlosen Fotografierens – mit dem heutzutage ja beruhigend paradoxen Ergebnis, dass die Bilder auf immer und ewig auf der Festplatte verschwinden – die These zu widerlegen scheint. Die Sprache, nicht das Bild ist das Haus des Seins, die Gegenwartserschließung; die Konstitution von Erfahrung vollzieht sich im Modus des Sprechens. »Da fehlen mir jetzt die Worte« heißt es und nicht »da fehlt mir jetzt ein Bild«. Das Verstummen wäre demnach die Unruhe schlechthin.

Die Resonanzlosigkeit und dadurch unruhige Gegenwärtigkeit des Gegenübers liegt der Entstehung von Religionen zugrunde, was hier nicht auszuführen ist – und steht am Anfang aller Akten des Glaubens, des Zweifelns, des Wissens. Sie geht der Suche nach Evidenz voraus. Das vorausgeschickt, seien drei Formen des Erzählens vorgestellt, bevor wir uns der Fotografie widmen:

Die heimliche, latente Geschichte dürfte der Normalfall sein. Dem Erzähler bleibt sie eigentümlich unzugänglich, psychologisch formuliert wird sie agiert. Menschen reproduzieren im Duktus ihres Erzählens Spuren des Erlebten, die ihnen Unverwechselbarkeit verleihen, in den meisten Fällen ohne es selbst zu merken. In der Prägnanz des Erzählten erscheint die Sequentialität von Erfahrungen als eine zweite Haut der Person. »Aha, Kriegsteilnehmer«, »aha, Wandervogel«, »aha, Selbsterfahrungsgruppe« – in charakteristischen Wendungen verdichtet sich hierbei ein ganzes Spektrum lebensgeschichtlicher Erfahrungen.

Anders das Elaborat, ein Narrativ, das sich wohl die meisten unter einer Geschichte vorstellen. Großvater oder Großmutter erzählen, Weihnachtsabende, Herbstzeit, oder baden-württembergische Lichtstuben-Zeit. Die Textgestalt der Geschichte folgt dem Muster des Romans, mehr oder weniger deutlich hält der Erzählende die Geschichte unter Kontrolle – schließlich geht es meist um den Aufbau eines Sockels, auf dem der Erzähler ohne Blessuren sicher zu stehen kommt; ein Held, eine alle anderen überragende Grandiosität der gelungenen oder gescheiterten Lebens- oder Krisenbewältigung zählen zum Bauprinzip der Geschichte als Heldengeschichte.

Wer sonntags im Kinderprogramm des deutschen Fernsehens sieben Minuten vor zwölf »Käpt'n Blaubär« hört und sieht, der wird Zeuge einer dritten Form des Geschichten-Erzählens. Sie entsteht auf dem Meer, lebt von der Nähe zum Abenteuer als ihrem wichtigsten Merkmal. Am Seemannsgarn, der unendlichen Geschichte, die gesponnen wird, zeigt sich eine Qualität des Erzählens, die den Wunsch nach Kameras dringlich werden lässt. Geschichten sind devianzanfällig, und die häufigste Devianz, die beim Geschichtenerzählen unterläuft oder in Kauf genommen wird, wenn das Erzählen Fahrt aufgenommen hat, ist die Übertreibung. Die Hafenkneipe oder der Kiosk an der Straßenecke sind typische Orte narrativer Überbietung. Geschichten sind der Falsifikation entzogen, niemand kann überprüfen, wie groß der Dorsch wirklich war, den der Angler der stürmischen See entrungen hat.

Sprechen ist täuschungs- und selbsttäuschungsanfällig, schon Eva bekam bekanntlich das göttliche Verbot, die Äpfel am Baum der Erkenntnis hängen zu lassen, nicht richtig auf die Reihe, und das wiederum, weil die Schlange falsch zitierte, und das, obwohl nur wenig Worte zu behalten waren. Geschichten sind konsistenzverpflichtet, eine Instanz der Konsistenzprüfung ist unabdingbar. Deshalb bilden Käpt'n Blaubär und seine ebenso wohlwollend wie erkenntniskritisch aufmerksam zuhörenden drei Enkel, die Bärchen gelb, grün und rosa, das Modell für Voraussetzungen und Folgen von Geschichten, das Modell für die Ergänzungsbedürftigkeit des Geschichtenerzählens. Selbst die methodologische Position der legendären Ratte Hein Blöd folgt stimmig dem Ziel, sich an der Suche nach Wahrheit zu beteiligen. Tölpelhaft und begriffsstutzig lassen deren Kommentare zu den haarsträubenden Kausalitäten des Käpt'n Blaubär noch dem gutwilligsten Zuhörer ein Licht aufgehen.

Helfen da Fotografien weiter, wo doch vorrangig scheint, dass es im Erzählen allenfalls darauf ankommt, Text und Kontext zu balancieren? In der Begrifflichkeit des amerikanischen Soziologen Erving Goffman sind es die Rahmungen, die Wahrheit und Lüge unterscheidbar machen. Allerdings erzeugen wir sprechend diese Rahmungen, Bilder helfen nicht, das Wahrgenommene ist niemals spurlos verschwunden; selbst wenn das Bild objektivieren soll, leuchtet seine evidenzheischende Kraft nur denjenigen ein, die es in den Rahmen des Sprechens stellen. Die Bildspur impliziert die Wortspur, sie hat keinen Eigenwert, und dennoch läuft das Sprechen auf die Suche nach Bildern hinaus, Caravaggios Meisterwerk über die Geschichte vom ungläubigen Thomas lässt das Drama einer Suche nach anschaulicher Evidenz spüren.

Gibt es demnach einen besonders zugespitzten Handlungs- oder auch Darstellungsbedarf des Fotografierens und noch dazu einen, der angesichts des Lebenszuschnitts der Moderne irgendwie besonders dringlich geworden ist? Beseitigt das Bild den Zweifel, ist es ein Pointengarant, das Tüpfelchen auf dem i, verspricht es eine Objektivierung, die in ihrer erdrückenden Suggestivität zum Schweigen bringt? Es ist wohl auszuschließen, dass die Menschen zukünftig darauf verzichten, ihre Identität in und durch Geschichten zu artikulieren. Allerdings entstehen neue Gefahren, auf taube Ohren zu stoßen: Die Erwartung der Nachvollziehbarkeit nimmt zu, und wenn der Erzählraum schrumpft, die Rahmung als zu umständlich erscheint, Zeugen für das Erzählte selten anwesend sind, dann bleibt immerhin das Bild, das man herumreicht. Es ist diese Suggestivität, die dem Fotografieren eine eigentümliche charismatische Qualität verleiht. »Die Kamera übersetzt die Gegenwart in zukünftige Erinnerung an einen vergangenen Augenblick, und der so fixierte Augenblick ist abrufbar und erhält einen archivarischen Wert«, so hat es der James-Joyce-Spezialist Fritz Senn formuliert, jemand Unverdächtiges mithin, der nicht im Bild, sondern im erzählenden Sprechen zu Hause ist.

Kommen wir abschließend zur eigengesetzlichen ästhetischen Sphäre der Fotografie. Sie erschließt sich in Exponaten, denen es gelingt, eine Multiplizität von Rahmungen sichtbar zu machen. Die ästhetische Raffinesse liegt hierbei darin, dass das Bild überraschende Lesarten bereitstellt, die aufzugreifen der Betrachter geradezu gezwungen ist. Beispielhaft das Foto einer Gruppe von Safari-Touristen, die auf dem Dach eines Jeeps stehen und angestrengt, einige mit Ferngläsern, in eine Richtung schauen, offenkundig, um Tiere zu beobachten. Hinter ihnen, in unmittelbarer Nähe, aber von niemandem vermerkt, liegt in stoischer Ruhe, den Blick auf die Menschen auf dem Autodach gerichtet, ein stattlicher Löwe. Das Foto trägt die Unterschrift: »Essen auf Rädern« und unterlegt somit dem Anblick der Reisegruppe mit Löwen eine Brisanz, in diesem Fall eine humorvoll arrangierte Geschichte zur Blindheit gegenüber Gefahren, die als hoher Preis für die penetrante Suche nach authentischen Erlebnissen zu zahlen ist. Aber auch in diesem Beispiel ist es ein Text, der das bildliche Arrangement erläutert. Das ist nicht zwingend, und allein in der vollkommen ästhetisierten Fotografie wird auf eine Explikation weitgehend verzichtet, so ließe sich einwenden. Jedes erläuternde Wort wäre ein Hohn auf das Aussagepotential des bildlichen Arrangements selbst. Und das Bild, darin läge die fotografisch-ästhetische Raffinesse, gleichsam dessen List der Vernunft, offeriert eine Vielfalt von Erzählströmen – verpackt in den nur sinnlich-anschaulichen Appell, der an das betrachtende Auge gerichtet ist. Bild und Wort erscheinen nicht in einer scharfen Gegensätzlichkeit, sondern in einer dynamischen Komplementarität und Konfliktivität, sie bestreiten sich wechselseitig ihre Überzeugungskraft wie auch ihr Unruhepotential und bilden doch nichts anderes als ungleiche Zwillinge der Realitätserschließung.

33

Un po' di pepe – Salz und Pfefferstreuer, wem sind sie nicht vertraut – stumme Gäste im Restaurant, die ewigen Zwei. Wie liegengelassene Spielzeugkraftwerke aus dem Kinderzimmer stehen sie auf dem Tisch in zumeist schäbigem Design oder im Habit zwillingsgleicher Zwiebeltürme – der eine seinen Inhalt dadurch lakonisch entwürdigend, dass untergemischte Reiskörner den langen, wenn nicht gar jahrelangen Aufenthalt im Behältnis nach außen sichtbar machen. Was auch immer in der kulinarischen Welt für Überraschung sorgt, Salz und Pfeffer stehen schon bereit, eine Reserve – Bürgen geschmacklicher Aktualisierung, Minima aromatica. Diesseits der unauffälligen Präsenz der beiden ehernen Garanten der Würze bricht seit geraumer Zeit – vornehmlich in Häusern mit gehobenem bis höchstem kulinarischen Anspruch – kanonengleich die Pfeffermühle ein, dem Gast vom Kellner von links oder von rechts über den Teller gehalten und mit der Frage synchronisiert, ob zum just Servierten noch etwas Pfeffer erwünscht sei. Gegen alle vordergründige Evidenz scheint es unvorstellbar, dass diese Geste in Italien, dem Ursprungsland der Kochkunst, ihren Anfang nahm.

Das »un po' di pepe?« folgt der Choreographie eines Überfalls; in der deutschen Fassung »... ein bisschen Pfeffer?«, schüchtern und im stimmlichen Kontrast zur plötzlichen Erscheinung des Monstrums über dem Teller formuliert, gerät es zur Karikatur. Magisch hingegen die Wirkung im italienischen Restaurant, in dem die Verzauberung des Gastes schon mit dem

»Buon giorno, Dottore« begonnen hat, kaum dass man den Fuß über die Schwelle gesetzt hat.

In der geräuschvollen Atmosphäre konzentrierter Betriebsamkeit, die Essen und Trinken, den Anlass für die Anwesenheit, zur Nebensache werden lassen, wird deutlich, dass es um die Intensität der Würze nicht geht. Vielmehr zielt der kurze Moment der kommunikativen Prozedur auf nichts anderes, als der Einzigartigkeit des Gastes Referenz zu erweisen. Die überraschende Option zwischen Ja und Nein, zwischen Nuancen der Umdrehung und dem darin wie selbstverständlich angesinnten Vermögen, sich mit einer zusätzlichen Dosierung des Geschmacks deutlich von all denen zu unterscheiden, die sich entweder genügsam oder gar gierig dem aromatischen fait accompli der Küche anschließen. Unzweifelhaft stellt sich, wer nach andächtigem Blättern der Speisekarte eine Wahl trifft und den stummen Auftritten von Erinnerung und Phantasie, den Einwänden des Magens, dem Hin und Her von Mut und dem Zögern des Bauern – der nicht isst, was er nicht kennt – ein Ende setzt, auf die geschmacklichen Vorlieben der Küche ein. Deren Know-how und kulinarische Raffinesse, semantisch einfallsreich bis albern formuliert, stellen einen Hochgenuss in Aussicht, eine Einladung, der der Gast folgt.

Das »un po' di pepe« hingegen unterstreicht die Kennerschaft. Abwegig die Idee, hierin einer launischen Pedanterie freien Lauf zu lassen, abwegig auch der Gedanke, der Kochkunst des Hauses von vornherein Fadheit zu attestieren. Vielmehr offeriert die Geste, das Bestellte geschmacklich zu individualisieren. Damit rücken, moderiert durch den stellvertretenden Auftritt des Kellners, Gast und Koch in eine suggestive Figur der Kooperation. Es geht um Feinheiten, um den ersten sensorischen Eindruck, um die Chance zur intensivierten aromatischen Attacke, aufgerufen in einer Kollegialität, die den Routinier von demjenigen unterscheidet, der im Allgemeinen das Besondere berücksichtigt sehen möchte – »un po' di pepe?«, eine Geste demonstrativer Zugehörigkeit zur Hochkultur des Genießens, ein Ritterschlag zum Connaisseur.

Den Prozess der Zivilisation, von Norbert Elias subtil beschrieben, versteht nur ungefähr, wer darin nicht mehr als den Übergang vom Formalismus umständlich statusorientierter Geselligkeit in die Elastizität personorientierter Beziehungen sieht. Gewiss streift die bürgerliche Moderne die ständische façon de communiquer ab, doch situativ bringt sich die höfische Epoche in Erinnerung, im Apropos des »un po' di pepe?« taucht es für Sekunden auf und umschmeichelt den Gast als den wahren König. Hotellerie und Gastronomie, Orte des professionalisierten Entgegenkommens, bieten den Pirouetten des Ständischen ein vorzügliches Parkett, ein Versteck, in dem das Beste aus der Zeit des Theaters reserviert bleibt.

Auf den Schiffen der Kreuzfahrt, protzige Museen des Höfischen, die in den ruhigen Gewässern des Rentnerdaseins unterwegs sind, feiert das Format – hinreichend weit von den Rhythmen des Festlands entfernt – seine nostalgischen Feste, eine Selbstschau, arrangiert nach dem modernen Kult des Interaktiven. Als Audioguides begegnen sich die Passagiere im Gespräch auf Deck und auf dem Parkett der großen Säle, nach dem Dessert spielt Gideon Kremer auf der Geige. Selbst dem Getuschel der Palastintrige wird an Bord Rechnung getragen: Wer nach beunruhigenden Phasen der Ungewissheit endlich zum Dinner an den Tisch des Kapitäns gebeten wird, verzeichnet Reputationsgewinne; ob im Mikroformat einer Geste oder auf dem exklusiven Liner, allein eine Kultur unbefangener Schmeichelei und gestischen Übermuts vermag dergleichen Spiele mit den Tagesresten aus alter Zeit ohne Häme und vergnüglich zu kultivieren.

34

Exzellenz trägt Schwarz – Die Architektur des Turms* mag beurteilen, wer will, das mindeste, was über den ästhetischen Funktionalismus des Gebäudes zu sagen wäre, ist der Verweis auf die Zumutung zur Abstraktion. Diese vornehmste Aufgabe des wissenschaftlichen Arbeitens nimmt der Turm vorweg, anschaulich und von weitem sichtbar, bocksteif gegen die erhabene Ästhetik der Frankfurter Skyline gestellt. Dass vom »Wahren, Schönen, Guten«, dem verklärenden Signé auf dem Fries der benachbarten Alten Oper, nur Ersteres, die Erkenntnissuche, zur Zielsetzung zählt, darin liegt seine bauliche Anmutung, die einen karg wie trocken Brot empfängt. Einer weiteren, im Übrigen allen Behausungen innewohnende Qualität, dem Geheimnis seines Bevölkertseins, sei im Folgenden nachgegangen. Gewiss, hier traf man sich zum akademischen Diskurs, ging über Jahr und Tag die universitäre Jugend ein und aus, von ihren Lehrern geschult in der kalten Abstraktion des Verstandes. Dass hingegen von Theorie und Empirie, von der Strahlkraft unermüdlicher Erkenntnissuche sogar benachbarte Gattungen in den Bann gezogen wurden, ist als Sensation zu erläutern und in Erinnerung zu halten. Einem gefiederten Kollegium im Geiste, das sich über die Jahre dem täglichen Gewusel auf seine Weise und zudem mit verblüffenden Beiträgen zur Erschließung der Welt beizugesellen wusste: den Krähen des Turms. Ihnen gilt ein bewunderndes Adieu.

* s. S. 19

Außenstehenden und nur gelegentlichen Besucher des Turms mag verwundern, weshalb den Rabenvögeln eine letzte Aufmerksamkeit zuteil wird. Und nur vordergründig assoziiert, wem dabei der mythische Bezug, das bevorstehende Ende, durch den Kopf geht. Nein, nicht die schwarze Lust auf das Vergehende, vielmehr die legendäre Klugheit der Krähe soll unser Thema sein. Dass es über jedem Ganzen, das manche in Frankfurt für das Unwahre halten, noch Klugheit gibt, dass jemand aus weit luftigeren Höhen kommt und überdies geradezu exemplarisch den Mühen der Erkenntnisbildung trotzt, lehrt das Beispiel der Krähen. Weshalb sie sich wie selbstverständlich unter die akademische Geselligkeit mischten, ist leicht zu verstehen. Kein Geist ohne Körper, kein Körper ohne Geist – der Gemeinschaft des Turms war es erst spät vergönnt, auf die Versorgung durch eine Cafeteria zuzugreifen, mit dem dafür typischen Angebot gastronomischer Minima. Ein pragmatisches Essen, jeglicher Ambition unverdächtig, aber frische Salate, Pizzen, eine einfache Mittagssuppe, die die Älteren durchaus dankbar an frühere Mensabesuche denken ließ, und alles serviert von den guten Feen im Schwarzweißgrün, dem Einheitsdress des Studentenwerks, der internationalen Brigade guter Laune, aus Indonesien oder den Ländern des Balkan mitgebracht und großherzig unter den Angestrengten des Geistes verbreitet.

Seitdem das Ambiente des Turms geradezu luxuriös erweitert wurde um Tische und Bänke nebst breiten Sonnenschirmen auf seiner östlichen, hinteren Seite, verlagerte sich, wann immer das Wetter es zuließ, das Pausentreiben nach draußen. Studieren, die Konzentration aufs Akademische, macht gelegentlich nachlässig und lässt zuweilen Regeln unwichtig werden, die zu Hause zu befolgen selbstverständlich war. In diesen Zusammenhang einer allgemeinen, für alle Universitäten dieser Welt strukturtypischen Unordnung rückte die Präsenz einer Reihe von Dauergästen des Turms ein: Eichhörnchen, Rotkehlchen, der Hausrotschwanz, Amseln selbstredend, auch Tauben, nicht zu vergessen die Feldmaus, und unter all dieser Vielfalt prominent die Rabenkrähen – eine majestätische Prominenz im Ensemble von Interesse statt Erkenntnis, das sich über liegengebliebene Reste der Mittagspause hermachte, beinahe massenhaft, weil es stets etwas zu finden gab. Sichere Beuteversprechen gingen von Behältnissen aus, die in den Außenanlagen des Turms für den Abfall fest installiert waren, stählerne Ungetüme in funktionalistischem Design und damit Überbleibsel aus der Zeit vor der umfassenden Ästhetisierung von allem und jedem, aber in Umfang und Fassungsvermögen praktisch für die Zwecke der Müllentsorgung. Diese gähnenden Kästen mit unermesslicher Tiefe bildeten, um auf die Krähen zurückzukommen, Dreh- und Angelpunkt eines von den Vögeln eigenverantwortlich durchgeführten Projekts. Einige unter ihnen, von denen eine mit dem Namen Pi ausdrücklich hervorgehoben sei, widmeten dem verschwundenen Abfall eine rührende und in ihrer Beharrlichkeit geradezu beispielhafte Aufmerksamkeit. Die Krähen flogen aus allen Richtungen herbei. Nicht in Hitchcocks beklemmender Schwarmgröße – an überfüllte Seminarräume gewöhnt, hätte niemand sich sonderlich überrascht gezeigt –, sondern in kleinen Gruppen landeten die Vögel einstweilen in der Nähe des Turms. Manche machten zuvor Station in den Wipfeln der Kastanien am nicht weit entfernten Adorno-Platz, andere bevorzugten die Einflugschneise der Senckenberganlage, mit leisem Stolz die Abbilder ihrer gigantischen, doch flugunfähigen Vorfahren genießend. Am späten Vormittag sah man die Ersten auf den Mauern oder auf dem Rand der metallenen Abfallkörbe sitzen, aufmerksam spähend, beinah regungslos, wie die Heiligen auf Roms Lateran. Da von ihr schon die Rede war, soll gutachtengleich die Leistung von Pi gewürdigt werden. Im staunenden Gedächtnis bleibt Pi, nachdem es ihr eines Mittags gelang, als Erste, daraufhin immer wieder und einige aus ihrer Gruppe ansteckend, aus einer metallenen Kiste mit dem überhängenden blauen Wulst des eingestülpten Müllsacks dasjenige ans Tageslicht zu befördern, was sie mit starrem Blick verfolgt hatte, jedes Mal, wenn von einem Mitglied der benachbarten Gattung der Zweibeiner dieses Etwas in den dunklen Schlund geworfen wurde – und nicht zurückkam, somit, hypothetisch gedacht, dort verblieben sein musste. War schon die Beugung des schwerfälligen Krähenkörpers in das unbekannte Dunkel nur als Ausweis eines atemberaubenden Mutes zu bewundern – schließlich weiß auch eine Rabenkrähe nicht, was einem hinter dem Rücken des Subjekts widerfahren kann –, so fand das Staunen kein Ende, als es ihr gelang, mit heftigem Flügelschlag das immer noch nur als Etwas Zugängliche einige Meter in die Höhe zu hieven, um es erleichtert flatternd fallen zu lassen. Die Salatschüssel, mit der für eine Krähe undurchdringlichen durchsichtigen Verpackung, einer »Convenience Verpackung to go«, platzte auf, so dass der Inhalt, die Reste der oben angesprochenen kulinarischen Vielfalt, auf den Boden spritzten, zugänglich für alle, umsonst. Alle Welt würde nun nach der Befreiung des Inhalts vom störenden Plastik vermuten, dass die Vögel und allen voran die erfolgreiche Pi sich auf das üppige Angebot stürzen würde, nach Art der Tiere gleichsam, denen die Gier nachgesagt wird. Pi jedoch zögerte einen Moment, bevor auch sie im Gekrümel und Gewürfel umhertappte, um sich die Leckerbissen zu schnappen. Dieses ihr Zögern nach soeben erfolgter Sprengung liefert den Schlüssel zur Klugheit der Krähe. Die ist zwar legendär und für den ornithologisch Sachverständigen nichts Neues, aber um dies zu bekräftigen und für die Art, wenn nicht Gattung, stets aufs Neue unter Beweis zu stellen, braucht es doch die unvertraute Situation möglicher Bewährung. Dankbar und fasziniert, so als wolle sie an einem Ort der akademischen Bildung das unverzichtbare Lehren der Methodologie mahnend in Erinnerung rufen, als wolle sie dem Zusammenhang von Hypothese und empirischer Überprüfung demonstrativ eine Reverenz erweisen, entwickelte Pi ihr Projekt. Sie widmete es dem »Rätselcharakter des Behältnisses« (womit Theodor W. Adorno ins Spiel kommt). Bekanntlich kommt nur der ihm auf die Spur, dem selbst die widersinnigste Hypothese eine Prüfung wert ist. Forschungserfolge erlangt nur, wer beharrliche Beobachtung nicht scheut. Pi zögert, blickt auf das Erreichte, das vor ihr liegt – als Rätsel und Evidenz zugleich.

Wer Pi auf die Idee brachte, sich auf den Inhalt der Metallkästen zu konzentrieren, wird ihr ewiges Geheimnis bleiben. Manche munkeln, eine alte Freundschaft mit Konrad, der berühmten Krähe, die sich in Freiburg – auch eine Universitätsstadt mit Exzellenzprätention – auf das Abräumen von Knöllchen von den Autoscheiben der Falschparker spezialisiert hat, habe ihr den Weg zur Neugier gewiesen. Naseweise aus dem Lager des gedankenlosen Positivismus kommen mit der Erklärung daher, dergleichen Klugheit habe so eine wie Pi doch im genetischen Programm. Unbestritten, doch dunkle Kisten? Salatschüsseln? Noch dazu von der Art der »Convenience to go«? Nein, man kommt nicht umhin, Pi in ihrer Sorgfalt der Beobachtung eine Qualifikation zu attestieren, die auch im akademischen Betrieb den Adel der Arbeitenden begründet: Die Phänomenologie geht voran, die Beobachtung steht am Beginn, das Staunen über das, was ist. Ihr vertrauend, hat Pi sich auf den Weg zum

Rätsel der in der Tiefe verschwindenden Schüsseln gemacht. Pi zählte zu den exemplarischen Vertretern einer geistigen Exzellenz, die ihresgleichen – nachdem sie sich dem geduldigen Ernst dieser herausragenden Forscherin andächtig beigesellten – keine Sekunde zweifeln ließen, ihr einstimmig den Titel des »Principal Investigator« zu verleihen.

Den anderen voran, auch das gehört zum einsamen Leben forschender Existenz, musste sie es allein versuchen. Mit wem zusammen hätte sie das Projekt, bedenkt man allein die räumliche Komplexität der Forschungsfrage, realisieren sollen? Eichhörnchen? Zu ungeduldig. Amseln? Sie haben ihren Bachelor in Bodenstöbern bestanden, sind aber an geistigen Höhenflügen nicht weiter interessiert. Rotkehlchen? Im Ansatz neugierig, aber ohne Ausdauer, Projektspringer eben. Der Hausrotschwanz? Zwar vom Krallengriff her kantensicher, aber nicht hartnäckig genug. Oder gar die Taube? Zu Recht gelten alle von ihrem Begabungsprofil her als »High Potentials«, erweisen sich aber in ihrer hohen Spezialisierung auf das nur analoge Transportieren von Anträgen und Forschungsberichten nicht als einschlägig genug. Auch Gruppenarbeit, eine didaktische Unsitte aus früheren Tagen des akademischen Betriebs, wäre für eine Krähe wie Pi nicht in Frage gekommen. Ihr virtuoser Umgang mit dem eigenen Vermögen, ihr souveränes Verfügen übers Hypothetische und übers Empirische, ihr beispielloser Verzicht auf das Naheliegende, den bei Krähen, wie auch bei Konrad aus Freiburg, häufigen Werkzeuggebrauch mit kraftvollem Schnabel – all das zählt zu den beispiellosen Einzelleistungen, ohne die irgendwo in der Welt, gattungsübergreifend, nichts so recht gelingen will, nichts vorankommt. Deshalb ein abschließendes, aufrichtig bewunderndes Adieu an die Klugheit der Krähen des Turms. Und wer sich auf dem Gelände des

Campus Westend der Frankfurter Goethe-Universität umschaut, dem ist nicht entgangen, dass auch dort die ersten Krähen aufgetaucht sind – Boten eines beispielhaften Forschungselans, die an die Einsicht gemahnen, dass sich Erkenntnis raumunabhängig entfaltet, und die tagtäglich demonstrieren, dass es die Neugier ist, die allem akademischen Treiben unterlegt ist.

35

Erdmännchen im Zoo – Die Funktion des Zoos für das kulturelle Selbstverständnis moderner Gesellschaften steht außer Frage, den Besucherstatistiken zufolge rangiert er in allen Städten, die in Deutschland einen Zoo beherbergen, auf Platz eins, deutlich vor den Zahlen für Museen und Konzerthäusern. Eingebettet in historisch gewachsene lokale Umgebungen, die von der baulichen Gestaltung bis zum Leitbild auf Unterschiede in der Gründungsinitiative verweisen, bedient der Zoo eine Vielzahl von Freizeitinteressen und Erwartungen an kulturelle Bildung. Ökologische Initiativen zählen zu der jüngsten Ergänzung seines multifunktionalen Aufgabenspektrums. Wer den Gründen für die anhaltende Attraktivität des Zoos nachgeht, stößt auf das Zwiegespräch der Gattungen, ein ewiges Wunder, das den Besucher an die Hand nimmt auf den verschlungenen Wegen der Gärten und Parks, unterwegs zu denen, die mit Lauten, mit bunten Federn oder durch stoische Unbeweglichkeit auf sich aufmerksam machen, zu denen, die so ganz anders sind als wir. So eröffnet der Zoo eine anschauliche Möglichkeit, im Spiegel der Tiere das Besondere der eigenen Gattung, der »exzentrischen Positionalität« (Helmuth Plessner), nachzuspüren. Wer wir sind, wie wir gehen, etwa verglichen mit der Giraffe, die irgendwie nach vorn zu kippen scheint, so wie sie schreitet und sich dem Futterkorb nähert. Wie wir kauen, fragen wir uns vorm Aquarium, mit dem Finger nachdenklich über die Lippen fahrend, wo doch der Fisch hinter der Scheibe in tastender Vorsicht alles ins Maul zu bekommen scheint, womöglich ohne

Zähne, bestimmt ohne Zahnspangen. Derartige Reflexionen bleiben im Alltag latent; was im Habit unbewusst ablaufender Verrichtungen nicht problematisch erscheint, dem nachzusinnen uns sogar zu Sonderlingen machen würde, rückt im Blick auf das Panorama der Tiere in den Vordergrund. In den Fragen, die Kinder stellen, entsteht eine intellektuelle Nähe zu den Philosophien und Mythen der Menschheit, von deren geistigem Reichtum sie nichts wissen, die sie aber im Gespräch den Erwachsenen in Erinnerung rufen.

Zuallererst affiziert die Größe der Tiere, ihre leiblich anschauliche Kontrastivität zur gattungstypischen Ausstattung des Menschen – die symbolisch bedeutsamen Konnotationen von Macht, Stärke, Gefährlichkeit, körperlicher Ausdauer oder besonderer Wendigkeit und Eleganz regen die Phantasie an, man weiß nicht, wohin mit den Komplimenten. Staunend verfolgen wir die konzentrierte Akribie, in der die spitzen Finger das Fell durchfahren, auf der Suche nach irgendetwas, das es womöglich gar nicht gibt – das ungeduldige Spähen der Mutter nach Fusseln auf dem Anzug, das man unwillig vor dem Sonntagsspaziergang über sich ergehen lässt, ist nichts gegen die Zeitlupe der Affen.

Der Reflexionsimpuls, der durch den Besuch eines Zoos ausgelöst wird, ist in heutiger Zeit ohne Ambivalenzen nicht zu beantworten. Vorstellungen wie die Idee, sich die Natur untertan zu machen und als Gottes Werkzeug zur Domestikation berechtigt zu sein, begründeten lange Zeit den asymmetrischen Umgang mit den Tieren, deren grelles Anderssein in der Menagerie dem voyeuristischen Blick ausgesetzt war. Demgegenüber leitet eine Philosophie des Miteinanders, gar eine Ethik der Gleichrangigkeit der Geschöpfe veränderte Versorgungspraktiken, Ausstattungen der Gehege sowie neue Aufmerksamkeiten ein; ein begrüßenswertes Bemühen, das paradoxerweise erst recht eine weitere Ambivalenz hervortreten lässt, je biotoptreuer ihr Aufenthalt gestaltet wird. Die Tiere als Partner verstanden, denen man eine vertraute Umgebung bieten will, konfrontieren den Besucher besonders eindrücklich mit der Wahrnehmung, sie als Gefangene vor sich zu wissen. Es ist beliebt geworden, das eingeschränkte Repertoire ihrer Streifzüge auf den ausgetretenen Pfaden des Geheges allein dem Umstand zuzurechnen, dass sie Gefangene sind. Das Revier des Sibirischen Tigers etwa umfasst ein Areal von vierhundert Quadratkilometern. In Einwänden gegen die Zootierhaltung kommt ein kultureller Wandel zum Ausdruck, der dem Selbstverständnis vieler Zoos erheblich zusetzt und neue Antworten erzwingt. Unter dem Stichwort »Artenschutz« rückt der Gedanke einer Sorge um Biotope nach vorn, denen der Zoo sich zu widmen habe, eine Kontextuierung, die sogar weiter ausgreift, als das Gebot »artgerechter« Haltung vorsieht, und eine Verantwortung für den Erhalt der Lebensräume umfasst, in denen die Tiere ihre ursprüngliche Heimat haben. Aber gerade die ökologische Wende rückt das Schauen der Tiere als zentrales Besuchermotiv nach vorn.

Wer den Zoo aufsucht, dem eröffnet sich die Chance zu einer komplexen intellektuellen Anstrengung und affektiven Irritation, derjenigen vergleichbar, wie sie sich vor einem Bild van Goghs oder beim Hören einer Schubert-Sonate einstellt. Erinnerungsspuren aus früher Zeit, ein Denken in Zusammenhängen, dem Nachspüren von Interdependenzen zwischen dem, was Menschen auf der Grundlage ihrer anthropologisch entworfenen Positionalität an Vermögen auszeichnet, was sie im Zuge ihrer eigenen Inbesitznahme der Natur durch Verstädterung, Wanderung und Bevölkerungswachstum an Handlungszwängen, Nachbarschaften und Abgrenzungen entstehen lassen, und all dies ins Verhältnis gesetzt zum minimalen, objektiven Bedarf an Lebensraum, den die Tiere für ihre Selbstreproduktion als Gattung in Anspruch nehmen. Dabei liegt das Güteversprechen des Zoos in der Muße und im anschaulichen Vergleich, nicht in der enzyklopädisch-empiristischen Registratur oder Belehrung, die die erläuternden Hinweise dem ungeduldigen Blick anbieten.

Nicht Brehms »Tierleben« oder die dicken Bände von Grzimek, sondern die gedachte und empfundene Gleichrangigkeit macht das Eintauchen in die Welt der Mythen und Märchen, in die Träume der Nacht und des Tages, das Öffnen der Sinne für existentielle Erschütterungen erst möglich, in beinah leibhaftiger, oft auch olfaktorisch vermittelter Nähe. Das »leise Fressen« der Elefanten, wie Brigitte Kronauer in unerreichter Sensibilität beschreibt, die mit »felsigen Leibern« dem staunenden Auge als mächtige Wand erscheinen, Tiere mit kleinen Augen, deren Blick einen zu verschlucken droht, obwohl man von dessen suggestiver Intimität nicht genug bekommen kann, der Geruch ihrer Behausung. Wie kommt es, dass man dessen wohlige Fülle nicht mehr verlassen will? Oder das schachtgleiche, gigantische Maul des Nilpferds mit zittrigen klitzekleinen Ohren, das jedes Mal, wenn es gähnend das Erscheinen des glänzenden Kolosses aus der Brühe ankündigt, das Rätsel der Disproportion präsentiert, das jedoch ewig unbeantwortet bleibt, weil vom kurzen Auftritt des Monstrums nur noch ein Blubbern zu hören ist.

Das Erdmännchen ist ein Beispiel, das jüngst nach dem Einsturz seiner Bauten die Aufmerksamkeit der Bankenstadt Frankfurt auf sich zog und für Wochen zum Kuscheltier von Mainhattan avancierte. Was für ein Name – den *gender approach* verschlafen! In seiner Größe straft es alle die Lügen, die da meinen, im Zoo seien nur Löwen und Eisbären und Elefanten aufregend. Wenn es alarmiert ist, steht eine Säule vor dem Bau, ein einsamer Sieger im Wettbewerb um Unbeweglichkeit. Wie wäre es, so sinnt man dem Auftritt des Erdmännchens nach, wenn es gelänge, für Sekunden aus emsiger Hektik in eine Stille und Starre zu wechseln und nur Augenblicke darauf zurück in die Aktivität? – Es sind Fragen dieser Art, Irritationen des Weltverstehens, die dem Zoo gleichbleibende Attraktivität sichern. Die arttypischen Sozialitätsformen zu beobachten, ihre Behausungen, ihr Schlaf und ihr Wachen, das Verhältnis der Generationen, die Zeremonien der Fortpflanzung, deren schamlos demonstrative Sexualität, die Nachwuchspflege, eingeschlossen die Engelsgeduld der Elterntiere, sowie der Umgang mit den Alten. Fell, Haut, Feder und Schuppen zu vergleichen, die Formen der Geselligkeit vom Schwarm zur Horde, deren Richtung wie deren abrupten Zerfall zu beobachten, leiten vergnügliche und lehrreiche Erschütterungen ein. Unwahrscheinlich erscheint demnach, dass dergleichen Erfahrungs- und Selbsterfahrungsgewinn in dem Maße an Plausibilität einbüßt, in dem konkurrierende mediale Präsentationsformen an die Stelle rücken, in dem der Massentourismus komfortabel Regionen erschließt, die als die unbedingt schonenswerten Lebensräume dargestellt werden. Gewiss würde die Augen verschließen, wer nicht registrierte, dass sich die Freizeitbedürfnisse auf abenteuernahe Aktivitäten verschoben haben, bei denen nicht sorgfältig-geduldiges Beobachten und interessiertes Einfühlen gefragt sind, sondern situativer Rausch oder unmittelbare Affektation, eine Entwicklung, denen auch die Zoos gerecht zu werden versuchen, indem sie bei öffentlichkeitswirksamen Fütterungen den Tieren zirzensische Kunststückchen abverlangen. Es bleibt abzuwarten, ob die Botschaft des Zoos unter den genannten Bedingungen tragfähig bleibt. Schaut man auf seine Geschichte zurück, gibt es Anlass zu vorsichtigem Optimismus – die verschreckt bestaunte Exotik aus früherer Zeit ist einer verstandenen Exotik, einer differenzierten Wahrnehmung von Differenz und Gemeinsamkeit der Gattungen gewichen, einem Vergleich, der zwischen Stolz und Erschütterung, Zuneigung und Furcht lebenslang wirksame Empfindungen hinterlassen, die Neugier beflügeln und die Traumarbeit mit Material versorgen kann.

Bye bye, Teddie – statt eines Nachworts

Der vorliegende Band enthält eine Sammlung kleiner Dinge – Gefundenes, Gehörtes oder Gesehenes: die wenigen Sekunden, die Jil Sander nach der Show auf dem Catwalk hinter dem Vorhang vortritt, die demütige Raute der Angela Merkel, verstellte Buchstaben eines Namens, Gesten aus dem Restaurant, der Klang einer Stimme, das magische Gemisch des Latte Macchiato, *turns* der Wissenschaft, Abbreviaturen, die sich junge Leute auf dem Pausenhof unserer Schulen zurufen. Das alles sind Splitter des Sozialen, im Geschnatter der S-Bahn aufgeschnappt oder konzipiert als Entwürfe zu Biographien und Institutionen. Es handelt sich um Ausdrücke elementarer Formen sozialen Lebens, die sich der soziologischen Reflexion aufdrängen, entstanden aus unterschiedlichen Anlässen, geschrieben für Leute, die gern Bauklötze staunen. Nichts für Banausen, aber auch nichts für diejenigen, die der Soziologie die Aufgabe ansinnen, den Ruf der Kassandra zu übernehmen. Als Evidenzen für das Ganze, das das Unwahre sei, als Proviant für den Partisanenkampf wollen die Stücke nicht gelesen werden. Die Frankfurter Schule ist eine Marke geworden, ein Aufdruck fürs T-Shirt, ein belastender Mythos für viele, doch ist das heimliche Versprechen, sich in erhabener Intellektualität vom Ekel der Welt zurückziehen oder die Welt im Handumdrehen auf den Weg der Vernunft bringen zu können, schal geworden. Die anstrengenden Zeiten einer Soziologie, den Menschen in der Imperfektion ihrer Lebensführung und der Plackerei ihrer Alltagsbewältigung obendrein noch den Schuldschein, entfremdet zu sein, auszuhändigen, sind vorbei. Der Flaneur und der Durchblicker bezeichnen Sozialfiguren einer vergangenen Zeit. Heroismus und Zynismus mögen als suggestive Optionen für die Selbstdefinition der Soziologie Pate gestanden haben, dem Verstehen der Welt haben sie nicht sonderlich gedient. Die beobachtende Soziologie, der hier das Wort geredet wird, verabschiedet den melancholischen Blick auf die Welt, der Kontemplation entnimmt sie nicht mehr als den Luxus, entlastet zu sein vom Handlungsdruck. In heutiger Zeit, die in der Semantik der »Begleitung« den Respekt vor der Handlungsautonomie der Person ins Kultische treibt und von der Zug- und Flugbegleitung bis zur Gäste- oder Sterbebegleitung den leisesten Hauch von Asymmetrie oder Führung vermeiden möchte, beschränkt sich das Reflexionsangebot der Soziologie auf eben diese Figur der Begleitung. Unterwegs ist sie mit Nabokovs Schmetterlingsnetz, ihren Fang legt sie vorsichtig und unaufdringlich dem Leser vor. Das hegelianische Bemühen hat sie beiseitegelegt, das *en passant* ist Metapher der gedanklichen Arbeit, das »Zurück zu den Sachen«, die Phänomenologie, umschreibt den geistigen Hintergrund des hier Vorgelegten, und die »culture morte«, Stillleben, wenn es sie gäbe, wäre eine Formel für die Gebilde der Sozialität, in denen Menschen sich begegnen und damit dem Kostbarsten auf die Spur kommen, das der Gattung eigen ist: der Tausch der Symbole und Gesten, Formen der Geselligkeit, die Wechselwirkung in der Formulierung Georg Simmels, eines der Gründerväter der deutschen Soziologie.

Gelegentlich mag beim Lesen der vorliegenden Sammlung der Eindruck entstehen, hier handele es sich um den Versuch, eine in den »Minima Moralia« von Theodor W. Adorno eingeschlagene Perspektive aufzugreifen oder gar fortzusetzen. Dieser Eindruck trügt. Adorno ist Komponist durch und durch, das ist häufig gesagt und geschrieben worden. Seine Muttersprache ist, wie Frank Wolff treffend formuliert, die Musik. Die sinnliche Suggestivität eines musikalischen Textes sowie die methodische Erschließung dieser abstrakten Form menschlicher Selbstmitteilung ist habitusprägend und bestimmt die Intellektualgestalt seines Denkens dauerhaft und von Anfang an. Jeder Redebeitrag, die Klangkontur der Vorlesungen, die Stimmführung in der mündlichen Rede, durchweg kleine Koloraturen angestrengter Performanz, geben Zeugnis von einem Zugang zur Welt, der sich in Anlehnung an Paul Ricœur auf die Formel bringen lässt: der musikalische Text als Modell.

Zukunftsweisend ist alles Unfertige, scheu im zarten Format des Essays verpackt – die »Minima Moralia« halte ich aus der Sicht der Soziologie für das Hauptwerk, jedoch nicht wegen ihrer Moralität und des in ihr entworfenen Plädoyers für eine authentische Lebensführung, sondern wegen ihrer mikroanalytischen – oder sagen wir genauer – phänomenologischen Prägnanz. Adorno als Soziologe, das ist der Adorno in der Umgebung der ihn in seiner Frühzeit prägenden Figuren wie Ernst Bloch, Siegfried Kracauer, Walter Benjamin und in der Ferne Georg Simmel, deren Einfluss im Zuge seiner intellektuellen Formung verblasst und abstrahiert wird, weil sie gegen die weichenstellende Bezugnahme auf die Musik keine dauerhaften Orientierungsmaßstäbe liefern konnten. Im erkennenden Zugriff auf die Wirklichkeit finden wir die Prämisse wirksam, dass die Welt als präexistente Entität zu denken sei, sie hinterlässt Spuren, die durch die Erkenntnisanstrengung zu erschließen sind. Vom Wirklichkeitsverständnis, das in der Idee der Selbstverborgenheit Gottes in Spuren der menschlichen Praxis seine Wurzeln hat, geht der stärkste Impuls aus für die methodologische Maxime der Immanenz, für die Sinnrekonstruktion aus der inneren textualen Gestalt eines Phänomens. Zwischenstation hierfür ist die Heiligsprechung des Textes oder, wie Adorno es einmal genannt hat, der Grundsatz, »profane Texte so zu betrachten, als wären es heilige«.

Naiv und heroisierend an Adornos Soziologie anzuschließen verbietet sich von selbst, es wäre prätentiös und angesichts einer beeindruckend geschlossenen Werkgestalt der Arbeiten Adornos vermessen, abgesehen davon, dass sich die Generationserfahrung deutlich voneinander unterscheidet. Aber auch begrifflich wäre es ein Irrtum. Kapitalismusanalyse oder die Kritik der Kulturindustrie halte ich nicht für Brücken einer möglichen Aktualisierung. Wenn ein gedanklicher Anschluss vorliegt, dann über seine kleinen Schriften, diejenigen Arbeiten, die sich atmosphärisch vom schwergewichtigen Kanon der Kritischen Theorie weit entfernen. Dass die Soziologie, die ihre Rückkehr in den Kreis der Orchideenfächer nicht beklagen, sondern mit Vergnügen und dankbar annehmen sollte, ihr Leistungspotential in der hochgestapelten Aggregation von Theoremen oder in der verschriemelten Terminologie französischer Philosophien zu zeigen hätte, ist nicht einzusehen. Vielmehr trifft, wer das anstrengende Korsett des hegelianischen Denkens beiseitelegt und gegen leicht sitzende Kleidung eintauscht, auf illustre Weggenossen der phänomenologischen Sorgfalt. Allen voran wäre der Wespenforscher Jean-Henri Fabre zu nennen, seine Worte »Ich glaube nicht an Gott – ich sehe ihn« wären ein Leitmotiv der hier vorgelegten Sammlung. Nicht weit ist es zu Charles Darwin, in gleichem Atemzug ist an die morphologische Akribie eines Ernst Jünger zu erinnern, ohne Zögern an Martin Heidegger, an seinen Lehrer Edmund Husserl, der der Philosophie unaufhörlich das »Zurück zu den Sachen« angemahnt hatte, sowie die großen Vorbild für die Analyse verschlüsselten Sinns, Claude Lévi-Strauss, und Sigmund Freud oder – im eigenen Denken – die Schulung durch Heinrich Popitz, Rainer M. Lepsius und Ulrich Oevermann, Lehrern, denen die Disziplin verdankt, ohne Rekurs auf den für viele obligatorischen Umweg über Frankreich an die einzigartige Produktivität und Leistungsfähigkeit der frühen deutschen Soziologie um Max Weber und Georg Simmel angeschlossen zu haben. Marcel Proust und Horst Janssens Augenmensch, Jean Patou, sie stützen die geistige Gefährtenschaft einer Soziologie der kleinen Dinge, die nicht in der Grübelei und Introspektion, vielmehr im Draufschauen, in der Lust an der Oberfläche ihr Vergnügen findet. Wollte man die Ergebnisse der hier im Zwischenstopp vorgelegten soziologischen *bricolage* mit einer Adresse versehen, dann wäre mit der Neuen Frankfurter Schule ihre Herkunft präziser bezeichnet, und das nicht allein, weil sich einer ihrer vornehmsten Vertreter, Fritz W. Bernstein, mit dem Umschlagentwurf für dieses Buch in freundschaftlicher Kooperation beteiligt hat. Hier wird kein Hausbuch (Ulrich Raulff) vorgelegt, der Zeigefinger ist nicht der einer Moral, vielmehr richtet er sich auf die Dinge, die wir sind, mythisch Gewordenes, das uns umgibt, Ausdrucksformen einer Sozialität, deren Spieler wir in wechselnden Kostümen sind, in deren Anrufungsqualität wir uns begeben und von deren Dynamik wir erfasst werden im Unterwegs, das unser Leben ist – begleitet von der Soziologie, die uns zu Kindern macht, die das Staunen nicht verlernt haben.

Nachweise

Ein Teil der hier abgedruckten Essays beruht auf Beiträgen, die bereits an anderer Stelle erschienen sind oder als Vorträge konzipiert wurden. Für den vorliegenden Band sind sie vom Autor überarbeitet worden. Textredaktion: Hannes Rüskamp.

»Bonjour«: Erstveröffentlichung in: »Frankfurter Allgemeine Zeitung« vom 24.08.2012
»Vom Verschwinden des Pudels«: Erstveröffentlichung in: »Frankfurter Allgemeine Zeitung« vom 20.08.2013
»Weihnachten feiern«: Erstveröffentlichung in: »Frankfurter Allgemeine Zeitung« vom 23.12.2010
»Turm, ich will ein Kind von Dir«: Erstveröffentlichung in: »Frankfurter Allgemeine Zeitung« vom 03.02.2014
»Das Neue Deutschland«: Erstveröffentlichung in: »Frankfurter Allgemeine Zeitung« vom 16.05.2013
»Jil Sander zum 70sten«: Erstveröffentlichung in: »Frankfurter Allgemeine Zeitung« vom 24.10.2013
»Abgefahren«: Erstveröffentlichung in: »Frankfurter Allgemeine Zeitung« vom 11.12.2013
»Latte Macchiato«: Erstveröffentlichung in: »Frankfurter Allgemeine Zeitung« vom 01.09.2014
»Der überraschende Gast«: Erstveröffentlichung in: »Sternklasse« Heft 2, 2012
»Keine Ahnung«: Erstveröffentlichung in: »Frankfurter Allgemeine Zeitung« vom 03.02.2014
»Die Raute der Angela Merkel«: Originalbeitrag
»Gut aufgestellt«: Originalbeitrag
»Elder Statesman«: Erstveröffentlichung in: »Frankfurter Allgemeine Zeitung« vom 02.02.2012

»Griechenland und der Abschied vom Nein«: Erstveröffentlichung in: »Frankfurter Allgemeine Zeitung« vom 28.09.2011

»Nora, du schaffst das«: Erstveröffentlichung in: »Frankfurter Allgemeine Zeitung« vom 28.03.2012

»Zukunft des Grandhotels«: Erstveröffentlichung in: »Sternklasse« Heft 3, 2013

»It's your turn«: Erstveröffentlichung in: »Forschung Frankfurt«, Jg. 31, Heft 02/2014

»Bennents Stimme«: Originalbeitrag

»Orangina«: Originalbeitrag

»Zur Situation der Musikhochschulen in Deutschland«: Originalbeitrag

»Sublimierter Streit«: Originalbeitrag

»Thomas Bernhards Schreie«: Erstveröffentlichung in: »Beiheft« Schauspielhaus Frankfurt, Spielzeit 2013/14

»Vom gemeinsamen Mahl zur Tischflucht des modernen Menschen«: Erstveröffentlichung in: »Journal Culinaire« Heft 16/2013

»Masken und Mummenschanz«: Erstveröffentlichung in: »Alles Maskerade« Ausstellungskatalog Villa Rot. Burg Rieden-Rot, 2014

»Miss you. Hommage an die Hausmeister«: Erstveröffentlichung in: Allert, T. Der Turm. Drei Geschichten zu seiner Sprengung«. Frankfurt/Main, 2014

»Gamardschobad – Eine Soziologie Georgiens«: Erstveröffentlichung in: »Frankfurter Allgemeine Zeitung« vom 04.09.2008

»Das Gesicht des Autos«: Originalbeitrag

»Meerjungfrauen«: Erstveröffentlichung in: »Frankfurter Allgemeine Zeitung« vom 19.12.2014

»Die Namen meines Vaters«: Erstveröffentlichung in: »Frankfurter Allgemeine Zeitung« vom 26.02.2011

»Liebe zur Sache«: Erstveröffentlichung in: »Frankfurter Allgemeine Zeitung« vom 14.05.2010

»Clouds«: Vortrag auf der RMA-Regionalkonferenz Düsseldorf 2013

»Fotos in unruhiger Gegenwart«: Vortrag zu den Darmstädter Tagen der Fotografie, Symposium 2012

»Un po' di pepe«: Originalbeitrag

»Exzellenz trägt schwarz«: Originalbeitrag

»Erdmännchen im Zoo«: Originalbeitrag